실무에 바로 적용하는

자바스크립트 코드 레시피 278

JavaScript Code Recipe

JavaScript CODE RECIPE-SHU
by Yasunobu Ikeda and Takeshi Kano, ICS INC.

실무에 바로 적용하는 **자바스크립트 코드 레시피 278**

1쇄 발행 2020년 10월 29일

지은이 이케다 야스노부, 카노 타케시(주식회사 ICS)
옮긴이 이춘혁
펴낸이 장성두
펴낸곳 주식회사 제이펍

출판신고 2009년 11월 10일 제406-2009-000087호
주소 경기도 파주시 회동길 159 3층 3-B호 / **전화** 070-8201-9010 / **팩스** 02-6280-0405
홈페이지 www.jpub.kr / **원고투고** submit@jpub.kr / **독자문의** help@jpub.kr / **교재문의** textbook@jpub.kr

편집팀 이민숙, 최병찬, 이주원 / **소통 · 기획팀** 민지환, 송찬수, 강민철, 김수연 / **회계팀** 김유미
진행 및 교정 · 교열 이주원 / **내지디자인 및 편집** 이민숙 / **표지디자인** 미디어픽스
용지 타라유통 / **인쇄** 한길프린테크 / **제본** 광우제책사

ISBN 979-11-90665-41-4 (93000)
값 34,000원

실무에 바로 적용하는

자바스크립트 코드 레시피 278

JavaScript Code Recipe 278

주식회사 ICS
이케다 야스노부, 카노 타케시 지음 / 이춘혁 옮김

※ 드리는 말씀

- 이 책에 기재된 내용을 기반으로 한 운용 결과에 대해 저/역자, 소프트웨어 개발자 및 제공자, 제이펍 출판사는 일체의 책임을 지지 않으므로 양해 바랍니다.
- 이 책에 기재한 회사명 및 제품명은 각 회사의 상표 및 등록명입니다.
- 이 책에서는 ™, ©, ® 등의 기호를 생략하고 있습니다.
- 이 책에서 사용하고 있는 실제 제품 버전은 독자의 학습 시점에 따라 책의 버전과 다를 수 있습니다.
- 이 책의 내용은 기본적으로 일본의 실정을 바탕으로 집필되었으나, 가능한 부분은 국내 실정에 맞도록 변경하거나 편집하였습니다.
- 주석문으로 인해 편집상 줄바꿈이 된 경우가 있으나, 자바스크립트 특성상 줄바꿈을 하여도 코드 실행에는 문제가 없습니다.
- 일부 함께 참고하면 좋은 절이 있을 경우 절 번호 아이콘(▸▸268)을 해당 내용에 넣어 두었습니다.
- Syntax를 비롯해 코드 구문을 언급하는 부분에서는 공백에 따른 오인을 없애기 위해 한글 내용은 맞춤법이나 띄어쓰기를 무시하였습니다.
- 책의 내용과 관련된 문의사항은 옮긴이나 출판사로 연락주시기 바랍니다.
  - 옮긴이: perfecris@naver.com
  - 출판사: help@jpub.kr

차 례

CHAPTER 2 판별, 수, 문자 045

CHAPTER 3 데이터 다루기 101

HTML 요소 279

CHAPTER 9

폼 331

CHAPTER 13 타이밍 제어 447

CHAPTER 14 데이터 송수신 465

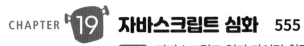

CHAPTER 19 자바스크립트 심화 555

자바스크립트는 1995년 넷스케이프의 브렌던 아이크에 의해 개발되었으며, 이후 20년이 넘는 지금까지도 개선과 진화를 거듭하고 있습니다.

자바스크립트는 '모카'나 '라이브 스크립트'라는 이름을 거쳐 당시 자바Java의 인기에 영합하고자 이름을 자바스크립트로 변경했다고 합니다. 때문에 실제로 두 언어를 모두 접해 보지 않았다면 해당 언어들의 관계를 오해하는 것도 무리는 아닙니다.

하지만 두 언어는 엄연히 용도가 다르므로, 좋다/나쁘다를 판단하기보다는 두 언어의 차이점과 공통점을 비교해 본다면 좋은 공부가 될 것 같습니다.

웹을 구성하는 요소는 크게 HTML, CSS, 자바스크립트와 같이 세 가지로 나눌 수 있는데요. 이해하기 쉽게 사람에 비유하자면, 대략적으로 HTML은 사람을 이루는 뼈대와 기관, CSS는 외모와 패션 센스, 자바스크립트는 뇌와 비교할 수 있을 것 같습니다. 쉽게 말하면 순서대로 구조, 디자인, 동작을 담당합니다.

이 책은 HTML과 CSS의 힘을 빌려 웹에서의 다양한 동작을 구현하고 설명하며, 실무에서 사용하는 실행 코드를 제공하여 똑똑한 뇌를 가진 웹을 만드는 데 많은 도움이 되리라 생각합니다.

독자가 구현하고 싶은 기능을 테마별로 구분하고, 실행 결과를 이미지와 함께 제공함으로써 실무에 적용할 기능들을 보다 쉽고 빠르게 결정하여 구현할 수 있게 돕는 것이 이 책의 목표입니다.

처음 자바스크립트를 접하는 독자부터 웹과 데이터를 조금 더 효과적이고 편리하게 다루고자 하는 개발자 모두에게 부디 이 책이 유일무이하고, 똑똑하며, 안정적인 웹과 시스템을 구축하는 데 참고가 되었으면 합니다.

옮긴이 **이춘혁**

해당 서적은 실무에서 사용 가능한 자바스크립트의 최신 기술을 반영하였으며, 다음과 같은 특징이 있다.

- **자바스크립트의 최신 코드와 동향을 파악할 수 있다.**
- **지속적으로 활용 가능한 자바스크립트의 기술을 배울 수 있다.**
- **에크마스크립트(ECMAScript)의 최신 기술 규격을 파악할 수 있다.**
- **목적별로 레시피를 정리하여 사용법을 빠르게 실무에 적용할 수 있다.**

자바스크립트는 오랜 기간 코드의 기술 방식이 꾸준히 변해 왔다. 자바스크립트 표준 기술 규격인 에크마스크립트는 'ES2016', 'ES2017', 'ES2018', 'ES2019' 등 매년 새로운 표준 규격의 추가와 개정이 이루어져 왔으며, 'ES2015(ESMAScript 2015, ES6)'를 기점으로 세련된 프로그래밍 코드 작성이 가능해졌다.

최신 에크마스크립트가 표준이므로 빠른 프런트엔드 기술의 변화 속에서도 자바스크립트는 쉽게 사라지지 않는 장점을 지녔다. 그러므로 이를 학습하는 개발자의 입장에서도 오래도록 사용 가능한 기술을 배우는 기회가 될 것이다. 배운 이론과 기술을 최대한 오래 사용할 수 있도록 'ES2015' 이후 새로 개정된 문법을 반영하여 최신 코드로 구성하였다.

자바스크립트 프레임워크인 리액트React, 뷰Vue.js, 앵귤러Angular를 제대로 활용하기 위해서도 새 규격과 코드 기술 방식의 이해는 필수이며, 이 책은 해당 지식의 기초를 쌓는 데도 도움이 될 것이다.

구버전인 인터넷 익스플로러 11에서는 'ES2015' 이후 추가된 문법과 일부 기능이 정상 동작하지 않으나, 서포트 페이지의 설명을 참고하면 해당 버전에서도 기능을 확인할 수 있다. 자바스크립트는 세세한 기능과 데이터 연동을 통해 다양한 동적 웹 페이지를 만들 수 있다. 실무에서 자주 쓰는 코드를 선별하여 싣고, 기능별 분류 카테고리를 만들어 필요한 부분만을 참고하여 활용할 수 있도록 구성하였다. 해설의 샘플 코드를 이용하여 동작을 확인하거나 응용과 변경을 통해 실제로 필요한 기능만을 구현할 수도 있다. 그럼, 코드 레시피를 통해 자바스크립트의 가능성을 직접 확인해 보기 바란다.

지은이 **이케다 야스노부, 카노 타케시**

❶ 목표

구현하고 싶은 기능을 나타낸다.

❷ 적용

실제로 적용되는 예를 나열한다.

❸ Syntax

기능 구현에 필요한 핵심 구문을 설명한다.

❹ 본문

구체적인 구현 방법을 설명한다.

❺ JavaScript

자바스크립트 샘플 코드다. '부분' 코드는 설명을 위해 샘플 코드의 일부만 추출한 내용으로 실행 확인은 추가 코드가 필요하다.

CHAPTER 8

136 ❶ **셀렉터 사용하기**

❷ 

- 셀렉터를 사용해 지정 요소를 가져오고 싶을 때

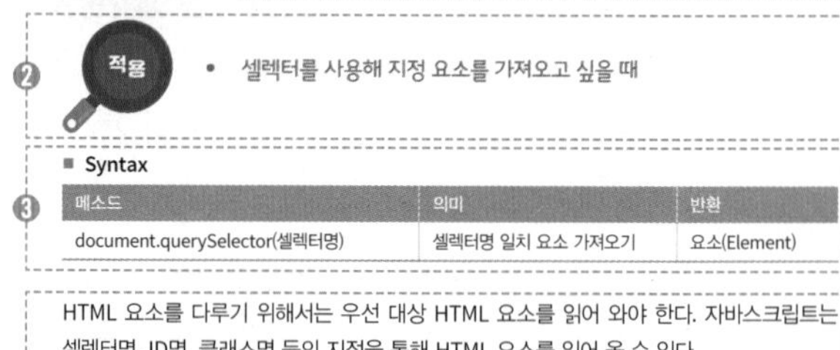

❸ ■ **Syntax**

메소드	의미	반환
document.querySelector(셀렉터명)	셀렉터명 일치 요소 가져오기	요소(Element)

❹ HTML 요소를 다루기 위해서는 우선 대상 HTML 요소를 읽어 와야 한다. 자바스크립트는 셀렉터명, ID명, 클래스명 등의 지정을 통해 HTML 요소를 읽어 올 수 있다.

document.querySelector( )는 인수의 셀렉터명과 일치하는 하나의 요소를 가져오는 메소드다. 셀렉터는 요소 지정을 위한 조건식으로 CSS의 #ID명, .클래스명, :nth-child(번호) 등과 같다. 일치하는 요소가 하나 이상이라면 첫 요소를 반환한다.

■ **HTML**

```
<div id="foo"></div>

<ul class="list">
  <li class="item"></li>
  <li class="item"></li>
  <li class="item"></li>
</ul>
```

❺ ■ **JavaScript**

```
// foo 요소
document.querySelector('#foo');
// .list 요소 내 두 번째 .item 요소
document.querySelector('.list .item:nth-child(2)');
```

#log 요소를 가져와서 데이터를 변경하는 샘플을 확인해 보자.

282

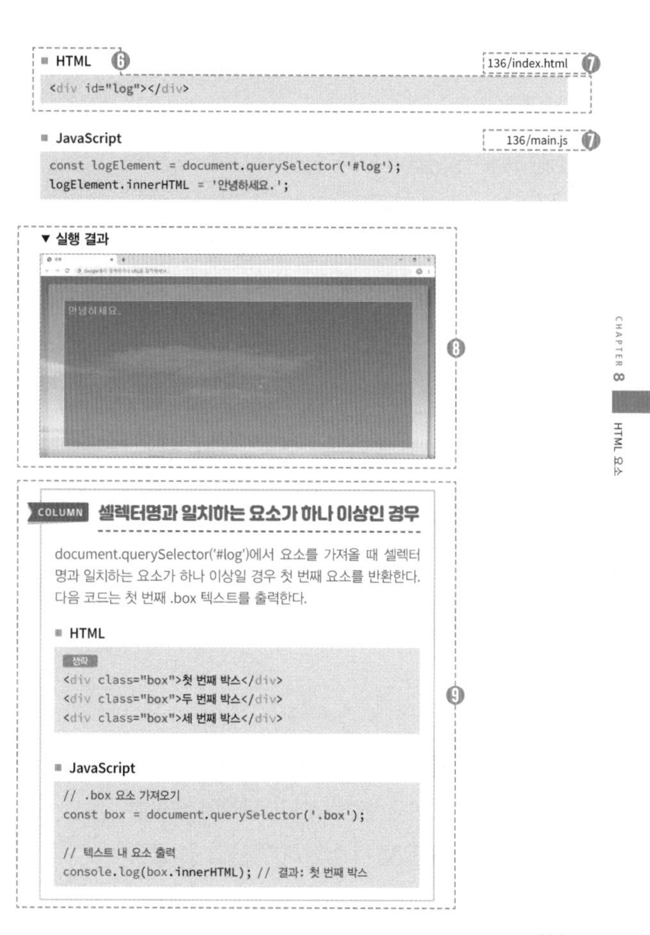
■ HTML ❻

136/index.html ❼

```
<div id="log"></div>
```

■ JavaScript

136/main.js ❼

```
const logElement = document.querySelector('#log');
logElement.innerHTML = '안녕하세요.';
```

▼ 실행 결과 ❽

CHAPTER 8 HTML 요소

COLUMN 셀렉터명과 일치하는 요소가 하나 이상인 경우 ❾

document.querySelector('#log')에서 요소를 가져올 때 셀렉터명과 일치하는 요소가 하나 이상일 경우 첫 번째 요소를 반환한다. 다음 코드는 첫 번째 .box 텍스트를 출력한다.

■ HTML

```
생략
<div class="box">첫 번째 박스</div>
<div class="box">두 번째 박스</div>
<div class="box">세 번째 박스</div>
```

■ JavaScript

```
// .box 요소 가져오기
const box = document.querySelector('.box');

// 텍스트 내 요소 출력
console.log(box.innerHTML); // 결과: 첫 번째 박스
```

283

❻ HTML

HTML 샘플 코드다.

❼ 샘플 파일

샘플 파일명과 디렉터리를 표시한다. 대부분의 예제에는 샘플 코드가 준비되어 있다.

URL https://github.com/Jpub/JSCR_278

❽ 실행 결과

샘플 코드의 실행 결과를 브라우저나 콘솔에 표시한다.

❾ 칼럼

관련 정보나 추가 정보 등을 기술한다.

 **김진영**(야놀자)

자바스크립트는 4, 5년여 전에 제이쿼리jQuery를 통해서 조금씩 사용해 본 게 전부라 처음부터 기억을 되돌리는 느낌으로 이 책의 리뷰를 진행하게 되었습니다. 책 후반부에서는 예전에 사용할 때는 알 수 없었던 여러 새로운 개념이 나와서 새롭게 깨우친 부분도 상당했습니다. 전반적으로 샘플 코드가 충실한 편이며, 자바스크립트 초급자가 전체적인 개념을 훑는 목적이나 실무자 분이 필요한 부분만 빠르게 참고하는 용도로 적절한 책입니다.

 **김창회**(한양대학교)

프런트엔드 개발에 쓸모 있는 여러 내용을 쉽게 설명해 준 책이었습니다. 필요한 부분만 나중에 찾아서 보기도 편할 책입니다. 자바스크립트에 대한 설명은 많지 않아 다소 아쉬웠지만, 책 콘셉트상 원리나 이유에 대한 설명이 적당히 생략된 것도 책장 넘기기 좋은 이유 중 하나였습니다.

 **김형빈**(티맥스소프트)

실무에서 필요한 예시들을 많이 담고 있어서 프런트엔드 개발자나 자바스크립트 중급자에게도 많은 도움이 됩니다. 굳이 순서대로 읽지 않아도 특정 기능 구현이나 배경 지식이 필요할 때 목차를 참고하여 필요한 내용과 예제 코드를 빠르게 알 수 있어서 상당히 유용할 것 같습니다. 책의 구성과 번역 문체도 깔끔하여 프런트엔드 개발을 처음 경험하는 분들도 쉽게 이해할 수 있으며, 예제를 직접 실행해 가며 프런트엔드 개발에 입문하기에도 좋은 책으로 추천합니다. 완성도 높은 책이어서 특별히 피드백할 내용이 많이 없었습니다.

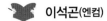

이석곤(엔컴)

보통 자바스크립트 책은 기본 서적으로 기초 문법부터 시작해서 고급 문법 조금 다루고 끝납니다. 기본 문법을 알지만 이제 무엇을 해야 할지 모르는 분들이 보면 좋을 것 같습니다. 실무에서 많이 쓰이는 코드 278가지 방법을 다루고 있어서 특히 신입 웹 개발자들이 인터넷에서 헤매는 시간을 대폭 줄여줄 것 같습니다. 이번 기회에 278가지 레시피를 익혀서 멋진 프런트엔드 개발자가 되기 바랍니다.

허민(한국외국어대학교 정보지원처)

최근 트렌드에 맞게 데이터 및 멀티미디어 처리 위주의 실무 예제를 풍부하게 다룬 점이 가장 만족스러웠습니다. 실무에서 발생하는 거의 모든 경우의 수에 대한 해결책을 278가지 유형으로 깔끔하게 정리하였기에 뷰Vue나 리액트React 등 다양한 기법이 난무하는 프레임워크의 홍수 속에서 흔들리지 않고 순수한 자바스크립트만의 든든한 기준점을 마련할 수 있다는 점이 이 책의 매력입니다. 지금까지 IT 서적의 베타리딩에 20회 이상 참여했는데, 그중 가장 완성도 높은 베타리딩 도서를 접했던 것 같습니다. 오탈자는 거의 찾아볼 수가 없었고, 소스 코드의 오류도 매우 경미했습니다. 개인적으로 자바스크립트를 20년 가까이 다뤘는데 여태 몰랐던 기법들을 제법 배울 수 있어서 너무 유익했습니다.

허헌(리걸테크)

웹 개발자에게 있어 자바스크립트는 떼려야 뗄 수 없는 필수 언어입니다. 러닝 커브가 낮아 배우기 쉽다고는 하지만, 정확히 알고 사용하지 않으면 많은 오류들이 난무하는 소스들을 볼 수 있을 것입니다. 그러므로 현업에서 활동하는 개발자라도 다시 한번 이 책을 보고 정확히 익힌다면 많은 도움이 될 것입니다. 옆에 놔두고 필요할 때마다 언제든 꺼내어 가볍게 볼 수 있는 책입니다. 베타리딩 기회 덕에 양질의 책을 미리 살펴볼 수 있어서 좋았습니다.

제이펍은 책에 대한 애정과 기술에 대한 열정이 뜨거운 베타리더의 도움으로
출간되는 모든 IT 전문서에 사전 검증을 시행하고 있습니다.

자바스크립트 기초

CHAPTER

1

자바스크립트의 기초

- 자바스크립트로 구현하는 기능의 개요와 사양을 알고 싶을 때

자바스크립트JavaScript는 웹 브라우저에서 동작하는 프로그래밍 언어로서 HTML, 스타일 시트와 함께 동적 웹 페이지의 중요한 구성 요소다. 자바스크립트는 다음과 같이 다양한 기능들을 가진다.

- **문자, 숫자, 배열 등의 데이터를 다룬다.**
- **날짜와 시간을 다룬다.**
- **브라우저를 조작한다.**
- **이벤트를 처리한다.**
- **페이지의 데이터 요소를 조작한다.**
- **폼Form을 조작한다.**
- **애니메이션 효과를 처리한다.**
- **이미지/사운드/영상을 다룬다.**
- **데이터를 송수신한다.**
- **로컬 데이터를 다룬다.**

자바스크립트는 '에크마스크립트(ECMAScript, 국제 표준화 기구인 ECMA International에서 정하는 표준 규격)'를 표준으로 한다. 2015년에 발표된 'ES2015(ECMAScript 2015, ES6)'를 통해 당시까지는 자바스크립트에 없던 클래스Class, 블록 스코프Block Scope, 화살표 함수Arrow Function, 모듈Module 등의 기능이 대거 추가되었다. 'ES2015' 이후부터는 매년 새로운 버전의 업데이트가 이루어지는 중이다.

- **ES2015(2015년)**
- **ES2016(2016년)**
- **ES2017(2017년)**
- **ES2018(2018년)**
- **ES2019(2019년)**

이 책은 ES2015 이후 새롭게 추가된 기능도 함께 소개하며, 'ES2015' 이전 버전 중 사용 빈도와 중요성이 낮은 기능에 대해서는 설명을 생략하였다. 자바스크립트는 주로 웹 브라우저에서 사용되지만, 2010년대부터는 서버에서도 사용하는 기술이 되었다. 대표적인 예가 'Node.js'다.

자바스크립트는 이제 프런트엔드와 백엔드의 구분 없이 양쪽 모두에서 사용할 수 있게 되었다. 이 책에서 Node.js를 설명하지는 않지만, Node.js에서 자바스크립트의 기본 문법을 대부분 응용할 수 있다.

※ HTML의 요소를 다루는 DOM 명령 구문과 캔버스 관련 멀티미디어 계열 요소는 'Node.js'에서 사용할 수 없으나, 그 외 기능은 모두 사용할 수 있다.

자바스크립트의 구현(사용) 방식

- 브라우저에서 자바스크립트를 사용할 때

Syntax

구문	의미
<script>자바스크립트</script>	자바스크립트의 처리 코드를 기술

자바스크립트로 간단한 프로그램을 만들어 보자. 브라우저에서 동작하는 것을 확인하려면 HTML을 이용하자. HTML에서 script 태그로 감싼 부분이 자바스크립트를 기술하는 곳이다. alert( ) 기능을 통해 알림창을 만들어 보자.

HTML

002/index.html

```
<!doctype html>
<html lang="ko">
<head>
  <meta charset="UTF-8">
  <title></title>
  <link rel="stylesheet" href="style.css"/>
  <script>
    alert('안녕하세요!');
  </script>
</head>
<body></body>
</html>
```

파일을 열면 브라우저에서 ‘안녕하세요!’라는 알림 메시지가 표시된다.

▼ 실행 결과

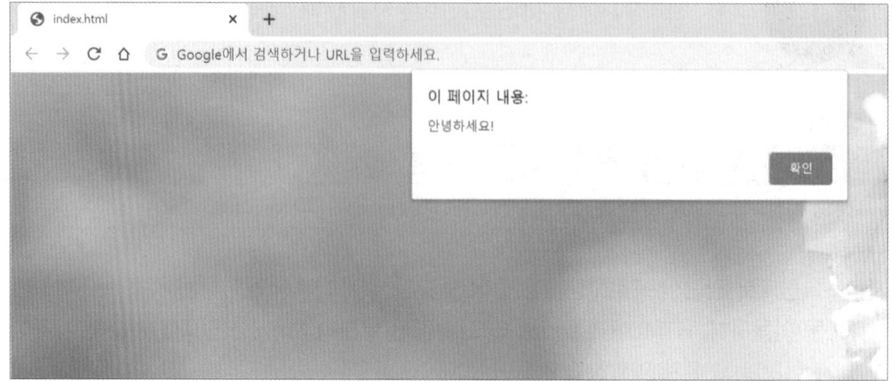

script 태그의 위치는 어느 곳이든 상관없다. 샘플 코드는 head 태그 안에 넣었으나, body 태그 안에도 사용할 수 있다. 세미콜론(;)은 문장의 끝을 나타내는 기호로, 샘플 코드에서 세미콜론의 쓰임을 확인할 수 있다. 자바스크립트는 세미콜론을 생략해도 적절히 줄바꿈을 넣어 주면 에러 없이 기능이 동작한다.

다른 파일에서 자바스크립트 불러오기

- HTML 외부에 자바스크립트를 기술하고 싶을 때

■ **Syntax**

구문(HTML 코드)	의미
<script src="자바스크립트파일주소" defer></script>	자바스크립트 파일 읽어 오기

확장자가 '.js'인 자바스크립트 파일은 다른 파일에서 불러와 사용할 수 있으며, HTML 내부에 자바스크립트를 직접 기술하기 위해서는 script 태그를 이용한다. main.js 파일을 만들어 index.html에서 불러오는 코드를 작성해 보자.

■ **HTML** 003/index.html

```
<!doctype html>
<html lang="ko">
<head>
  <meta charset="UTF-8">
  <title></title>
  <link rel="stylesheet" href="style.css"/>
  <!-- main.js 불러오기 -->
  <script src="main.js" defer></script>
</head>
<body></body>
</html>
```

■ **JavaScript** 003/main.js

```
alert('반가워요!');
```

index.html 파일을 열면 main.js가 실행되므로 '반가워요!' 알림창이 표시된다.

▼ 실행 결과

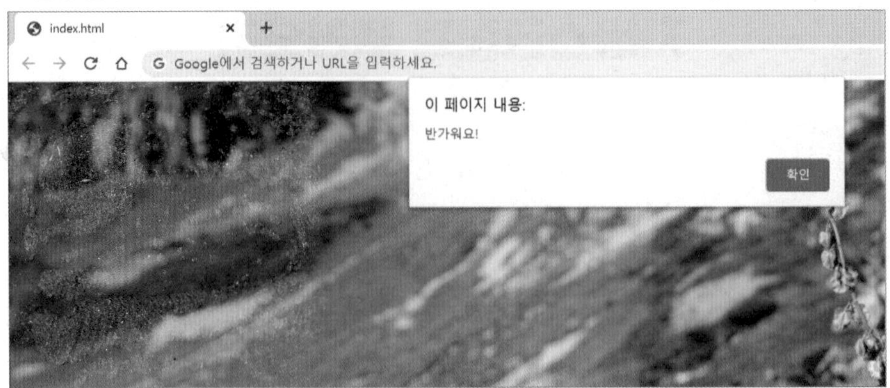

script 태그의 defer 속성은 자바스크립트 실행 관련 지정자다. 자세한 것은 19장 '자바스크립트 읽기 타이밍 최적화하기'에서 설명하겠다. ▸▸268

여러 개의 파일도 하나의 HTML에서 불러올 수 있으며, 명령 기술의 순서에 따라 파일을 불러와 작업한다.

■ **HTML** 다수의 자바스크립트 파일을 읽어 오는 코드

```
<head>
  <script src="script1.js" defer></script>
  <script src="script2.js" defer></script>
  <script src="script3.js" defer></script>
</head>
```

자바스크립트를 HTML과 분리하면 전체적인 구조 파악이 쉬우며, 상대 경로/루트 경로/절대 경로를 이용해 파일의 위치 지정이 가능하다.

■ **HTML** 상대 경로의 예

```
<script src="./script/script.js" defer></script>
```

■ **HTML** 루트 경로의 예

```
<script src="/project/script/script.js" defer></script>
```

■ **HTML** 절대 경로의 예

```
<script src="https://example.com/script/script.js" defer></script>
```

값을 로그로 출력하기

- 스크립트의 데이터 값을 확인하고 싶을 때
- 콘솔 패널에 값을 표시하고 싶을 때

■ **Syntax**

메소드	의미	반환
console.log(값1, 값2, ...)	콘솔에 값 표시하기	없음

console.log( )를 사용하면 브라우저의 개발자 도구 콘솔에 메시지를 출력할 수 있다. 임의로 출력을 지정하여 데이터 값의 변화를 확인하며 작업하고 싶을 때 유용하다. 브라우저에 따라 콘솔의 표시 방법이 다르므로 이어서 나올 칼럼을 참고하자.

■ **JavaScript** 004/log/main.js

```
const a = 10;
const b = 20;
const sum = a + b;
console.log(sum); // 결괏값: 30
```

▼ **실행 결과**

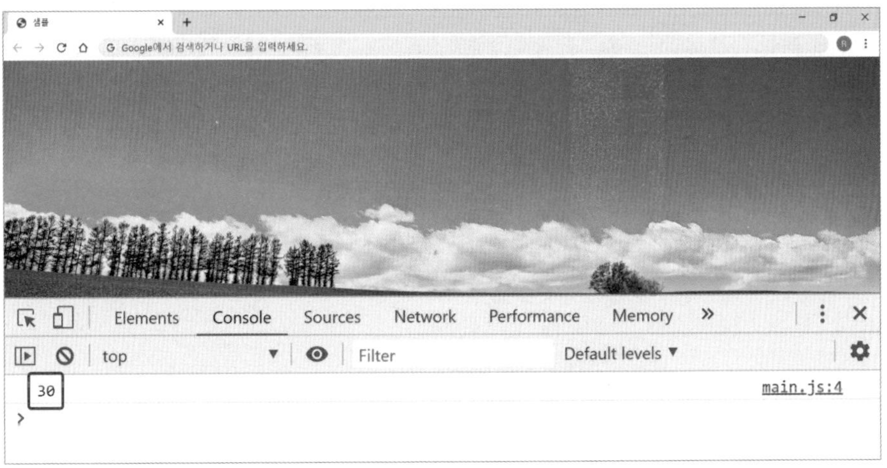

브라우저의 개발자 도구 콘솔에 로그가 표시된다

COLUMN

console.log()의 파라미터 수

console.log( )는 콤마(,)를 사용하여 하나 이상의 파라미터 전달이 가능하다. 다음은 문자열과 현재 시간을 console.log( )로 전달하고 출력 결과를 확인하는 코드로, 결과는 하나의 로그로서 출력되는 것을 알 수 있다.

■ **JavaScript** 004/multi_log/main.js

```
console.log('안녕하세요.', '지금은', new Date(), '입니다.');
```

▼ 실행 결과

'안녕하세요. 지금은 (현재 시각) 입니다.'가 출력된다

COLUMN 여러 브라우저의 콘솔 패널 표시 방법

마이크로소프트 에지Microsoft Edge

1. 오른쪽 위 메뉴 바에서 [개발자 도구] 선택(혹은 F12 키)
2. [콘솔] 탭 선택

▼

구글 크롬Google Chrome

1. 오른쪽 위 메뉴 바에서 [도구 더보기] ➡ [개발자 도구] 선택(혹은 F12 키)
2. [Console] 탭 선택

사파리Safari(macOS)

1. 메뉴 바에서 [Safari] ➡ [환경설정] 선택
2. [고급] 탭 선택
3. [메뉴 바에서 개발자용 메뉴 보기] 체크
4. 메뉴 바에서 [개발자용] ➡ [JavaScript 콘솔 표시] 선택

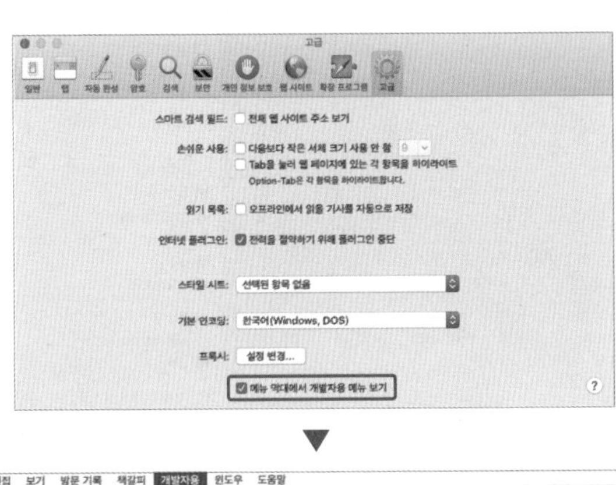

▼

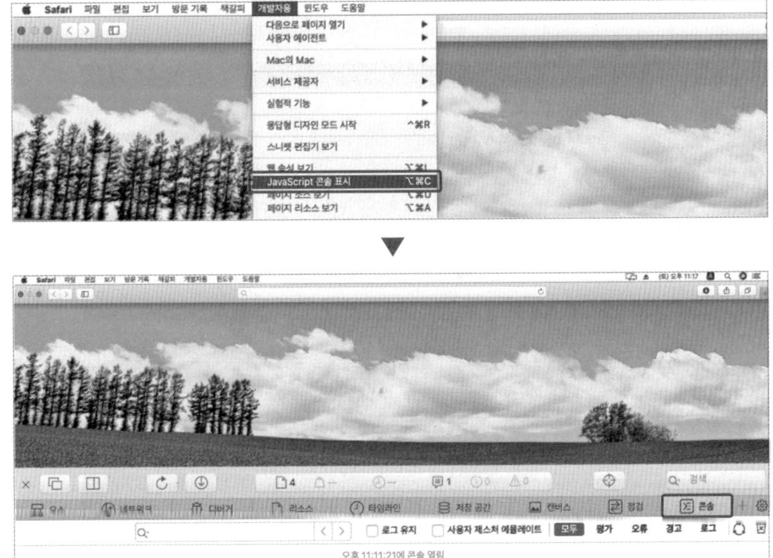

모질라 파이어폭스Mozilla Firefox

1. 오른쪽 위 메뉴 바에서 [웹 개발 도구] ➡ [웹 콘솔] 선택

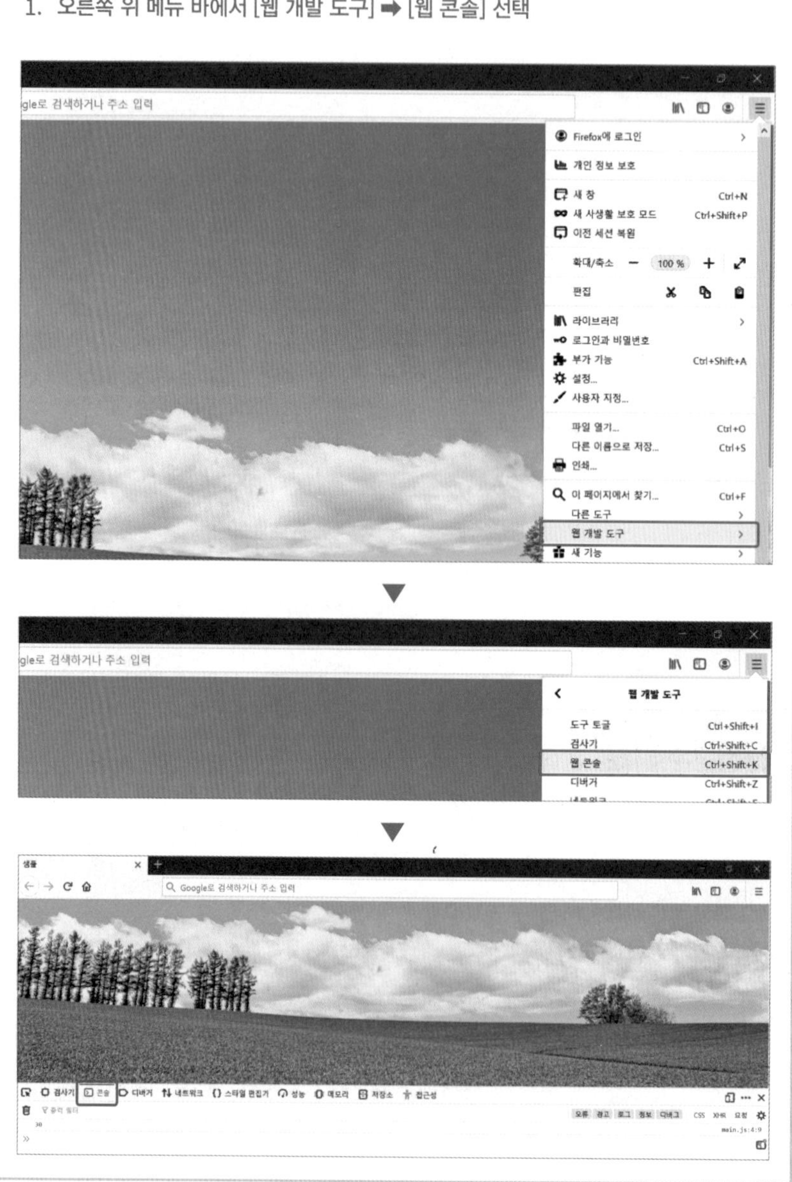

CHAPTER 1

005 계산 프로그램 만들기

- 사칙연산을 사용하고 싶을 때

■ Syntax

구문	의미
+	덧셈
-	뺄셈
*	곱셈
/	나눗셈
%	나머지
**	제곱

+, −, *, /, %, **는 기본 연산자다. 숫자 데이터 사이에 연산자를 입력하면 해당 계산이 실행된다. 덧셈과 뺄셈의 기호는 같으나 곱셈은 ×가 아닌 *(애스터리스크), 나눗셈은 ÷가 아닌 /(슬래시)가 사용된다. 나머지를 구하는 연산자는 %(퍼센트)를 사용한다.

■ JavaScript

```
console.log(100 + 200); // 300
console.log(200 - 80); // 120
console.log(100 * 3); // 300
console.log(400 / 5); // 80
console.log(402 % 5); // 2
console.log(2 ** 3); // 8
```

변수 선언하기 let

- 데이터 값에 이름을 지정하여 사용하고 싶을 때
- 데이터 값을 반복 사용하고 싶을 때
- 값 변경이 가능한 변수를 사용하고 싶을 때

■ **Syntax**

구문	의미
let 변수명 = 데이터값	변수에 값 대입(반복 대입 가능)

자바스크립트는 숫자나 문자열 등 다양한 데이터를 사용한다. 이 데이터에 이름을 지정해서 쉽고 반복적으로 사용할 수 있도록 하는 것이 변수와 상수다. 변수와 상수에 값을 넣는 것을 '값을 대입한다' 또는 '값을 할당한다'고 표현하며, 'const'는 상수, 'let'은 변수를 의미한다.

변수 myName에 문자열을 대입하는 예제를 확인해 보자. alert()을 이용해 myName에 대입한 문자열을 확인한다.

■ **JavaScript** 006/let/main.js

```
// 변수 myName에 '제이펍'을 대입
let myName = '제이펍';
// myName의 값을 alert()으로 출력하기
alert(myName);
```

▼ **실행 결과**

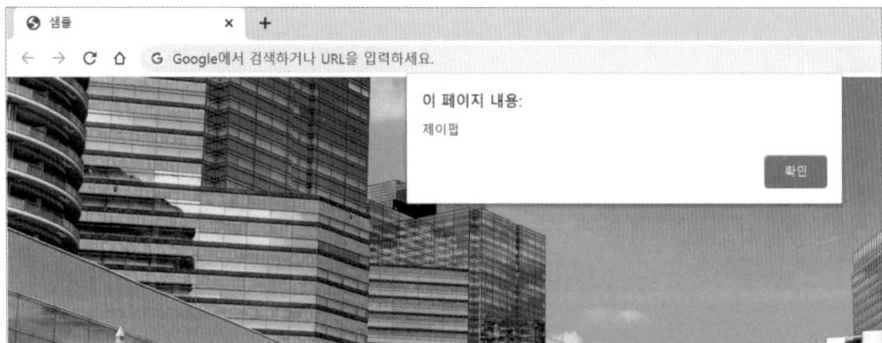

myName의 내용이 출력된다

변수는 임의 값의 대입이 가능하며, 다음과 같이 문자열이나 날짜, 함수의 대입도 가능하다.

■ **JavaScript**

```
let myString = '제이펍'; // 문자열을 대입
let currentDate = new Date(); // 현재 날짜를 대입
let myFunction = () => console.log('함수 확인'); // 함수를 대입
```

'let'으로 선언한 변수는 값 변경이 가능하다. 대입한 변수의 값을 변경하는 샘플을 확인해 보자.

■ **JavaScript**

```
// 변수 myName을 선언
let myName = '펭귄';
// myName에 다른 값을 대입
myName = '고래';
```

값이 대입된 변수는 값과 같은 역할을 하기 때문에 다음과 같은 특징을 가진다.

- **숫자 타입 변수 간에는 덧셈과 뺄셈 계산이 가능하다.**
- **문자열 타입 변수 간에는 결합이 가능하다.**
- **한 변수는 다른 변수에 대입이 가능하다.**

다음 코드를 통해 + 연산자를 사용한 숫자 타입 변수의 합과 문자열 타입 변수의 결합을 확인해 보자.

■ **JavaScript** 006/let_2/main.js

```
// 숫자형 변수의 덧셈
let number1 = 10;
let number2 = 20;
let sum = number1 + number2;
console.log(sum); // 결과: 30

// 문자열 변수의 결합
let firstName = '브렌던';
let familyName = '아이크';
let fullName = firstName + familyName;
console.log(fullName); // 결과: '브렌던아이크'

// 변수를 다른 변수에 대입
let value1 = 100;
let value2 = value1;
console.log(value2); // 결과: 100(value1과 같은 값)
```

▼ **실행 결과**

```
30
브렌던아이크
100
```

COLUMN

변수 초기화 생략하기

변수의 초기화는 생략이 가능하며, 생략 시 값으로 'undefined(아무것도 정의되어 있지 않다는 의미)'가 주어진다.

■ **JavaScript**

```
let value;
console.log(value); // undefined
```

COLUMN

한꺼번에 변수 선언하기

콤마(,)로 구분하면 'let' 하나에 여러 개의 변수를 선언할 수 있다. 'let'을 일일이 쓰는 데 걸리는 시간을 줄일 수 있다.

■ **JavaScript**

```
let a = 1,
  b = 2,
  c;

console.log(a + b); // 3
console.log(c); // undefined
```

상수 사용하기 const

- 데이터 값에 이름을 지정하여 사용하고 싶을 때
- 데이터 값을 반복해서 사용하고 싶을 때
- 데이터 값의 수정이 불가능한 상수를 사용하고 싶을 때

■ **Syntax**

구문	의미
const 상수명 = 데이터값	상수에 데이터 값 대입(값의 변경 불가)

자바스크립트에서는 'const'가 상수를 의미한다. 상수 myName에 문자열을 대입하는 다음의 샘플을 확인해 보자. alert( )을 사용해 대입한 문자열을 확인한다.

■ **JavaScript** 007/const/main.js

```
// 상수 myName에 '사자' 대입
const myName = '사자';
// myName을 alert()로 출력하기
alert(myName);
```

▼ **실행 결과**

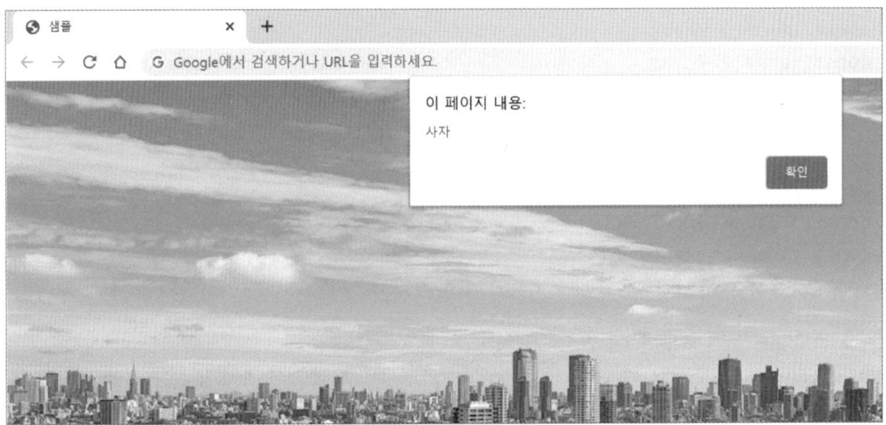

myName의 내용이 출력된다

상수는 임의 값의 대입이 가능하며, 다음과 같이 문자열과 함수의 대입도 가능하다.

■ **JavaScript**

```
const myString = '사자'; // 문자열 대입
const myFunction = () => console.log('함수 확인'); // 함수 대입
```

상수는 변수와 다르게 값의 변경이 불가능하므로 다음 코드는 에러가 발생한다.

■ **JavaScript**

```
// 상수 myName 선언
const myName = '자바';
// myName은 값의 변경이 불가능함
myName = '스크립트';
```

데이터 타입이 같다면 상수도 변수처럼 계산과 결합이 가능하다. 다음 코드를 통해 + 연산자를 사용한 상수의 덧셈과 결합을 확인해 보자.

■ **JavaScript** 007/const_2/main.js

```
// 숫자형 데이터 상수 간의 덧셈
const number1 = 10;
const number2 = 20;
const sum = number1 + number2;
console.log(sum); // 30

// 문자열 상수의 결합
const familyName = '브렌던';
const firstName = '아이크';
const fullName = familyName + firstName;
console.log(fullName); // '브렌던아이크'
```

▼ **실행 결과**

```
30
브렌던아이크
```

COLUMN 상수 초기화 생략 불가

상수의 경우 초기화는 생략이 불가능하다.

■ JavaScript

```
// 초기화는 생략이 불가능
const value;
```

COLUMN 한꺼번에 상수 선언하기

콤마(,)로 구분하면 let 하나에 여러 개의 상수를 선언할 수 있다. let을 일일이 쓰는 데 걸리는 시간을 줄일 수 있다.

■ JavaScript

```
const a = 1,
      b = 2;

console.log(a + b); // 결과: 3
```

COLUMN 상수로 선언된 배열과 객체 내부의 값은 변경 가능

상수는 기본적으로 값을 변경할 수 없지만, 상수로 선언된 배열과 객체 내부의 값은 변경할 수 있다. 다음 코드를 통해 확인해 보자.

■ JavaScript

```
const myArray = ['펭귄', '고래', '참치'];
myArray[0] = '새우';
// myArray[0] 변경. 에러는 발생하지 않음

const myObject = { id: 20, name: '펭귄' };
myObject.name = '오리';
// myObject.name 변경. 에러는 발생하지 않음
```

상수로 선언된 배열과 객체 값의 변경을 제한하는 Object.freeze( )는 뒤의 설명을 참고하자.

COLUMN let보다는 const를 적극 이용하자

최근에는 값 변경이 필요한 데이터에만 let을 쓰고, 이외에는 const를 주로 이용하는 추세다. 이렇게 하면 변경이 필요한 데이터와 그렇지 않은 데이터의 구분이 쉬워져 가독성이 높아지는 장점이 있다.

주석(코멘트) 추가하기

- 프로그램 작동에 영향이 없는 메모를 코드 내부에 남기고 싶을 때
- 코드 일부분을 무효화하고 싶을 때

■ **Syntax**

구문	의미
//	기호 이후 내용을 주석 처리(한 줄)
/* 내용 */	기호 안의 내용 부분을 주석 처리(여러 줄 가능)

프로그램이 복잡해지고 개발하는 인원이 많아지면 다른 개발자의 코드를 이해하고 분석하는데도 시간이 많이 걸리므로, 코드 내부에 의도와 용도에 맞는 적절한 주석을 넣어 주는 것이 좋다. 자바스크립트에는 두 가지 주석 기술 방식이 존재한다. '//'는 해당 기호 다음에 오는 한 줄의 내용만 주석 처리하며, '/* 내용 */'은 몇 줄이라도 상관없다.

■ **JavaScript**

```
const value = 100; // 가격
const tax = 1.1;   // 세금 10%

// 세금이 포함된 가격을 계산
const price = value * tax;

const result = 100 + 200 /* + 300 */ + 400;
console.log(result); // 700

/* 여러 줄의 입력이 가능한 주석
줄바꿈도 유효함 */

/*
 * 이와 같은 스타일을
 * 사용할 수도 있음
 */
```

두 개의 값 비교하기 (비교 연산자)

- 두 개의 값을 비교하고 싶을 때
- 변수의 값이 동일한지 확인하고 싶을 때

■ **Syntax**

구문	의미
A == B	A, B의 값이 같은가
A === B	A, B의 값과 데이터 타입이 같은가
A != B	A, B의 값이 다른가
A !== B	A, B의 값과 데이터 타입이 다른가
A < B	A가 B보다 작은가
A <= B	A가 B보다 작거나 같은가
A > B	A가 B보다 큰가
A >= B	A가 B보다 크거나 같은가

두 데이터의 값을 비교하는 비교 연산자는 위와 같으며, 반환값은 모두 참true 또는 거짓false 이다.

■ **JavaScript**

```
console.log('사과' == '사과'); // 값이 같으므로 true 반환
console.log(10 < 30); // true
console.log(20 >= 30); // false
```

배열과 객체 등의 타입 비교는 같은 곳을 참조하고 있는 경우에만 참이 반환된다.

■ **JavaScript**

```
const array1 = [1, 2, 3];
const array2 = [1, 2, 3];
console.log(array1 == array2); // false. 참조하는 곳이 다르다.

const array3 = [1, 2, 3];
const array4 = array3;
console.log(array3 == array4); // true. 참조하는 곳이 같다.
```

COLUMN ==와 ===의 차이점

자바스크립트의 데이터는 숫자와 문자열 등의 타입이 있다. ==를 사용한 비교는 두 비교 대상이 다른 타입이라도 동일한 것으로 간주하여 비교한다.

■ JavaScript

```
console.log(10 == '10');
// 결과: true(두 데이터 모두 같은 데이터 타입으로 간주)
```

===를 사용한 비교는 두 데이터의 타입이 다르면 다른 데이터로 간주하여 비교한다. '!='나 '!=='의 관계와 같다.

■ JavaScript

```
console.log(10 === '10');
// 결과: false(10과 '10'은 다른 타입으로 간주)
console.log(20 != '20');
// 결과: false(두 데이터 모두 같은 타입으로 간주)
console.log(20 !== '20');
// 결과: true(20과 '20'은 다른 타입으로 간주)
```

복합형(축약형) 대입 연산자 사용하기

- 계산식을 간략히 나타내고 싶을 때

Syntax

구문	의미
x = y	x = y
x += y	x = x + y
x -= y	x = x - y
x *= y	x = x * y
x **= y	x = x ** y
x /= y	x = x / y
x %= y	x = x % y

대입할 때 사용하는 기호인 '='는 대입 연산자라고 한다. 이를 응용하여 좌변과 우변의 연산 결과를 좌변의 변수에 대입하는 것을 복합형 대입 연산자라고 한다. 복합형 대입 연산자는 사칙연산 기호와 '='를 조합하고 축약한 형태로 사용한다. 사용법을 확인해 보자.

JavaScript

```
let a = 10;
let b = 20;
a += b; // a = a + b와 같은 의미
console.log(a); // 결과: 30

let c = '자바';
let d = '스크립트';
c += d; // c = c + d와 같은 의미
console.log(c); // 결과: 자바스크립트

let e = 5;
let f = 2;
e *= f; // e = e * f와 같은 의미
console.log(e); // 결과: 10
```

011 함수 사용하기 function

- 처리 작업을 하나로 모아 이름을 지정하고 싶을 때
- 처리 작업을 반복하여 사용하고 싶을 때

■ **Syntax**

구문	의미
function 함수명(파라미터) { 처리내용 }	함수를 정의
return 값	함수 내부의 값을 반환
함수명( );	함수를 실행

함수는 들어온 값을 처리하고 그 결과를 반환하는 구조다. function으로 함수를 정의하고 함수명을 정할 수 있으며, { } 블록 안에 처리할 내용을 입력한다. 함수에 전달되는 값을 파라미터(인수)라고 한다. 그럼, 입력 a에 대해 a + 2의 결과를 반환하는 함수를 만들어 보자.

■ **JavaScript**

```
function myFunction(a) {
  const result = a + 2;
  return result;
}
```

파라미터의 개수는 제한이 없으며, 콤마(,)로 구분하여 전달한다.

■ **JavaScript**

```
function calcSum(a, b, c) {
  const result = a + b + c;
  return result;
}
```

전달되는 파라미터가 없는 함수를 만들 수도 있다.

■ JavaScript

```
function myFunction() {
  console.log('안녕하세요');
  return 100;
}
```

함수에서 반환되는 결과를 '반환값' 또는 '결과 반환값'이라고 하며, return으로 처리한다.

■ JavaScript

```
function myFunction(a) {
  const result = a + 2;
  return result;
}
```

반환값이 없는 경우는 반환값 자체를 생략할 수도 있다.

■ JavaScript

```
function myFunction() {
  console.log('안녕하세요');
}
```

return 구문으로 함수가 종료되기 때문에 return의 아랫부분은 코드를 입력해도 실행되지 않는다.

■ JavaScript

```
function myFunction() {
  return 100;

  // 실행되지 않음
  console.log('안녕하세요');
}
```

하나의 함수 내에서 return 구문은 몇 번이라도 사용이 가능하므로 다음과 같이 조건에 따라 반환값을 다르게 처리하는 기능을 구현할 수 있다. 다음 예문은 a가 100 이상이면 return a가 실행되고 return b는 실행되지 않는다. 하지만 a가 100 미만이라면 return b만 실행된다. 샘플을 확인해 보자.

■ **JavaScript**

```
function myFunction(a, b) {
  // a가 100 이상이라면 a를 반환
  if (a >= 100) {
    return a;
  }

  // a가 100 미만이라면 b를 반환
  return b;
}
```

정의한 함수를 실행하기 위해서는 함수명 뒤에 ()를 붙인다. 파라미터가 있다면 () 안에 적는다.

■ **JavaScript**

```
// 함수의 정의
function calcFunction(price, tax) {
  const result = price + price * tax;
  return result;
}

// 함수를 실행하고 반환값을 myResult에 대입함
const myResult = calcFunction(100, 0.1);
console.log(myResult); // 결과: 110
```

전달할 파라미터가 없으면 () 안에는 아무것도 입력하지 않는다.

■ **JavaScript**

```
function myFunction() {
  console.log('안녕하세요');
}

myFunction(); // 결과: 안녕하세요
```

화살표 함수Arrow Function 사용하기

- 함수를 간략히 정의하고 싶을 때
- this를 지정하고 싶을 때

■ Syntax

구문	의미
(파라미터) => { 처리내용 }	함수를 정의

function 외에도 화살표 함수를 사용하여 함수를 정의할 수 있다. 화살표 함수의 장점은 다음과 같다.

1. **함수를 간략히 기술할 수 있다.**
2. **this를 묶는 것이 가능하다(18장에서 설명).**

화살표 함수는 다음과 같이 정의하여 사용한다.

■ JavaScript

```
// 함수의 정의
const calcSum = (a, b, c) => {
  const result = a + b + c;
  return result;
};
```

함수의 실행 방식은 일반 함수와 같다.

■ JavaScript

```
calcSum(1, 2, 3); // 결과 : 6
```

화살표 함수는 일반 함수와 달리 일부를 생략할 수 있다. 파라미터가 하나인 경우는 ( )의 생략이 가능하나, 파라미터가 없거나 2개 이상인 경우는 생략할 수 없다. 입력 a에 대해 a + 2의 결과를 반환하는 함수를 확인해 보자.

■ **JavaScript**

```
// 함수의 정의
const myFunction1 = (a) => {
  return a + 2;
};

// 함수의 정의(괄호를 생략)
const myFunction2 = a => {
  return a + 2;
};
```

화살표 함수의 정의가 한 줄인 경우 { }와 return을 생략할 수 있다.

■ **JavaScript**

```
// 입력 a를 받아 a + 2를 반환하는 함수
const myFunction3 = (a) => a + 2;
```

함수의 파라미터 초깃값 설정하기

- 함수 파라미터의 초깃값을 설정하고 싶을 때
- 함수 파라미터를 생략 가능하도록 설정하고 싶을 때

■ Syntax

구문	의미
function 함수명(파라미터1, 파라미터2 = 초깃값2, 파라미터3 = 초깃값3) { }	함수에 값 전달
(파라미터1, 파라미터2 = 초깃값2, 파라미터3 = 초깃값3) => { }	함수에 값 전달

함수의 파라미터에 '파라미터 = 값'을 사용해 파라미터의 초깃값을 설정할 수 있다. 초깃값이 설정된 파라미터는 값을 전달받지 않으면 초깃값을 사용하는데, 이를 '디폴트 파라미터 Default Parameter'라고 한다.

샘플 코드를 통해 세금을 포함한 가격을 계산하는 코드를 확인해 보자. calcFunction( )의 두 번째 파라미터인 tax에 0.08의 초깃값을 설정한다. 두 번째 전달 인수에 의해 result1과 result2의 결괏값이 바뀌는데, 전달 인수가 없으면 디폴트 파라미터의 값을 사용하여 처리하기 때문이다.

■ JavaScript

```
/**
 * 세금이 포함된 가격을 반환하는 함수
 * @param price 가격
 * @param tax 세율
 */
function calcFunction(price, tax = 0.08) {
  const result = price + price * tax;
  return result;
}

// tax의 인수를 생략하면 초깃값 0.08이 사용됨
const result1 = calcFunction(100);
console.log(result1); // 결과: 108

// tax의 전달 값을 지정하면 해당 값이 사용됨
const result2 = calcFunction(100, 0.1);
console.log(result2); // 결과: 110
```

다수의 파라미터를 가지는 함수 정의하기

적용

- 임의의 파라미터를 가지는 함수를 정의하고 싶을 때

■ Syntax

구문	의미
function 함수명(...파라미터) { }	파라미터의 개수가 미정인 함수를 정의
(...파라미터) => { }	파라미터의 개수가 미정인 함수를 정의
파라미터[인덱스]	인덱스를 지정해서 파라미터를 사용

정해지지 않은 파라미터의 개수를 가지는 함수는 '...'을 이용하여 '...파라미터'와 같은 방식으로 정의한다. 입력받은 파라미터는 인덱스를 이용하여 파라미터[0], 파라미터[1]의 방식으로 사용하며, 이와 같은 정의 방식을 '나머지 파라미터Rest Parameter'라고 한다.

파라미터의 합계를 반환하는 함수 샘플을 통해 사용법을 확인해 보자. calcSum( ) 함수의 파라미터인 prices에는 인수의 데이터가 배열의 형태로 전달된다. 그러므로 2개의 인수가 전달되면 2개의 요소를 가지는 배열의 형태가 되고, 3개의 인수가 전달되면 3개의 요소를 가지게 되는 것이다. 다음의 샘플은 파라미터의 합계를 반환하는 함수다.

■ JavaScript

```
/**
 * 파라미터의 합계를 반환하는 함수
 * @param prices
 * @returns {number}
 */
function calcSum(...prices) {
  let result = 0;
  for (const value of prices) {
    result += value;
  }
  return result;
}
```

```
const result1 = calcSum(10, 20);
console.log(result1); // 결과: 30

const result2 = calcSum(5, 10, 15);
console.log(result2); // 결과: 30
```

015 조건문 사용하기 if

- 조건을 만족하는 데이터를 처리하고 싶을 때

Syntax

구문	의미
if (조건1) { 처리1 }	조건1 ○ ➡ 처리1 실행
else if (조건2) { 처리2 }	조건1 ×, 조건2 ○ ➡ 처리2 실행
else { 처리3 }	조건1 ×, 조건2 × ➡ 처리3 실행

프로그램의 내부 구조를 확인해 보면 조건에 따른 처리가 이루어지는 작업이 많다. 자바스크립트는 'if/else if/else'를 사용하여 조건에 따른 처리가 가능하다.

상수의 값에 따라 세 종류의 알림창을 띄우는 샘플 코드를 살펴보자. 상수 myPrice에 100을 대입하면, 'myPrice >= 50'은 참이 되므로 if문의 처리 내용이 실행되고 else if와 else 문은 실행되지 않는다.

JavaScript

015/main.js

```
const myPrice = 100;

if (myPrice >= 50) {
  alert('myPrice는 50 이상입니다.');
} else if (myPrice >= 10) {
  alert('myPrice는 10 이상 50 미만입니다.');
} else {
  alert('myPrice는 10 미만입니다.');
}
```

▼ 실행 결과

myPrice를 20으로 변경하면 'myPrice >= 50'이 거짓, 'myPrice >= 10'이 참이 되므로 else if의 처리 내용이 실행된다.

■ **JavaScript**

```
const myPrice = 20;

생략
```

▼ 실행 결과

myPrice를 1로 변경하면 'myPrice >= 50'과 'myPrice >= 10'도 거짓이 되므로 else의 처리 내용이 실행된다.

■ **JavaScript**

```
const myPrice = 1;

생략
```

▼ 실행 결과

else if와 else는 필요에 따라 구문의 생략도 가능하다. 필요에 따라 else if를 생략한 다음의 샘플을 확인해 보자.

■ JavaScript

```
if (true) {
  alert('Hello');
}

const randomNum = Math.random() * 10;

if (randomNum >= 5) {
  alert('randomNum는 5 이상');
} else {
  alert('randomNum는 5 미만');
}
```

블록 내의 처리 내용이 한 줄이라면 { }의 생략이 가능하지만, 한 줄 이상이라면 생략이 불가능하다. 생략하면 코드가 짧아지지만, 가독성이 떨어질 수 있으므로 주의해야 한다.

■ JavaScript

```
const randomNum = Math.random() * 10;

if (randomNum >= 5) alert('randomNum는 5 이상');
```

조건문 사용하기 switch

- 조건을 만족하는 다수의 데이터를 처리하고 싶을 때

■ **Syntax**

구문	의미
switch (식)	식에 따라 처리를 분기
case 값: 처리 내용	해당 조건 만족 시 처리
default: 처리 내용	만족하는 조건이 하나도 없는 경우의 처리

switch문은 조건을 만족하는 데이터를 처리하는 작업을 실시한다. 상수 myFruit의 값에 따라 알림창을 띄우는 샘플 코드를 확인해 보자.

■ **JavaScript** 016/main.js

```
const myFruit = '사과';

switch (myFruit) {
  case '사과':
    alert('사과입니다.');
    break;
  case '귤':
    alert('귤입니다.');
    break;
  default:
    alert('기타 과일입니다.');
    break;
}
```

▼ 실행 결과

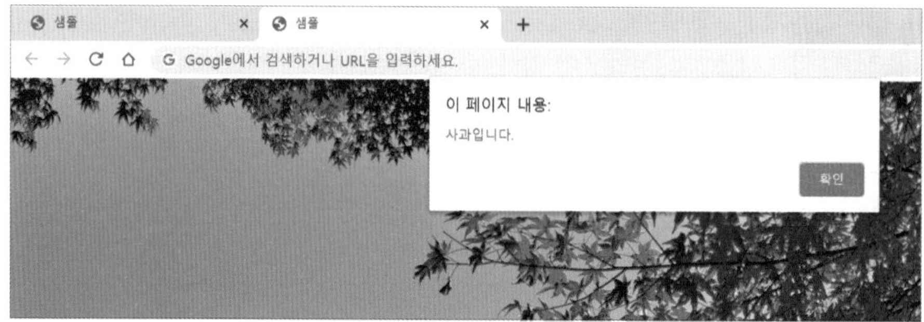

myFruit에 사과를 대입

▼ 실행 결과

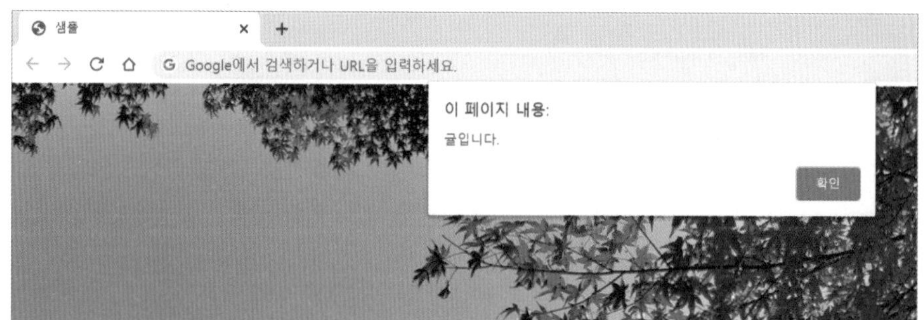

myFruit에 귤을 대입

▼ 실행 결과

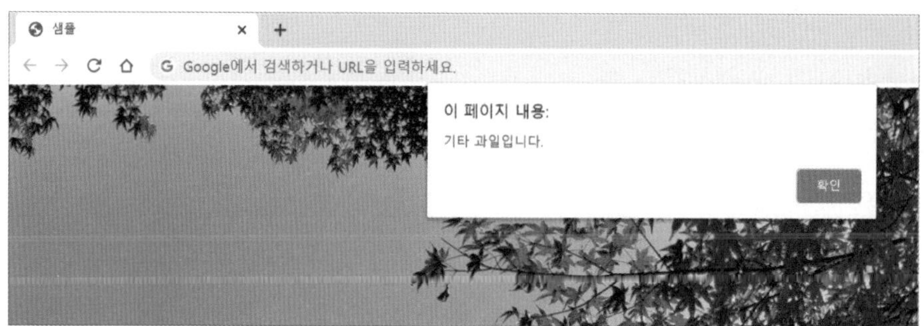

myFruit에 딸기를 대입

switch문의 ( ) 안 값과 case의 값이 일치할 경우에만 해당 case의 처리가 실행된다. case의 값 뒤에는 '콜론(:)'을 붙인다. break는 처리를 종료하는 명령문으로, 생략하면 switch문이 끝나지 않고 다음 case문의 조건 일치 여부를 계속해서 확인한다. 다음의 코드를 확인해 보자.

■ **JavaScript**

```
const myFruit = '사과';

switch (myFruit) {
  case '사과':
    alert('사과입니다.');
  case '귤':
    alert('귤입니다.');
  default:
    alert('기타 과일입니다.');
}
```

이 특성을 활용하면 여러 case의 결과 처리를 한곳에서 실행 가능하다는 이점이 있다.

■ **JavaScript**

```
const myFruit = '사과';

switch (myFruit) {
  case '사과':
  case '귤':
    alert('사과 혹은 귤입니다.');
    break;
  default:
    alert('기타 과일입니다.');
}
```

case에서 break 혹은 default에서 break까지의 단위를 하나의 구로 표현하며, 이를 case구, default구라고 한다. break문을 의도치 않게 생략하여 처리 중복으로 인한 에러가 발생하지 않도록 주의하자. default는 어느 case도 실행되지 않았을 때 실행되는 영역으로 생략이 가능하다.

■ JavaScript

```
const myFruit = '사과';

switch (myFruit) {
  case '사과':
  case '귤':
    alert('사과 혹은 귤입니다.');
    break;
  // default는 생략
}
```

COLUMN **switch는 === 비교를 한다**

switch 식은 값과 타입의 비교가 모두 이루어진다(=== 비교). 다음의 샘플을 통해 첫 번째가 아닌 두 번째 구가 실행되는 것을 확인해 보자.

■ JavaScript

```
// 문자 타입의 '100'
const myValue = '100';

switch (myValue) {
  case 100:
    // 숫자 타입일 경우 실행
    console.log('숫자 타입의 100입니다.');
    break;
  default:
    console.log('숫자 타입의 100이 아닙니다.');
    break;
}
```

CHAPTER 1 017

반복문 사용하기 for

적용

- 반복 처리 작업을 하고 싶을 때

■ Syntax

구문	의미
for (초기화; 반복문 조건; 반복 중 처리 구문) { 반복처리내용 }	반복 작업 처리

for문은 반복 작업을 처리하며, 대량의 데이터를 처리하거나 배열을 다룰 때 유용하다. 다음 샘플을 통해 확인해 보자. for문을 사용하여 0부터 9까지 출력하는 코드다.

■ JavaScript

```
// 0~9까지 순서대로 출력
for (let index = 0; index < 10; index++) {
  console.log(index);
}
```

▼ 실행 결과

0
1
2
3
4
5
6
7
8
9

for문의 초기화는 반복 작업에서 처음 실행하는 내용을 삽입한다. 앞의 샘플 코드에서는 'let index = 0;'으로 index 변수에 0을 대입한다. 반복문 조건은 for문이 반복되는 조건을 넣는다. 앞 코드에서 'index < 10;'으로 index 변수가 10 이상이 될 때까지 반복 처리를 실행한다.

반복 중 처리 구문은 매 반복의 마지막에 실행되는 부분으로, 앞 코드에서는 처리가 끝날 때마다 index + 1을 실행한다.

1. **초기화가 실행되어 index에 0이 대입된다.**
2. **반복문 조건인 index < 10을 만족하여 console.log(index)가 실행된다(0 출력).**
3. **반복 중 처리 구문에서 index++가 실행되어 index가 1이 된다.**
4. **반복문 조건인 index < 10을 만족하여 console.log(index)가 실행된다(1 출력).**
5. **반복 중 처리 구문에서 index++가 실행되어 index가 2가 된다.**
6. (…index가 9가 될 때까지 반복…)
7. **반복 중 처리 구문에서 index++가 실행되어 index가 10이 된다.**
8. **반복문 조건인 index < 10을 만족하지 않으므로 for문이 종료된다.**

018 반복문 사용하기 while

- 일정 조건을 충족할 때까지 반복 처리를 사용하고 싶을 때

■ **Syntax**

구문	의미
while (반복조건) { 반복처리내용 }	반복 작업 처리

while문은 조건을 만족하면 계속 반복 작업을 한다. for문과 유사하나 while문은 반복 조건만을 지정한다. 그러므로 코드를 통해 반복의 종료 시점을 지정해야 한다. 다음은 myNumber 변수의 값이 10 이상이 될 때까지 +1을 반복 실행하는 코드다. 0~10까지 출력한 뒤 반복문을 종료한다.

■ **JavaScript**

```
let myNumber = 0;
while (myNumber < 10) {
  console.log(myNumber);
  myNumber += 1;
}
```

019 반복 처리 스킵

- 반복 처리 중 특정 조건에 대해 스킵하고 싶을 때
- for문 루프 중 처리를 스킵하고 싶을 때

■ **Syntax**

구문	의미
continue	for문 루프 중 처리 스킵

for문과 while문의 반복 처리 작업 중 일부 상황에서 처리 작업의 예외가 필요할 때가 있다. continue문을 사용하면 해당 루프의 작업을 실행하지 않고 다음 루프로 넘어간다.

index가 홀수인 경우에만 출력을 실행하는 코드를 통해 continue의 사용을 확인해 보자. continue의 적용 범위는 for문의 { } 내부다.

■ **JavaScript**

```
for (let index = 0; index < 10; index++) {
  if (index % 2 === 0) {
    // index가 짝수인 경우 아랫부분은 실행되지 않고 루프가 넘어감
    continue;
  }

  // 홀수만 출력됨
  console.log(index);
}

// 루프가 끝나면 실행됨
console.log('루프가 종료됨');
```

▼ **실행 결과**

```
1
3
5
7
9
루프가 종료됨
```

continue를 사용하면 for문 내부의 중첩 구문을 줄일 수 있다. 다음의 함수는 flgA가 참이자 for문의 index가 홀수인 경우에만 실행되는 코드로, if문이 중첩되어 코드가 복잡하고 가독성이 떨어진다.

■ **JavaScript**

```
function myFnction(flgA) {
  for (let index = 0; index < 10; index++) {
    if (flgA === true) {
      if (index % 2 !== 0) {
        console.log(index);
      }
    }
  }
}
```

하지만 다음과 같이 continue문을 사용하면 중첩을 줄이고 가독성을 높일 수 있다.

■ **JavaScript**

```
function myFnction(flgA) {
  for (let index = 0; index < 10; index++) {
    if (flgA === false) {
      continue;
    }

    if (index % 2 === 0) {
      continue;
    }

    console.log(index);
  }
}
```

판별, 수, 문자

CHAPTER

2

CHAPTER 2
020

진위 여부 판별하기

- 브라우저 버전에 따라 알림창을 띄우고 싶을 때
- 입력 항목에 따라 확인 버튼을 무효화하고 싶을 때

A 조건의 경우 A 작업, B 조건의 경우 B 작업 등 조건에 따라 처리를 구분하는 것은 프로그래밍의 필수 요소다. 자바스크립트의 데이터 타입 중 하나인 Boolean은 참true과 거짓false의 진위 여부 판별을 위한 데이터 타입이다.

■ **JavaScript** 020/main.js

```
const a = 10;
const b = 20;

console.log(a < b); // 결과: true
console.log(a > b); // 결과: false
```

주로 if문과 함께 조건에 따라 작업 처리를 구분할 때 사용한다.

■ **JavaScript** 020/main.js

```
// iOS 여부 확인
const isIOs = navigator.userAgent.includes('iPhone');

if (isIOs) {
  // iOS용 처리 작업
}
```

0 이외의 숫자 타입, ''(작은따옴표) 이외의 문자열 타입, 배열 타입, 객체 타입 등 if의 조건식에 들어가는 데이터는 참true으로 간주된다.

■ JavaScript 020/main.js

```
// '안녕하세요. 제이펍' 알림창 표시
const userName = '제이펍';
if (userName) {
  alert(`안녕하세요. ${userName}`);
}

// address가 ''이므로 알림창을 표시하지 않음
const address = '';
if (address) {
  alert(`당신은 ${address}에 살고 계시네요.`);
}
```

진릿값에 '!'를 붙이면 반대의 값을 가진다(논리 부정 연산자).

■ JavaScript

```
// JavaScript 문자열의 'a' 문자 포함 여부
const flg = 'JavaScript'.includes('a');
console.log(!flg); // 결과: false
```

다른 타입의 값에 붙이면 값이 참 혹은 거짓으로 변환된다.

■ JavaScript

```
console.log(!'제이펍'); // 결과: false
console.log(!24); // 결과: false
console.log(![1, 2, 3]); // 결과: false
```

'!'를 두 번 사용하면 데이터의 타입이 Boolean으로 변환된다.

■ JavaScript

```
console.log(!!'제이펍'); // 결과: true
console.log(!!24); // 결과: true
console.log(!![1, 2, 3]); // 결과: true
```

CHAPTER 2

021 숫자 다루기

- 자바스크립트에서 수를 계산하고 싶을 때

숫자는 자바스크립트의 기본 데이터 타입 중의 하나로 정수와 소수를 사용하며, 타입은 Number다.

■ **JavaScript**

```
const a = 10; // 결과: 10
const b = 1.23; // 결과: 1.23
const c = -5; // 결과: -5
```

수의 계산으로 다음과 같은 작업이 가능하다.

작업	예
수학 계산하기	10의 2승 계산하기
어림 계산하기	세금을 포함한 금액을 정수로 산출하기
삼각 함수 다루기	애니메이션의 궤적 구하기
임의의 수 다루기	애니메이션에 임의 값(움직임) 부여하기

자바스크립트에서는 10진수 외에도 16진수, 8진수, 2진수의 표현이 가능하다.

표기 예	의미
10, 240, 12400, 3.14	10진수
0xFF0000, 0xCCCCCC	16진수
0o123, 0o7777	8진수
0b111, 0b0101010	2진수

수학적으로 수의 크기 자체는 무한대까지 정의가 가능하지만, 자바스크립트에서는 수의 표현이 제한된다.

정수	의미	값
Number.MAX_VALUE	최대 정숫값	1.7976931348623157e+308
Number.MIN_VALUE	최소 정숫값	5e-324
Number.MAX_SAFE_INTEGER	다룰 수 있는 최대 정숫값	9007199254740991
Number.MIN_SAFE_INTEGER	다룰 수 있는 최소 정숫값	-9007199254740991

Number.MIN_SAFE_INTEGER와 Number.MAX_SAFE_INTEGER의 사이를 벗어나는 값은 계산 결과에 오차가 발생한다.

COLUMN 부정확한 계산 결과에 따라 반환되는 특별한 값

수의 계산에는 부정확한 계산 결과에 따라 반환되는 특별한 값이 있다. 직접 사용할 일은 거의 없으나, 에러가 발생할 때 접하는 경우가 있으니 확인해 두자.

정수	의미	값
NaN	숫자가 아닌 값 혹은 부정확한 계산 결과	NaN
Number.POSITIVE_INFINITY	양의 무한값	Infinity
Number.NEGATIVE_INFINITY	음의 무한값	-Infinity

어림 계산하기 (반올림, 올림, 버림)

- 소수점을 버리는 계산을 할 때
- 화면 크기를 정수로 조절할 때

■ **Syntax**

메소드	의미	반환
Math.round(값)	반올림하기	숫자
Math.floor(값)	버림하기(값보다 작고 제일 가까운 정수 반환)	숫자
Math.ceil(값)	올림하기(값보다 크고 제일 가까운 정수 반환)	숫자
Math.trunc(값)	값의 정수 부분만을 반환	숫자

어림 계산은 위의 메소드를 사용하며, 다음을 참고해 사용 방법을 배워 보자.

■ **JavaScript**

```
Math.round(6.24); // 결과: 6
Math.floor(6.24); // 결과: 6
Math.ceil(6.24); // 결과: 7
Math.trunc(6.24); // 결과: 6

Math.round(7.8); // 결과: 8
Math.floor(7.8); // 결과: 7
Math.ceil(7.8); // 결과: 8
Math.trunc(7.8); // 결과: 7
```

Math.round( )는 다음과 같이 작동한다.

- **소수점이 0.5 이상이면 올림**(값 이상 최소의 정수로 반환)
- **소수점이 0.5 미만이면 내림**(값 이하 최대의 정수로 반환)

음의 값 처리를 확인해 보자.

■ **JavaScript**

```
Math.round(-7.49); // 결과: -7(소수점이 0.5 이상이므로 올림 처리)
Math.round(-7.5);  // 결과: -7(소수점이 0.5 이상이므로 올림 처리)
Math.round(-7.51); // 결과: -8(소수점이 0.5 미만이므로 내림 처리)
```

Math.floor( )와 Math.ceil( )은 다음과 같이 작동한다.

- **Math.floor(값): 값 이하 최대의 정숫값을 반환**
- **Math.ceil(값): 값 이상 최소의 정숫값을 반환**

인수가 음의 값인 경우는 다음과 같이 처리한다.

■ **JavaScript**

```
Math.floor(-8.6); // -8.6 이하 정수의 최댓값인 -9를 반환
Math.ceil(-8.6);  // -8.6 이상 정수의 최솟값인 -8을 반환
```

Math.trunc( )는 음과 양에 상관없이 정수 부분만을 반환한다.

■ **JavaScript**

```
Math.trunc(-8.6); // 정수 부분 -8 반환
```

6.24와 -7.49를 각 메소드에서 처리한 결과를 확인해 보자.

■ **JavaScript**

```
document.querySelector('.result1').innerHTML = Math.round(6.24);
document.querySelector('.result2').innerHTML = Math.ceil(6.24);
document.querySelector('.result3').innerHTML = Math.floor(6.24);
document.querySelector('.result4').innerHTML = Math.trunc(6.24);
document.querySelector('.result5').innerHTML = Math.round(-7.49);
document.querySelector('.result6').innerHTML = Math.ceil(-7.49);
document.querySelector('.result7').innerHTML = Math.floor(-7.49);
document.querySelector('.result8').innerHTML = Math.trunc(-7.49);
```

▼ **실행 결과**

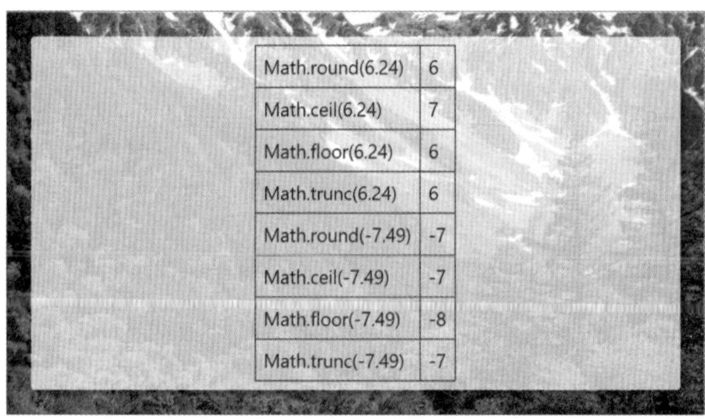

Math.round(6.24)	6
Math.ceil(6.24)	7
Math.floor(6.24)	6
Math.trunc(6.24)	6
Math.round(-7.49)	-7
Math.ceil(-7.49)	-7
Math.floor(-7.49)	-8
Math.trunc(-7.49)	-7

임의의 수 다루기

- 임의의 확률을 사용해 작업을 처리하고 싶을 때
- 애니메이션에 임의의 값을 부여하고 싶을 때

Syntax

메소드	의미	반환
Math.random( )	부동 소수점의 유사 난수를 반환(0 이상 1 미만)	숫자

Math.random( )은 0 이상 1 미만의 부동 소수점 유사 함수를 반환한다. 사용법을 확인해 보자.

JavaScript

```
Math.random(); // 0 이상 1 미만 임의의 소수
Math.floor(Math.random() * 100); // 0 이상 100 미만 임의의 정수
10 + Math.floor(Math.random() * 10); // 10 이상 20 미만 임의의 정수
```

버튼을 누를 때마다 색상을 임의로 바꾸는 샘플 코드를 통해 Math.random( )을 알아보자.

HTML

023/index.html

```
<!-- 버튼 -->
<button class="button">색상 변경</button>
<!-- 그라데이션이 표시되는 직사각형 -->
<div class="rectangle"></div>
```

CSS

023/style.css

```
.rectangle {
  width: 100%;
  height: calc(100% - 50px);
  --start: hsl(0, 100%, 50%);
  --end: hsl(322, 100%, 50%);
  background-image: linear-gradient(-135deg, var(--start), var(--end));
}
```

※ --start와 --end는 CSS 변수다.

■ **JavaScript** 023/main.js

```
/** 직사각형 */
const rectangle = document.querySelector('.rectangle');

// 버튼 클릭 시 onClickButton() 실행
document.querySelector('.button').
addEventListener('click', onClickButton);

/** 버튼을 누를 때마다 그라데이션 색상을 변경 */
function onClickButton() {
  // 0~359 사이 임의의 수를 가져오기
  const randomHue = Math.trunc(Math.random() * 360);
  // 그라데이션의 시작과 끝 색상을 결정
  const randomColorStart = `hsl(${randomHue}, 100%, 50%)`;
  const randomColorEnd = `hsl(${randomHue + 40}, 100%, 50%)`;

  // 직사각형의 그라데이션 처리 변수
  rectangle.style.setProperty('--start', randomColorStart);
  rectangle.style.setProperty('--end', randomColorEnd);
}
```

▼ **실행 결과**

▼

버튼을 누를 때마다 그라데이션 색상이 바뀐다

COLUMN 안전한 난수 사용은 crypto.getRandomValues()

메소드	의미	반환
crypto.getRandomValues(타입지정배열)	난수의 배열을 반환	배열

비밀번호 등 정보 보호가 중요한 문자열을 생성할 때는 Math.random( )보다 crypto.getRandomValues( )를 사용한다. 인수에 타입 지정 배열과 값을 전달하면 값의 난수 배열을 생성한다. 다음 코드를 확인해 보자.

```
// 임의의 정수(부호없는 16비트) 10개가 들어 있는 배열을 생성
// 예: [ 8918, 14634, 53220, 62158, 64876, ...
const randomArray1 = crypto.getRandomValues(new Uint16Array(10));
// 배열의 요소를 연결하여 난수를 생성
// 예: 89181463453220621586....
randomArray1.join('');

// 부호 없는 32비트의 배열 난수를 생성
// 예: 890302968733374674003722 83 ...
crypto.getRandomValues(new Uint32Array(10)).join('');
```

CHAPTER 2

024 수학 계산 함수 사용하기

- 절댓값을 구하고 싶을 때
- 제곱을 구하고 싶을 때
- 대수를 구하고 싶을 때

■ **Syntax**

메소드	의미	반환
Math.abs(값)	절댓값을 계산	숫자
Math.pow(값1, 값2)	값1의 값2승을 계산	숫자
Math.sign(값)	값의 부호 계산(-10은 -1, 21은 1, 0은 0)	숫자
Math.sqrt(값)	제곱근을 계산	숫자
Math.log(값)	자연 로그를 계산	숫자
Math.exp(값)	지수 함수를 계산	숫자

■ **Syntax**

속성	의미	타입
Math.E	자연 로그 e를 반환	숫자

Math 객체에는 그래프와 애니메이션 표현을 위한 수학 계산용 메소드가 있다. 이외에도 많은 메소드가 있으나 대표적으로 다음과 같이 사용한다.

■ **JavaScript**

```
Math.abs(-10); // -10의 절댓값은 10
Math.pow(2, 10); // 2의 10승은 1024
Math.sign(2); // 2가 양수이므로 1
Math.sign(-2); // -2가 음수이므로 -1
Math.sqrt(16); // 16의 제곱근은 4
Math.log(Math.E); // 자연 로그 e는 1
```

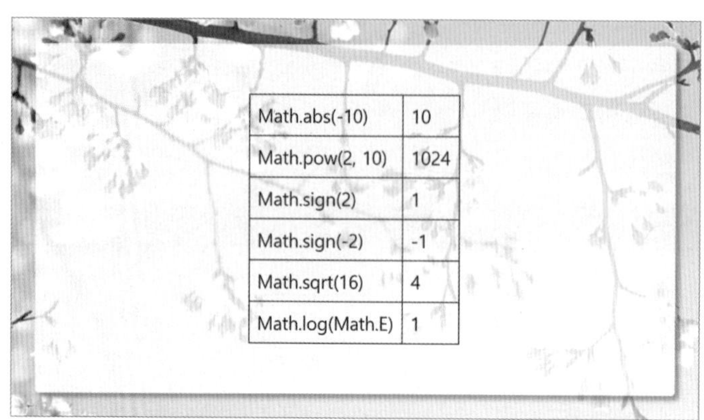

Math.abs(-10)	10
Math.pow(2, 10)	1024
Math.sign(2)	1
Math.sign(-2)	-1
Math.sqrt(16)	4
Math.log(Math.E)	1

Math 객체의 대표적인 메소드

CHAPTER 2

025 삼각 함수 사용하기

- 삼각 함수 계산을 사용하고 싶을 때
- 좌표에서 각도를 구하고 싶을 때
- 호를 그리는 애니메이션 효과를 주고 싶을 때

■ Syntax

속성	의미	타입
Math.PI	원주율	숫자

■ Syntax

메소드	의미	반환
Math.cos(값)	코사인(cos)	숫자
Math.sin(값)	사인(sin)	숫자
Math.tan(값)	탄젠트(tan)	숫자
Math.acos(값)	코사인 역함수(acos)	숫자
Math.asin(값)	사인 역함수(asin)	숫자
Math.atan(값)	탄젠트 역함수(atan)	숫자
Math.atan2(y좌표, x좌표)	(x, y) 좌표가 이루는 각도	숫자

※ 반환값 숫자의 단위는 라디안(Radian)이다.

사인, 코사인, 탄젠트 등 삼각 함수 계산을 위한 메소드다. 캔버스와 SVG에서 애니메이션 효과를 줄 때 자주 사용된다. 다음을 통해 사용법을 확인해 보자.

■ JavaScript

```
Math.PI; // 원주율 3.141592653589793
Math.cos((90 * Math.PI) / 180); // cos 90° 6.123233995736766e-17※
Math.sin((90 * Math.PI) / 180); // sin 90° 1
Math.tan((45 * Math.PI) / 180); // tan 45° 0.9999999999999999※
Math.acos(1); // 역함수 사인 1 = 0
(Math.atan2(1, 1) * 180) / Math.PI; // (1, 1)의 좌표가 이루는 각도 45도
```

※ 자바스크립트 10진수의 유효 자릿수는 15자리이므로(IEEE 754 규격), 실제 cos90도와 tan45도의 값(0과 1)과 비교했을 때 오차가 발생한다.

Math.cos( )와 Math.acos( )에 전달하는 값의 단위는 라디안Radian이다. 원주의 길이는 π로 표시하기 때문에 도수를 라디안으로 변환하는 편이 사용하기 쉽다. 이 도수의 변환식은 다음과 같다.

```
라디안 = (도수 * Math.PI) / 180;
```

삼각 함수를 사용해 원을 그리는 애니메이션을 만들어 보자. 반지름이 100인 원주에 degree 위치 좌표는 다음과 같이 나타낼 수 있다.

■ **JavaScript**

```
// 각도
let degree = 0;

// 회전각을 라디안으로 구하기
const rotation = (degree * Math.PI) / 180;

// 회전각으로 위치 구하기
const targetX = 100 * Math.cos(rotation);
const targetY = 100 * Math.sin(rotation);
```

degree를 일정 주기로 1도씩 증가시키면 호를 그리는 애니메이션을 구현할 수 있다.

■ **HTML**

```
<div class="character">
</div>
```

■ **JavaScript**

```
/** 캐릭터 이미지 */
const character = document.querySelector('.character');

/** 각도 */
let degree = 0;
```

```
// 루프의 개시
loop();

/**
 * 화면이 갱신될 때마다 실행되는 함수
 */
function loop() {
  // 회전각을 라디안으로 구하기
  const rotation = (degree * Math.PI) / 180;
  // 회전각으로 위치 구하기
  const targetX = window.innerWidth / 2 + 100 * Math.cos(rotation) - 50;
  const targetY = window.innerHeight / 2 + 100 * Math.sin(rotation) - 50;
  // character 위치 반영하기
  character.style.left = `${targetX}px`;
  character.style.top = `${targetY}px`;
  // 각도 1도 증가시키기
  degree += 1;
  // 다음 화면 갱신 타이밍에서 loop() 실행
  requestAnimationFrame(loop);
}
```

▼ **실행 결과**

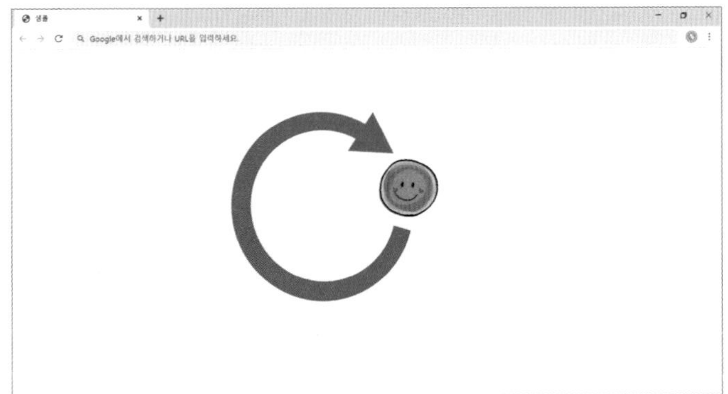

이미지가 원을 그리며 움직인다

CHAPTER 2

026

문자열 다루기

적용

- 문자열 길이를 확인하고 싶을 때
- 문자열을 검색하고 싶을 때
- 문자열을 추출하고 싶을 때
- 문자열을 변환하고 싶을 때
- 문자열을 나누고 싶을 때
- 문자열을 결합하고 싶을 때

문자열은 자바스크립트의 기본 데이터 타입 중 하나다. '(작은따옴표), "(큰따옴표), `(백틱, 키보드의 탭 키 위쪽에 위치)로 문자열을 감싸며, 타입은 String이다.

■ JavaScript

```
const a = 'JavaScript'; // 문자열 'JavaScript'
const b = "제이펍";       // 문자열 '제이펍'
const c = `웹디자인`;     // 문자열 '웹디자인'
```

문자열은 다음과 같은 작업이 가능하다.

내용	예
문자열 길이를 확인하기	문자열 'JavaScript'의 길이를 구한다
문자열 검색하기	문자열 '웹디자인'에서 '웹'이 포함된 문자열을 검색한다
문자열 추출하기	문자열 '웹디자인'에서 앞의 세 글자를 추출한다
문자열 변환하기	문자열 '웹디자인'에서 '웹'을 '의상'으로 변환한다
문자열 나누기	URL의 해시로부터 파라미터 값을 확인한다
문자열 결합하기	문자열 'Java'와 'Script'를 결합한다

문자열 내부에서 특수 문자를 사용하고 싶은 경우에는 다음 표기법을 사용한다.

표기	의미	표기	의미
\'	작은따옴표(Single Quotation Mark)	\\	역슬래시(Back Slash)
\"	큰따옴표(Double Quotation Mark)	\n	줄바꿈
\`	백틱(Grave Accent)	\r	되돌리기

027 문자열의 길이 확인하기

- 입력폼에서 문자열의 길이를 확인하고 싶을 때

■ **Syntax**

속성	의미	타입
문자열.length	문자열의 길이	숫자
Array.from(문자열).length	문자열의 길이	숫자

'문자열.length'로 문자열의 길이(문자의 수) 확인이 가능하다. 다음을 확인해 보자.

■ **JavaScript**

```
'웹디자인'.length; // 4
'JavaScript'.length; // 10
```

텍스트 영역Textarea에 입력 중인 문자의 수를 카운팅하는 샘플을 확인해 보자.

■ **HTML** 027/index.html

```
<textarea class="textarea"></textarea>
<p>현재 <span class="string_num">0</span>글자를 입력하였습니다.</p>
```

■ **JavaScript** 027/main.js

```
/** 텍스트 영역(textarea) */
let textarea = document.querySelector('.textarea');

/** 입력 중인 문자 수 */
let string_num = document.querySelector('.string_num');

// 텍스트를 입력할 때마다 onKeyUp()을 실행
textarea.addEventListener('keyup', onKeyUp);

function onKeyUp() {
  // 입력된 텍스트
  const inputText = textarea.value;
```

```
    // 문자 수를 반영
    string_num.innerText = inputText.length;
}
```

▼ **실행 결과**

오늘은 날씨가 좋아요
현재 11글자를 입력하였습니다.

문자 수를 체크 중인 화면

COLUMN

문자에 따라 length로 확인 불가능할 때가 있음

다음과 같은 문자는 문자열의 길이를 length로 확인해도 1이 아니다.

■ **JavaScript**

```
'😀'.length; // 2
'💘'.length; // 2
```

원인은 이 문자들이 서러게이트 쌍Surrogate Pair이기 때문이다. 자바스크립트는 기본적으로 하나의 문자를 2바이트로 표현하지만, 이모티콘과 특수 문자는 4바이트로 표현한다. 이렇게 4바이트로 표현되는 문자를 서러게이트 쌍이라고 한다. 서러게이트 쌍을 하나의 문자로 인식하기 위해서는 다음과 같이 Array.from( )을 사용한다.

■ **JavaScript**

```
Array.from('😀').length; // 1
Array.from('❤').length; // 1
```

028 문자열의 공백 처리하기 trim

- 문자열 양단의 공백을 제거하고 싶을 때

■ Syntax

메소드	의미	반환
문자열.trim()	문자열 양 끝의 공백을 제거	문자열

문자열 양 끝의 공백을 제거하는 것을 '트리밍Trimming'이라고 하며, trim()은 양단의 공백을 제거한 문자열을 반환한다. 공백은 스페이스, 탭, 줄바꿈 문자를 의미하며, 양단이 아닌 문자열 사이의 공백은 제거되지 않는다.

■ JavaScript

```
// 양단에 공백이 있을 때
const targetString1 = '  안녕하세요   ';
const trimmedString1 = targetString1.trim();
console.log(trimmedString1); // 결과: '안녕하세요'

// 줄바꿈 문자가 삽입되어 있는 경우
const targetString2 = '사과를 먹었어요\n';
const trimmedString2 = targetString2.trim();
console.log(trimmedString2); // 결과: '사과를 먹었어요'

// 문자열 사이의 공백은 제거되지 않음
const targetString3 = ' 사과. 귤. ';
const trimmedString3 = targetString3.trim();
console.log(trimmedString3); // 결과: '사과. 귤.'
```

문자열 검색하기(인덱스 검색)

- 원하는 문자열의 위치를 확인하고 싶을 때

■ Syntax

메소드	의미	반환
대상문자열.indexOf(검색대상문자열, [검색시작인덱스※])	문자열 시작 인덱스	숫자
대상문자열.lastIndexOf(검색대상문자열, [검색시작인덱스※])	문자열 종료 인덱스	숫자
대상문자열.search(정규표현)	정규 표현 일치 인덱스	숫자

※ 검색 시작 인덱스는 생략 가능

문자열 내에서 특정 문자열을 검색한다. indexOf( )는 지정한 문자열의 인덱스 위치를 반환하며, 값은 0부터 시작한다. 문자열의 첫 번째 문자는 위치가 0이며, 다섯 번째 문자의 경우 인덱스의 값은 4다. 지정한 문자열을 찾을 수 없는 경우에는 -1이 반환된다. 영문은 대소문자를 구별하여 검색한다.

■ JavaScript

```
const myString = 'JavaScript를 배우자';

// 지정 문자열이 존재할 때
const a1 = myString.indexOf('JavaScript');
console.log(a1); // 결과: 0

const a2 = myString.indexOf('배우자');
console.log(a2); // 결과: 12

const a3 = myString.lastIndexOf('a');
console.log(a3); // 결과: 3

// 지정 문자열이 존재하지 않을 때
const b1 = myString.indexOf('HTML');
console.log(b1); // 결과: -1

const b2 = myString.indexOf('j');
console.log(b2); // 결과: -1(대소문자를 구별)
```

검색 시작 인덱스를 지정하면 지정한 위치부터 검색을 시작한다. 생략하면 대상 문자열의 처음부터 검색을 시작한다.

■ **JavaScript**

```
const myString = 'JavaScript를 배우자';
const c1 = myString.indexOf('JavaScript', 4);
console.log(c1); // 결과: -1
```


샘플 코드를 통해 인덱스 검색의 결괏값을 확인해 보자.

■ **HTML** 029/index.html

```
<main>
  <h1>'JavaScript를 배우자'의 인덱스</h1>
  <table>
    <tr><th>indexOf('JavaScript')</th><td class="result1"></td></tr>
    <tr><th>indexOf('배우자')</th>      <td class="result2"></td></tr>
생략
```

■ **JavaScript** 029/main.js

```
const targetString = 'JavaScript를 배우자';

document.querySelector('.result1').innerHTML
= targetString.indexOf('JavaScript');
document.querySelector('.result2').innerHTML
= targetString.indexOf('배우자');
생략
```

▼ **실행 결과**

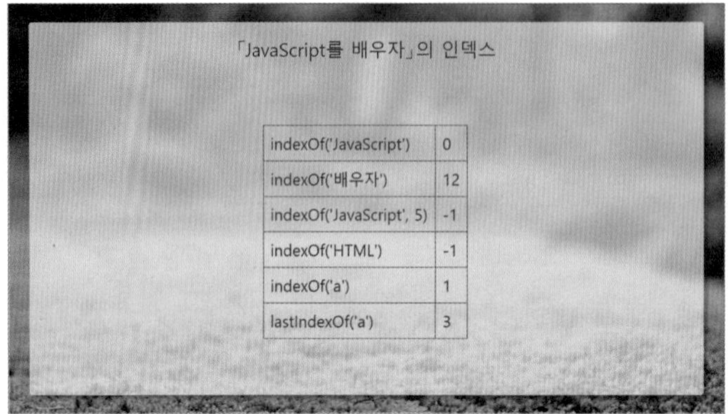

「JavaScript를 배우자」의 인덱스
indexOf('JavaScript') 0
indexOf('배우자') 12
indexOf('JavaScript', 5) -1
indexOf('HTML') -1
indexOf('a') 1
lastIndexOf('a') 3

COLUMN

정규 표현의 검색

조금 더 체계화된 검색은 정규 표현을 사용한다. search()는 정규 표현과 일치하는 문자의 인덱스 값을 반환한다. 정규 표현을 사용하여 문자열을 검색하는 코드를 확인해 보자.

■ **JavaScript**

```
const myString = 'JavaScript를 배우자';

const s1 = myString.search(/JavaScript/);
console.log(s1); // 결과: 0

const s2 = myString.search(/HTML/);
console.log(s2); // 결과: -1
```

문자열 검색하기(부분 검색)

- 지정 문자열의 포함 여부를 확인하고 싶을 때
- 입력폼의 부적절한 문자를 체크하고 싶을 때

■ **Syntax**

메소드	의미	반환
대상문자열.includes(검색대상문자열, [검색시작인덱스]※)	문자열 포함 여부 확인	진릿값
대상문자열.startsWith(검색대상문자열, [검색시작인덱스]※)	문자열 시작 문자 확인	진릿값
대상문자열.endsWith(검색대상문자열, [검색시작인덱스]※)	문자열 종료 문자 확인	진릿값

※ 검색 시작 인덱스는 생략 가능

includes( ), startsWith( ), endsWith( )를 사용하면 지정 문자열의 포함 여부를 확인할 수 있다. includes( )는 위치에 상관없이 지정 문자열이 포함되어 있다면 true를 반환한다. startsWith( )는 시작 문자열이 인수와 같은지를 확인하고 endsWith( )는 종료 문자열을 확인한다.

■ **JavaScript**

```
const myString = 'JavaScript를 배우자';

const a1 = 'JavaScript를 배우자'.includes('JavaScript');
console.log(a1); // 결과: true

const a2 = 'JavaScript를 배우자'.startsWith('배우자');
console.log(a2); // 결과: false

const a3 = 'JavaScript를 배우자'.endsWith('배우자');
console.log(a3); // 결과: true
```

indexOf( )는 지정 문자열의 인덱스를 반환하고 includes( )는 지정 문자열의 포함 여부를 반환한다. 샘플 코드를 통해 지정 문자열의 포함 여부 결괏값을 확인해 보자. ▶▶029

■ HTML

030/index.html

```
<main class="main">
  <h1>'JavaScript를 배우자'에서 문자열의 포함 여부 체크</h1>
  <table>
    <tr><th>includes('JavaScript')</th> <td class="result1"></td></tr>
    <tr><th>includes('배우자')</th>        <td class="result2"></td></tr>
생략
```

■ JavaScript

030/main.js

```
const targetString = 'JavaScript를 배우자';

document.querySelector('.result1').innerHTML
= targetString.includes('JavaScript');
document.querySelector('.result2').innerHTML
= targetString.includes('배우자');
생략
```

▼ 실행 결과

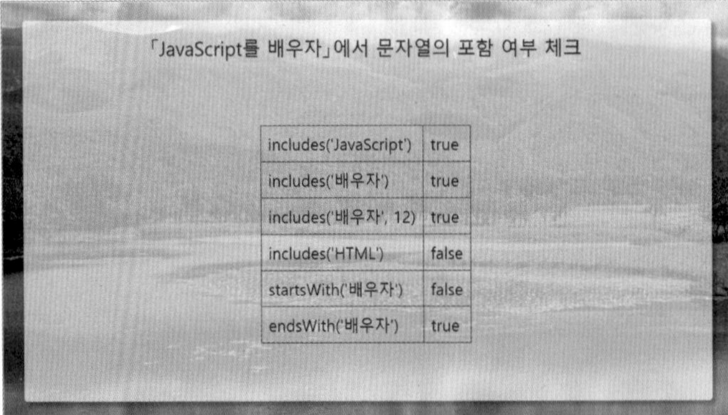
「JavaScript를 배우자」에서 문자열의 포함 여부 체크
includes('JavaScript') true
includes('배우자') true
includes('배우자', 12) true
includes('HTML') false
startsWith('배우자') false
endsWith('배우자') true

CHAPTER 2

031

문자열에서 문자 다루기 (문자열에서 문자 추출하기)

- 지정한 위치의 문자를 추출하고 싶을 때

■ **Syntax**

메소드	의미	반환
문자열.charAt([인덱스※])	지정한 인덱스의 문자를 추출	문자

※ 생략 가능

문자열에서 원하는 부분만을 추출할 때 사용한다. charAt( )는 지정한 인덱스 위치의 문자를 반환한다.

■ **JavaScript**

```
'JavaScript'.charAt(3); // a
'JavaScript'.charAt(); // J(인수 생략 시 기본값은 인덱스 0의 위치)
```

검색창에 입력한 글자와 일치하는 검색 결과를 나타내는 샘플을 만들어 보자. li 태그를 사용하여 결과를 나타내며, 한글과 영문의 속성을 가진다. chatAt( )을 사용해 일치하는 결과를 체크하고, 일치하지 않는 항목은 hide 클래스를 이용해서 숨기도록 한다. hide는 CSS에서 'display: none;'을 지정하여 숨기는 역할을 한다.

■ **HTML** 031/index.html

```
<header>
  <label> 지역명의 첫 번째 글자를 입력해 주세요. <input id="search-word-input"
  maxlength="1" type="text"></label>
</header>
<div id="prefecture-list">
  <button data-name="속초" data-phonetic="sokcho">속초</button>
  <button data-name="부산" data-phonetic="busan">부산</button>
  <button data-name="포항" data-phonetic="pohang">포항</button>
  <button data-name="상주" data-phonetic="sangju">상주</button>
  <button data-name="서울" data-phonetic="seoul">서울</button>
  <button data-name="제주" data-phonetic="jeju">제주</button>
생략
```

■ **JavaScript** 031/main.js

```
/** 검색어 */
const searchWordText = document.querySelector('#search-word-input');

/** 지역 리스트 */
const prefectureList = document.querySelectorAll('#prefecture-list button');

// 문자가 입력될 때마다 데이터 체크 작업 실행
searchWordText.addEventListener('keyup', () => {
  // 입력한 검색어
  const searchWord = searchWordText.value;

  // 지역 리스트의 루프 처리
  // element는 각 요소에 해당함
  prefectureList.forEach((element) => {
    // 검색어가 없으면 모든 요소를 표시
    if (!searchWord || searchWord === '') {
      element.classList.remove('hide');
      return;
    }

    // 데이터 name 가져오기
    const prefectureName = element.dataset.name;
    // 데이터 영문 name 가져오기
    const phonetic = element.dataset.phonetic;

    // 검색어와 첫 번째 글자 일치 여부에 따라 hide 클래스 사용 결정
    // hide 클래스가 사용된 요소는 화면에 표시하지 않음
    if (
      searchWord.charAt(0) === prefectureName.charAt(0) ||
      searchWord.charAt(0) === phonetic.charAt(0)
    ) {
      // 검색어의 첫 번째 글자가 일치하는 경우 hide 클래스를 제거
      element.classList.remove('hide');
    } else {
      // 검색어의 첫 번째 글자가 일치하지 않는 경우 hide 클래스를 추가
      element.classList.add('hide');
    }
  });
});
```

▼ 실행 결과

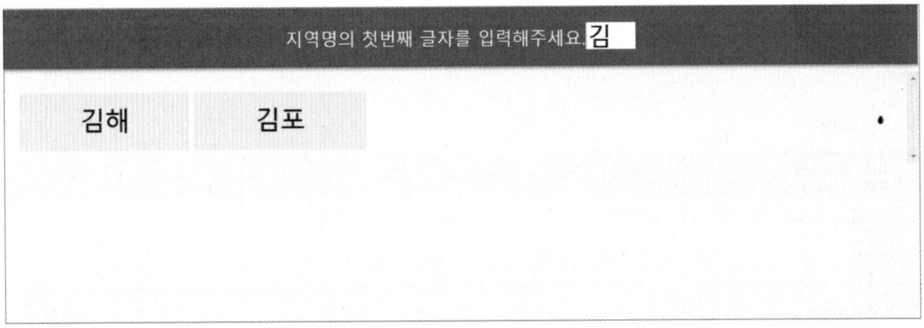

지역명의 첫번째 글자를 입력해주세요. 김

김해	김포

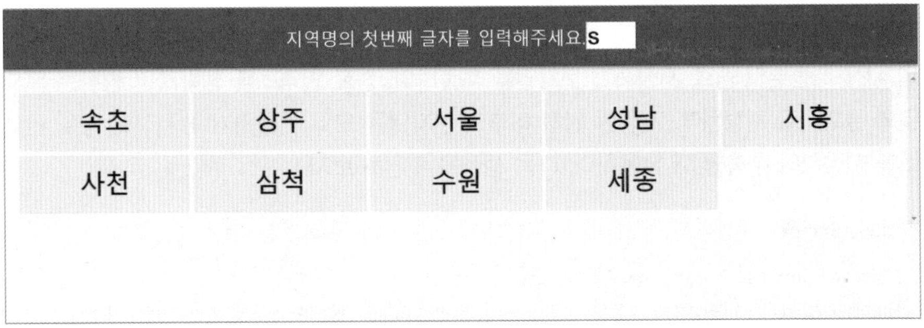

지역명의 첫번째 글자를 입력해주세요. s

속초	상주	서울	성남	시흥
사천	삼척	수원	세종	

입력된 문자와 첫 번째 글자가 일치하는 지역을 표시한다

문자열 다루기 (위치 지정하여 선택하기)

- 지정 범위 내의 문자열을 추출하여 사용하고 싶을 때
- 지정 위치 이후의 문자열을 추출하여 사용하고 싶을 때

■ Syntax

메소드	의미	반환
문자열.slice(시작인덱스, [종료인덱스※])	지정 범위 내 문자열 추출	문자열
문자열.substring(시작인덱스, [종료인덱스※])	지정 범위 내 문자열 추출	문자열

※ 생략 가능

지정한 문자열의 일부를 추출하고 싶을 때 slice( ), substring( )을 사용한다. 지정한 인덱스의 시작 지점부터 종료 지점까지 문자열을 추출하며, 종료 인덱스를 생략하면 범위는 문자열의 끝까지로 지정된다. 지정한 위치 이후의 문자열을 모두 추출하거나 시작과 종료 인덱스를 지정하여 추출할 때 유용하다. 다음 샘플을 확인해 보자.

■ JavaScript

```
'JavaScript'.slice(0, 4); // Java
'JavaScript'.slice(0); // JavaScript(두 번째 인수를 생략하면 문자열의 마지막까지 추출)
'JavaScript'.substring(0, 4); // Java
'JavaScript'.substring(0); // JavaScript(두 번째 인수를 생략하면 문자열의 마지막까지 추출)
```

slice( ) 인수는 음의 정수도 사용할 수 있다. 음의 정수는 뒤에서부터 문자열을 추출하며, 시작 인덱스는 -1이다. 예를 들어 '나의 마우스'라는 문자열에 -2를 인수로 지정하면, 인덱스 4에 있는 '우'가 반환된다. 그러나 substring( )은 음의 정수를 모두 0으로 간주하기 때문에 뒤에서부터 문자열의 인덱스를 지정하는 음의 정수를 사용할 수 없다.

■ JavaScript

```
// slice 사용하기
'나의 노트북'.slice(3, -1); // 노트
'나의 노트북'.slice(-6, -4); // 나의

// substring 사용하기
'나의 노트북'.substring(3, -3); // substring(3, 0)과 같은 의미. '나의'가 반환(칼럼 참고)
'나의 노트북'.substring(-4, -1); // substring(0, 0)과 같은 의미. ' '(공백) 반환
```

COLUMN

slice()와 substring()의 차이

slice()와 substring()은 비슷한 기능이지만 시작 인덱스가 종료 인덱스보다 클 경우의 처리 방식은 다르다. substring()은 시작 값이 종료 값보다 클 경우 두 인덱스를 바꿔 작업을 처리한다.

■ JavaScript

```
// 3을 시작 인덱스로, 1을 종료 인덱스로 지정하면 slice()는 3에서
1로 도달할 수 없기 때문에 ' '(공백)을 반환
'반갑습니다'.slice(3, 1);
// 3을 시작 인덱스로, 1을 종료 인덱스로 지정하면 substring()은
수를 뒤바꿔 큰 수를 종료 인덱스로 지정하여 추출하기 때문에 '갑습'을 반환
'반갑습니다'.substring(3, 1);   // 결과: 갑습
```

▼ 실행 결과

```
갑습
```

문자열 다루기 (글자 수 지정하여 선택하기)

- 위치와 글자 수를 지정한 문자열을 추출하고 싶을 때

Syntax

메소드	의미	반환
문자열.substr(시작인덱스, [글자수※])	지정 범위 내 문자열 추출	문자열

※ 생략 가능

substr( )은 두 번째 인수에 추출하고 싶은 글자 수를 지정한다. 인덱스 위치와 글자 수를 지정하여 필요한 위치부터 원하는 길이만큼의 문자열을 추출한다. 샘플을 확인해 보자.

JavaScript

```
// 인덱스 시작 위치를 4로 지정하여 6개의 문자를 추출
'JavaScript'.substr(4, 6); // Script
```

CHAPTER 2

034 지정 문자열 변환하기

- 문자열을 다른 문자열로 바꾸고 싶을 때
- 문자열 내 불필요한 줄바꿈 코드를
로 바꾸고 싶을 때
- 빈칸을 제거하고 싶을 때

■ **Syntax**

메소드	의미	반환
대상문자열.replace(문자열1, 문자열2)	문자열1을 문자열2로 바꾸기	문자열
대상문자열.replace(정규표현, 문자열)	정규 표현으로 문자열 바꾸기	문자열

문자열을 다른 문자열로 바꾸고 싶을 때 사용한다. 다음의 샘플 코드를 확인해 보자.

■ **JavaScript**

```
// image1.png를 image2.png로 바꿈
const imageName = 'image1.png';
imageName.replace('1.png', '2.png'); // image2.png

// 문자열 내 줄바꿈 코드를 제거
const inputText = '제이\n—펍';
inputText.replace('\n', ''); // 제이—펍
```

replace( )의 첫 번째 인수가 문자열인 경우 검색 중 처음으로 발견되는 문자열만 변경한다. 예를 들어, 010-1234-5678의 전화번호에서 하이픈(-)을 제거하고자 다음과 같은 코드를 사용해도 기대한 결과를 확인할 수 없다.

■ **JavaScript**

```
let phoneNumber = '010-1234-5678';
phoneNumber.replace('-', ''); // 0101234-5678
```

정규 표현을 사용하여 g 옵션(문자열 전체 일치 검색)을 지정하면 의도한 작업이 가능하다.

■ JavaScript

```
phoneNumber.replace(/-/g, '');
// 01012345678
```

텍스트 영역에 입력한 전화번호의 하이픈(-)을 제거하는 샘플을 확인해 보자. 해당 기능을 사용하면 입력폼에서 전화번호를 입력할 때 하이픈(-)의 유무와 상관없이 작업이 가능하다.

■ HTML 034/index.html

```
<input id="phoneNumberText" placeholder="전화번호" type="tel">
<p class="caption">
  <small>※ 실제로 데이터는 전송되지 않음</small>
  </p>
<button id="submitButton" type="submit">데이터 전송</button>
```

■ JavaScript 034/main.js

```
// #submitButton 클릭 시의 처리 작업 설정
document.querySelector('#submitButton').addEventListener('click',
(event) => {
  // 전화번호 가져오기
  const phoneNumber = document.querySelector('#phoneNumberText').value;

  // 전화번호에 하이픈(-)이 삽입된 경우 ' '(공백)으로 변환
  const trimmedPhoneNumber = phoneNumber.replace(/-/g, '');
  // 09012345678
  alert(`전화번호는 ${trimmedPhoneNumber}입니다.`);

  // 버튼의 기본 작동을 해제
  event.preventDefault();
});
```

▼ 실행 결과

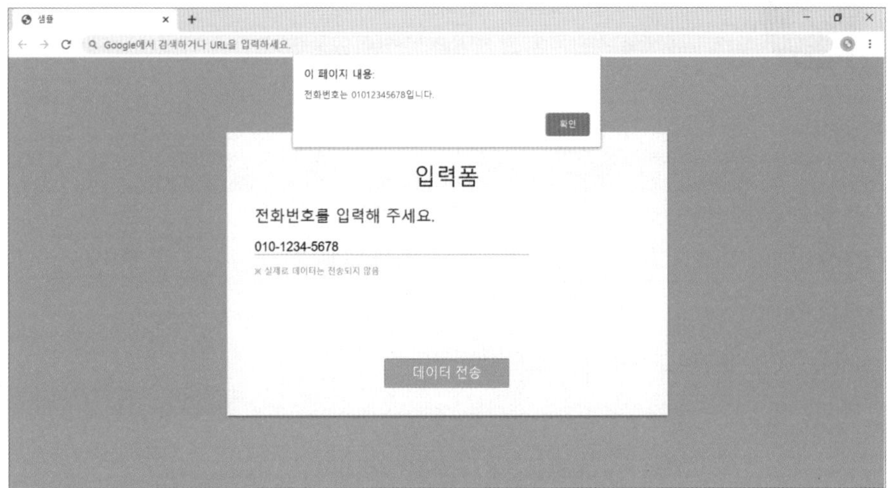

'010-1234-5678'를 입력하고 전송 버튼을 누르면 하이픈(-)이 제거된
전화번호가 알림창에 표시된다

CHAPTER 2

035

문자열 나누기

- URL의 해시Hash 데이터를 가져올 때
- 공백을 기준으로 문자열을 나누고 싶을 때

■ **Syntax**

메소드	의미	반환
문자열.split([기준문자※], [최대분할수※])	지정 범위 내 문자열 반환	문자열
문자열.split([정규표현※], [최대분할수※])	지정 범위 내 문자열 반환	문자열

※ 생략 가능

split( )는 첫 번째 인수로 구분된 배열을 반환한다.

■ **JavaScript**

```
const myUrl = 'http://example.com/?id=123456&name=Lion&age=28';
myUrl.split('&');
// ["http://example.com/?id=123456", "name=Lion", "age=28"]

myUrl.split(/&|\?/);
// ["http://example.com/", "id=123456", "name=Lion", "age=28"]
```

인수에 공백(' ')을 지정하면 한 글자 단위로 나뉜 문자의 배열이 반환된다.

■ **JavaScript**

```
'JavaScript'.split('');
// ["J", "a", "v", "a", "S", "c", "r", "i", "p", "t"]
```

인수를 생략하면 첫 번째 배열에 모든 문자열이 저장된다.

■ **JavaScript**

```
'JavaScript'.split();
// ["JavaScript"]
```

URL로 전달된 문자열에서 파라미터 데이터를 불러오는 샘플을 확인해 보자.

■ HTML 035/index.html

```
<table>
  <tr><th>ID</th><td class="id"></td></tr>
  <tr><th>name</th><td class="name"></td></tr>
  <tr><th>age</th><td class="age"></td></tr>
</table>
```

■ JavaScript 035/main.js

```
// 해시 데이터 보관을 위한 객체
const hashes = {};

// URL의 파라미터를 배열로 가져오기
const parameters = location.search.split(/&|\?/).filter((value) => {
  return value.includes('=');
});

// hashes[key]=value의 형태로 객체에 보관
parameters.forEach((parameter) => {
  // hoge=fuga를 ['hoge', 'fuga'] 배열로 정리
  const parameterList = parameter.split('=');
  const key = parameterList[0];
  // value를 디코딩하기
  const value = decodeURIComponent(parameterList[1]);

  hashes[key] = value;
});

// 파라미터 데이터 처리

// hashes에 id가 포함된 경우 처리 작업
if (hashes['id'] != null) {
  document.querySelector('.id').innerHTML = hashes['id'];
}
```

생략

CHAPTER 2 판별, 수, 문자

▼ **실행 결과**

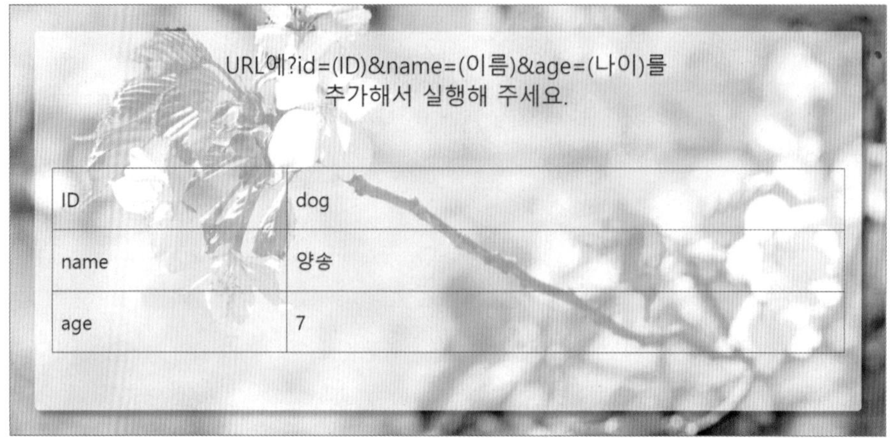

URL에?id=(ID)&name=(이름)&age=(나이)를
추가해서 실행해 주세요.
ID
dog
name
양송
age
7

'?id=dog&name=양송&age=7'을 추가하여 브라우저에서 index.html 파일을 열었을 때의 결과

문자열 합치기

- 따로 입력받은 성과 이름을 결합하여 문자열을 만들고 싶을 때
- 폴더명과 파일명을 결합하여 파일 주소를 문자열로 만들고 싶을 때

■ **Syntax**

구문	의미
문자열1 + 문자열2 + 문자열3 + ...	문자열1에 문자열2와 문자열3을 결합
\`${문자열1}${문자열2}${문자열3}\`	문자열1, 2, 3을 결합

대입 연산자 +를 사용하여 문자열을 결합한다.

■ **JavaScript**

```
const country = '대한민국';
const states = '서울';
console.log(country + states); // 결과: 대한민국서울
```

템플릿 문자열Template String인 \` \`을 사용해서도 문자열 결합이 가능하다.

■ **JavaScript**

```
const country = '대한민국';
const states = '서울';
console.log(`${country}${states}`); // 결과: 대한민국서울
```

입력받은 성과 이름을 결합하여 표시하는 샘플을 확인해 보자.

■ **HTML** 036/index.html

```
<div class="name_container">
  <label>성 <input id="familyNameText" class="text" type="text"></label>
  <label>이름 <input id="firstNameText" class="text" type="text"></label>
</div>
<p id="fullName"></p>
```

■ **JavaScript** 036/main.js

```
/** 성 입력란 */
const familyNameText = document.querySelector('#familyNameText');

/** 이름 입력란 */
const firstNameText = document.querySelector('#firstNameText');

/** 성명 */
const fullName = document.querySelector('#fullName');

// 문자가 입력될 때마다 onKeyUp() 실행
firstNameText.addEventListener('keyup', onKeyUp);
familyNameText.addEventListener('keyup', onKeyUp);

/** 문자가 입력될 때마다 실행되는 함수 */
function onKeyUp() {
  // 성
  const familyName = familyNameText.value;

  // 이름
  const firstName = firstNameText.value;

  // 성명을 출력
  fullName.innerHTML = familyName + ' ' + firstName;

  // 다음과 같이 기술할 수도 있음
  // fullName.innerHTML = `${familyName} ${firstName}`;
}
```

▼ **실행 결과**

성과 이름이 입력될 때마다 결합되어 표시된다

CHAPTER 2

037 문자열의 대소문자 변환하기

적용

- 소문자를 대문자로 변환하고 싶을 때
- 서버에서 반환된 대문자 데이터를 소문자로 변환하고 싶을 때

■ **Syntax**

메소드	의미	반환
문자열.toLowerCase( )	문자열을 소문자로 변환	문자열
문자열.toUpperCase( )	문자열을 대문자로 변환	문자열

toLowerCase( )는 대문자를 소문자로, toUpperCase( )는 소문자를 대문자로 변환한다. 다음 샘플을 확인해 보자.

■ **JavaScript**

```
'TEST'.toLowerCase(); // 결과: 'test'
'john smith'.toUpperCase(); // 결과: 'JOHN SMITH'
```

어떤 값의 대소문자 여부를 확신할 수 없는 경우 위의 메소드를 유용하게 사용할 수 있다. 대소문자에 상관없이 입력폼에 특정 단어를 입력하면 알림을 표시하는 샘플을 확인해 보자.

■ **HTML** 037/index.html

```
<input class="name-input" type="text">
<p class="warning-message"></p>
```

■ **JavaScript** 037/main.js

```
const nameInput = document.querySelector('.name-input');
const warningMessage = document.querySelector('.warning-message');

// .name-input에 문자를 입력할 때마다 실행
nameInput.addEventListener('input', () => {
  // 입력된 문자 가져오기
  const inputStr = nameInput.value;
```

```
  // 입력된 문자를 소문자로 변환
  const normalStr = inputStr.toLowerCase();
  //'test' 포함 여부 알림
  if (normalStr.includes('test') === true) {
    warningMessage.textContent = '「test」가 포함되어 있음';
  } else {
    warningMessage.textContent = '';
  }
});
```

▼ **실행 결과**

입력폼

대문자 TEST

「test」가 포함되어 있음

취소 전송

입력폼

입력 테스트

취소 전송

'TEST' 혹은 'test' 포함 여부를 표시한다

038 문자열과 식 함께 다루기

- 여러 문자열을 다루고 싶을 때
- 문자열 내 변수를 다루고 싶을 때

■ **Syntax**

구문	의미
문자열 + 문자열 + ...	문자열 결합
\`${문자열1}${문자열2}${문자열3}\`	문자열 결합, 변수의 이용

자바스크립트에서는 + 연산자를 문자열, 변수와 함께 사용할 수 있다.

■ **JavaScript**

```
const userName = '고양이';

const tag =
  '<div class="container">' + '안녕하세요' + userName + '님' + '</div>';
```

문자열과 변수를 추가할 때마다 매번 + 연산자를 사용하기는 번거로운 데다, 코드의 가독성도 떨어진다. 템플릿 문자열 \` \`을 사용해 이 문제를 해결할 수 있다. 템플릿 문자열은 여러 행의 문자열을 다루거나 문자열 내부에 식을 삽입할 수 있다.

■ **JavaScript**

```
const userName = '고양이';

const tag = `<div class="container">안녕하세요 ${userName} 님</div>`;
console.log(tag); // 결과: <div class="container">안녕하세요 고양이 님</div>

const str2 = `123 × 123은 ${123 * 123} 입니다.`;
console.log(str2); // 결과: '123 × 123은 15129 입니다.'
```

HTML 코드에서 h1과 p를 동적으로 작동하도록 하여 스크립트 실행 시의 날짜를 나타내는 샘플을 확인해 보자.

■ HTML 038/index.html

```
<main id="main">

</main>
```

■ **JavaScript** 038/main.js

```
// 오늘 날짜 불러오기
const today = new Date();

// #main 내부의 HTML 코드를 동적으로 작동하도록 처리
document.querySelector('#main').innerHTML = `
  <h1>오늘${today.getMonth() + 1}/${today.getDate()}의 날씨</h1>
  <p>서울은 맑음</p>
`;
```

▼ 실행 결과

HTML 코드 내부의 #main은 비어 있지만, 스크립트 실행 후 브라우저 개발자 도구에서 확인해 보면 코드가 동적으로 작동되고 있는 것을 확인할 수 있다

039 정규 표현식 사용하기

- 조건과 일치하는 문자열을 검색하고 싶을 때
- 많은 문자열을 패턴에 따라 일괄적으로 변환하고 싶을 때

정규 표현을 사용하면 문자열의 변환과 검색이 더욱 간편하다. 예를 들어 접속한 브라우저가 iOS인지의 여부를 확인하고 싶을 때 유저 에이전트를 통해 iPhone/iPod/iPad의 포함 여부를 확인할 수 있다. 정규 표현을 사용한 코드와 사용하지 않은 코드를 비교해 보자.

■ **JavaScript**

```
// 정규 표현을 사용한 코드
if (/iPhone|iPod|iPad/.test(navigator.userAgent)) {
  alert('접속한 브라우저는 iOS입니다.');
}

// 정규 표현을 사용하지 않은 코드
if (
  navigator.userAgent.includes('iPhone') ||
  navigator.userAgent.includes('iPod') ||
  navigator.userAgent.includes('iPad')
) {
  alert('접속한 브라우저는 iOS입니다.');
}
```

문자열의 패턴(예를 들어 '/iPhone|iPod|iPad/' 부분)을 사용하여 특정 문자열과 일치 여부를 확인할 때 정규 표현을 사용하면 검색과 변환이 용이하다.

COLUMN 정규 표현 패턴의 표기

문자열의 패턴은 내용의 앞뒤에 /를 삽입한다.

```
/패턴/
```

대표적인 패턴을 다음에서 확인해 보자.

패턴	의미
x	문자 x
xyz	문자열 xyz
[xyz]	x, y, z 중 하나의 문자
[a-z]	a~z 중 하나의 문자. [a-f], [A-Za-z] 방식도 가능
[^xyz]	x, y, z 외 하나의 문자
[^a-z]	a~z 외 하나의 문자
abc|xyz	문자열 abc 혹은 xyz
{숫자}	반복 횟수
^x	시작 문자 x
x$	종료 문자 x
.	하나의 문자(줄바꿈 코드 제외)
x*	0개 이상 계속되는 x※1
\	다음에 오는 문자를 이스케이프(escape) 처리※2
\d	숫자 [0-9]
\D	숫자가 아닌 문자 [^0~9]
\w	영문, 숫자, 언더바 [A-Za-z0-9_]
\s	공백 문자(스페이스, 탭, 줄바꿈 등)
\S	공백 문자 이외의 문자 [^\s]
\t	수평 탭
\n	줄바꿈 코드

※1 'va*'는 v 뒤의 a가 0회 이상 계속되는 상태를 나타낸다.
※2 정규 표현으로 사용되는 문자의 이스케이프 처리를 위해 사용한다.
예를 들어 [문자의 이스케이프 처리는 \[의 패턴을 사용한다.

CHAPTER 2

040

정규 표현식으로 특정 문자 검색하기

- 조건과 일치하는 문자열을 검색하고 싶을 때

■ Syntax

메소드	의미	반환
/패턴/.test(문자열)	문자열과 패턴의 일치 여부 확인	진릿값

정규 표현의 test( ) 메소드를 사용해 문자열과 패턴의 일치 여부를 확인한다.

■ JavaScript

```
/J/.test('JavaScript'); // 'J'가 'JavaScript'에 포함되어 있는지 여부. true
/^iP/.test('iPhone'); // 'iPhone'의 시작 문자가 'iP'인지 여부. True
/\d/.test('레시피'); // '레시피' 문자열 내 숫자 포함 여부. false
/Java.*/.test('JavaScript'); // 'Jav' 다음의 문자 'a'가 0회 이상 존재하는지 여부. true
/코.*피/.test('코드 레시피'); // '코피' 혹은 '코'와 '피' 사이의 문자 존재 여부. true
/\d+-\d+-\d+/.test('010-1234-5678'); // '숫자-숫자-숫자'의 형식 여부. true
```

정규 표현을 사용해 전화번호의 형식을 체크하는 샘플을 확인해 보자. 입력된 문자가 0으로 시작해 10자리 혹은 11자리가 아니라면 알림을 표시한다.

■ HTML 040/index.html

```
<h2>전화번호를 입력해 주세요.</h2>
<input id="phoneNumberText" placeholder="전화번호" type="tel">
<p id="warningMessage"></p>
```

■ JavaScript 040/main.js

```
/** 전화번호 입력란 */
const phoneNumberText = document.querySelector('#phoneNumberText');

/** 경고 메시지 */
const warningMessage = document.querySelector('#warningMessage');
```

CHAPTER 2 판별, 수, 문자

```
// 문자가 입력될 때마다 내용 체크
phoneNumberText.addEventListener('keyup', () => {
  // 입력된 전화번호
  const phoneNumber = phoneNumberText.value;
  // 전화번호에 하이픈(-)이 포함되면 공백(' ')으로 변환
  const trimmedPhoneNumber = phoneNumber.replace(/-/g, '');
  // 01012345678

  // 0으로 시작하는 10자리 혹은 11자리의 번호 형식 체크
  if (/^[0][0-9]{9,10}$/.test(trimmedPhoneNumber) === false) {
    warningMessage.innerText = '전화번호의 형식에 맞춰 입력해 주세요.';
  } else {
    warningMessage.innerText = '';
  }
});
```

▼ 실행 결과

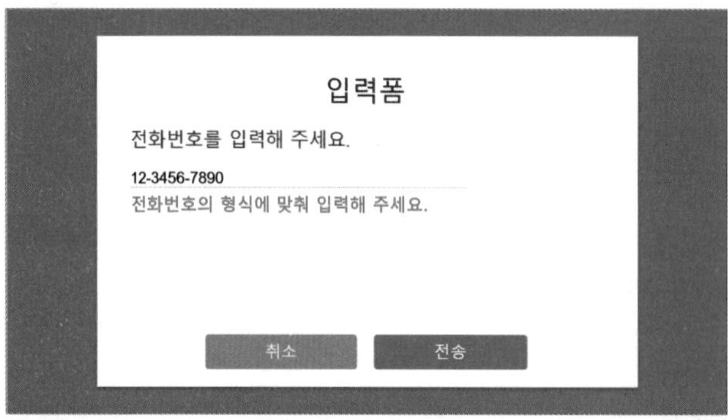

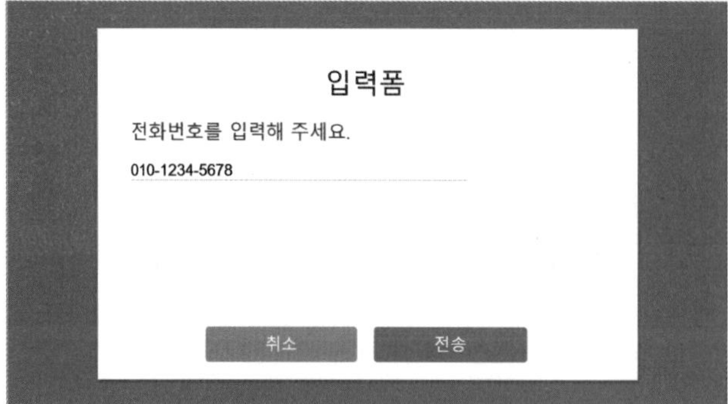

정규 표현을 사용해 입력된 전화번호를 체크한다. 0부터 시작하지 않거나 10자리 혹은 11자리의 수가 아니라면 경고를 표시한다

소수점 자릿수 지정하기

- 숫자 3.14159265를 문자열 '3.14'로 변환하고 싶을 때
- 숫자 10을 문자열 '10.00'로 변환하고 싶을 때

■ Syntax

메소드	의미	반환
숫자값.toFixed([자릿수※])	소수점 이하 자릿수 지정	문자열
숫자값.toPrecision([자릿수※])	자릿수 지정 정밀도 반환	문자열

※ 생략 시 0

toFixed( )는 소수점의 자릿수 지정이 가능하며, 소수점 이하는 지정된 자릿수 변환 후 문자열로 반환한다.

■ JavaScript

```
(0.33333).toFixed(2); // 0.33(문자열)
```

소수점 이하의 자릿수가 줄어들 경우 값을 근사치로 변환한다.

■ JavaScript

```
(123.5678).toFixed(1); // 123.6(근사치로 변환)
```

소수점 이하의 자릿수가 늘어날 경우 0으로 채워진다.

■ JavaScript

```
(2.4).toFixed(4); // 2.4000(소수점이 네 자리가 되도록 0이 채워짐)
```

toPrecision( )은 들어온 값을 지정한 자릿수의 정밀도로 변환하여 문자열을 반환한다.

■ JavaScript

```
(0.33333).toPrecision(2); // 0.33(정밀도2)
(123.456).toPrecision(3); // 123(정밀도3)
```

toFixed( )와 같이 자릿수가 늘어나면 근사치 변환, 줄어들면 0으로 채워 넣는다.

■ **JavaScript**

```
(4.56).toPrecision(2); // 4.6(근사치 변환)
(10).toPrecision(4); // 10.00(정밀도 4가 되도록 0으로 채움)
```

15초 간 카운트다운을 하는 샘플을 만들어 보자. '남은 밀리초(ms) 단위의 시간/1000'과 toFixed(2)를 통해 남은 시간을 소수점 두 자리 단위까지 계산해 반환한다.

■ **HTML** 041/index.html

```
<div class="timer">
    <div class="second"></div>
</div>
```

■ **JavaScript** 041/main.js

```
/** 초 단위용 element */
const secondElement = document.querySelector('.second');

// 15초를 목표치로 지정
const goalTime = new Date().getTime() + 15 * 1000;

update();

/** 프레임 실행하는 함수 */
function update() {
  // 현재 시각
  const currentTime = new Date().getTime();

  // 목표치까지 남은 시간
  const leftTime = goalTime - currentTime;

  // 남은 시간이 0초 미만이라면 타이머 정지
  생략
```

```
  // 초 단위 표시. 밀리초는 소수점 두 자리까지
  secondElement.innerText = (leftTime / 1000).toFixed(2);

  // 프레임에서 update() 재실행
  requestAnimationFrame(update);
}
```

▼ **실행 결과**

15초간 카운트다운을 한다. 밀리초 단위의 소수점은 두 자리까지 표시한다

CHAPTER 2

042 문자열 길이 맞추기

- 10 미만의 숫자 앞에 0을 붙여 두 자리 형식을 만들고 싶을 때

■ Syntax

메소드	의미	반환
문자열.padStart(전체길이, [추가문자열※])	문자열 시작 부분에 문자열 추가	문자열
문자열.padEnd(전체길이, [추가문자열※])	문자열 끝 부분에 문자열 추가	문자열

※ 생략 가능

padStart( ), padEnd( )는 문자열이 지정한 길이가 될 때까지 작업을 반복한다. 다음 샘플을 확인해 보자.

■ JavaScript

```
'5'.padStart(2, '0'); // 05
'ff'.padEnd(6, '0'); // ff0000
```

지정한 길이가 실제 문자열보다 짧은 경우 문자열 변환은 이루어지지 않는다. 인수에 추가 문자열을 생략하면 공백이 입력된다.

■ JavaScript

```
'123'.padStart(3, '0'); // 123
'ff'.padStart(6); // '    ff'. 앞부분에 4개의 공백이 삽입됨
```

padStart( )와 관련하여 디지털 시계의 표시 방식에 대해 알아보자. 현재 시각을 시, 분, 초로 나누고 시간의 경과에 따라 시간을 표시한다.

■ HTML 042/index.html

```
<span class="hour"></span>
: <span class="minute"></span>
: <span class="second"></span>
```

■ **JavaScript** 042/main.js

```
/** 시간 */
const hourElement = document.querySelector('.hour');

/** 분 */
const minuteElement = document.querySelector('.minute');

/** 초 */
const secondElement = document.querySelector('.second');

update();

/**
 * 현재 시간 표시 처리
 */
function update() {
  const currentTime = new Date();

생략

  // 초 단위의 표시
  const second = currentTime.getSeconds();
  secondElement.innerText = addZeroPadding(second);

  // 프레임에서 update() 재실행
  requestAnimationFrame(update);
}

/**
 * 두 자리 형식이 되도록 앞부분에 0을 추가하는 함수
 * @param num
 * @returns {string}
 */
function addZeroPadding(num) {
  return String(num).padStart(2, '0');
}
```

코드 내 정의한 addZeroPadding( )은 파라미터 num이 10 미만의 한 자리 숫자이면 앞에 0을 붙인 문자열을 반환하고, 10 미만이 아니라면 값을 그대로 반환하는 함수다.

▼ 실행 결과

10 미만이면 앞에 0을 붙여 표시한다

CHAPTER 2

043 문자열 URI 이스케이프Escape 처리하기

- URI의 한글을 인코딩할 때
- SNS의 한글을 인코딩 후 URL로 변환하고 싶을 때

■ **Syntax**

메소드	의미	반환
encodeURI(문자열)	문자열을 인코딩	문자열
encodeURIComponent(문자열)	문자열을 인코딩	문자열

URI에 한글이 포함되면 그대로 사용할 수 없기 때문에 인코딩이 필요하다(예 '가'를 인코딩하면 '%EA%B0%80'로 변환된다). 인코딩을 위한 메소드는 두 종류가 있으며, 대상이 되는 문자가 각각 다르다. encodeURI( )와 encodeURIComponent( )는 문자열 인코딩을 위한 메소드로 숫자, -, _, ., !, ~, *, ', (,)는 이스케이프Escape 처리되어 인코딩되지 않는다.

■ **JavaScript**

```
encodeURI('http://example.com/귀여운 고양이 페이지.html');
// http://example.com/%EA%B7%80%EC%97%AC%EC%9A%B4%20%EA%B3%A0%EC%96%91
%EC%9D%B4%20%ED%8E%98%EC%9D%B4%EC%A7%80.html

encodeURIComponent('http://example.com/귀여운 고양이 페이지.html');
// http%3A%2F%2Fexample.com%2F%EA%B7%80%EC%97%AC%EC%9A%B4%20%EA%B3%A0%EC
%96%91%EC%9D%B4%20%ED%8E%98%EC%9D%B4%EC%A7%80.html
```

encodeURI( )와 encodeURIComponent( )의 차이는 이스케이프 처리를 실행하는 문자의 종류다. encodeURIComponent( )는 encodeURI( )보다 이스케이프 처리를 실행하는 문자의 종류가 더 많다.

encodeURI( )가 이스케이프 처리하지 않는 문자
/ ? & = + : @ $; , #

텍스트 영역Textarea에 한글과 해시태그를 입력하여 이를 트위터에 게시하는 샘플을 만들어 보자. 해시태그용 '#'과 한글을 사용하기 위해서는 URL의 인코딩이 필요하다.

■ **HTML** 043/index.html

```
<h1>트윗하고 싶은 내용을 입력해 주세요.</h1>
<textarea id="tweetTextArea"></textarea>
<button id="tweetButton">트윗하기</button>
```

■ **JavaScript** 043/main.js

```
document.querySelector('#tweetButton').addEventListener('click', () => {
  // 트윗 내용 가져오기
  let tweetText = document.querySelector('#tweetTextArea').value;

  // #JavaScript와 빈칸을 트윗 내용에 추가하기
  tweetText += ' #JavaScript';

  // 인코딩하기
  const encodedText = encodeURIComponent(tweetText);

  // 링크 작성하기
  const tweetURL =
    `https://twitter.com/intent/tweet?text=${encodedText}`;

  // 링크 열기
  window.open(tweetURL);
});
```

▼ **실행 결과**

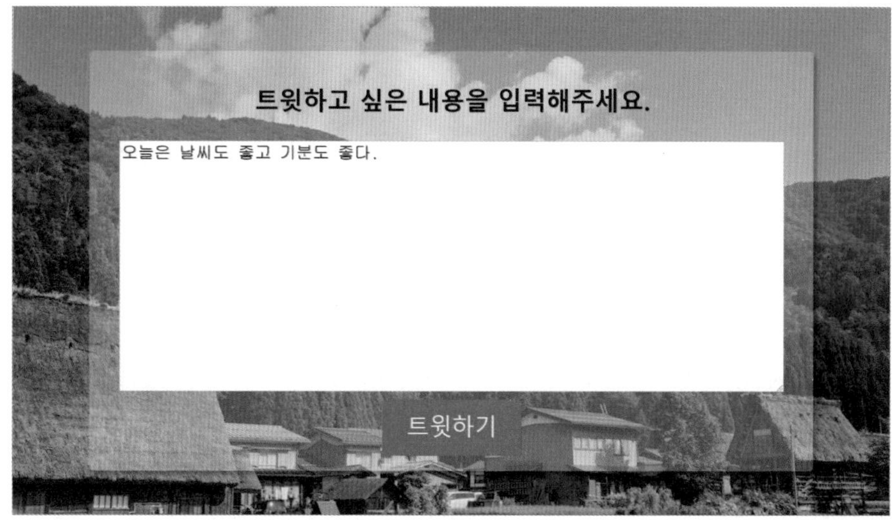

문자 입력 후 '트윗하기' 버튼을 클릭하면 '#JavaScript' 해시와 함께 인코딩된 문자열 트윗이 가능하다

CHAPTER 2
044

문자열 URI 디코드Decode하기

- 인코딩된 URI 문자열을 디코딩하고 싶을 때

■ **Syntax**

메소드	의미	반환
decodeURI(문자열)	문자열을 디코딩	문자열
decodeURIComponent(문자열)	문자열을 디코딩	문자열

인코딩된 문자의 복원은 디코딩이 필요하다(예 '%EA%B0%80'를 디코딩하면 '가'로 변환된다). 디코딩은 decodeURI( )와 decodeURIComponent( )를 사용한다. encodeURI( )는 decodeURI( )를 encodeURIComponent( )는 decodeURIComponent( )를 사용하여 디코딩한다.

■ **JavaScript**

```
decodeURI(
  'http://example.com/%E5%8F%AF%E6%84%9B%E3%81%84%E7%8C%AB%E3%81%AE%20
  %E3%83%9A%E3%83%BC%E3%82%B8.html'
);
// http://example.com/귀여운 고양이 페이지.html

decodeURI(
  'http%3A%2F%2Fexample.com%2F%E5%8F%AF%E6%84%9B%E3%81%84%E7%8C%AB%E3%81
  %AE%20%E3%83%9A%E3%83%BC%E3%82%B8.html'
);
// http%3A%2F%2Fexample.com%2F귀여운 고양이 페이지.html

decodeURIComponent(
  'http%3A%2F%2Fexample.com%2F%E5%8F%AF%E6%84%9B%E3%81%84%E7%8C%AB%E3%81
  %AE%20%E3%83%9A%E3%83%BC%E3%82%B8.html'
);
// http://example.com/귀여운 고양이 페이지.html
```

데이터 다루기

CHAPTER

3

CHAPTER 3

045 배열 정의하기

- 배열을 정의하고 싶을 때
- 배열 데이터의 값을 가져오고 싶을 때

■ **Syntax**

구문	의미
[]	배열 정의
배열[인덱스]	배열 요소 데이터의 값 가져오기

배열은 자바스크립트의 기본 데이터 타입 중 하나로, 다수의 문자열과 유저 데이터 등 복수의 데이터를 다룰 때 사용한다. [ ] 안에 데이터를 입력하며, 타입에 상관없이 사용이 가능하다.

■ **JavaScript**

```
const array1 = []; // 빈 배열

const array2 = [0, 2, 8]; // '0', '2', '8'이 들어 있는 데이터 타입

const array3 = ['곰', '여우']; // '곰', '여우'가 들어 있는 데이터 타입

const array4 = [1, '곰', false]; // '1', '곰', 'false'가 들어 있는 데이터 타입
console.log(array4); // 콘솔에 [1, '곰', false] 출력
```

배열 내 다른 배열을 저장하거나 객체를 저장할 수도 있다.

■ **JavaScript**

```
// [1, 1, 1], [2, 2, 2]가 들어 있는 데이터 타입
const array5 = [[1, 1, 1], [2, 2, 2]];

// 두 개의 객체가 들어 있는 데이터 타입
const array6 = [{ id: 1, name: '곰' }, { id: 2, name: '곰' }];
```

console.log( )의 인수에 배열을 넣으면 배열 데이터를 콘솔 로그에 출력할 수 있다.

■ JavaScript

```
const array = [1, 2, 3];
console.log(array);
```

▼ 실행 결과

```
▼Array(3) ⓘ
    0: 1
    1: 2
    2: 3
    length: 3
  ▶__proto__: Array(0)
```

배열의 데이터는 순서대로 0, 1, 2...의 인덱스를 가지며, 배열명[인덱스]로 데이터를 지정하여 사용할 수 있다.

■ JavaScript

```
const array7 = ['곰', '여우']; // '곰', '여우'가 들어 있는 데이터 타입
console.log(array7[0]); // 결과: '곰'
console.log(array7[1]); // 결과: '여우'
```


COLUMN **new Array()를 사용한 배열의 초기화**

배열의 정의는 [ ] 이외에도 new Array( )를 사용할 수 있다.

■ JavaScript

```
const array7 = new Array('곰', '여우');
//'곰', '여우'가 들어 있는 데이터 타입
console.log(array7[0]); // 결과: 곰
console.log(array7[1]); // 결과: 여우
```

인수가 하나의 숫자인 경우 넣을 수 있는 배열 데이터의 수가 바로 결정되어 버린다.

■ JavaScript

```
const array8 = new Array(10); // 10개의 데이터를
넣을 수 있는 배열
array8[0] = '곰';
```

현재는 주로 [ ]를 사용하여 배열을 정의하는 추세다.

배열 길이 확인하기

- 배열 데이터 요소의 수를 확인하고 싶을 때
- 특정 JSON 데이터 요소의 수를 확인하고 싶을 때

■ **Syntax**

속성	의미	타입
배열.length	배열의 길이를 반환	숫자

배열 요소의 데이터 수를 확인하기 위해서는 length 속성을 이용한다. 샘플을 확인해 보자.

■ **JavaScript**

```
const array1 = ['곰', '여우', '사자'];
console.log(array1.length); // 결과: 3

const array2 = [{ id: 1, name: '사과' }, { id: 2, name: '오렌지' }];
console.log(array2.length); // 결과: 2
```

▼ **실행 결과**

```
3
2
```

배열 요소 다루기 ❶

- 배열 요소의 데이터를 처리하고 싶을 때

■ Syntax

구문	의미
배열.forEach(콜백함수)	배열의 요소 데이터 콜백 함수로 실행

■ Syntax — 콜백 함수

구문	의미
([요소※], [인덱스※], [기존배열※]) => { }	요소, 인덱스, 기존 배열을 사용해 처리

※ 생략 가능

여러 데이터를 다루는 배열은 루프 처리, 반복 처리 등 각 요소를 일괄적으로 처리하는 경우가 많다. forEach( )는 주어진 콜백Callback 함수를 사용해 배열의 요소를 순서대로 처리한다. 콜백 함수는 해당 요소 데이터, 인덱스, 기존 배열 정보를 가져온다. 콜백 함수에서 인덱스와 기존 배열 정보는 생략할 수 있다.

■ JavaScript

```
const array = ['딸기', '귤', '사과'];

array.forEach((value, index) => {
  // 인덱스와 값을 순서대로 출력
  console.log(index, value); // 0 '딸기', 1 '귤', 2 '사과'순서로 출력
});
```

forEach( )는 for, for...of의 루프와 달리 map( ), filter( ) 등의 반환값을 그대로 루프 처리할 수 있는 것이 특징이다. map( )과 filter( )의 설명은 다음을 참고하자. ▸▸061 ▸▸062

■ JavaScript

```
[1, 2, 3, 4, 5, 6, 7, 8]
  // 짝수의 배열을 생성
  .filter((value) => value % 2 === 0)
  // 배열의 짝수 값을 처리
  .forEach((value) => {
    console.log(value);
  });
// 결과: 2, 4, 6, 8이 출력됨
```

API 등을 통해 가져오는 유저 데이터 배열을 루프 처리하여 HTML에 출력하는 샘플을 확인해 보자. 유저 데이터는 객체 타입이며, id, name, address의 속성을 가지고 있다.

■ HTML 047/index.html

```
<h1>유저 리스트</h1>
<div class="container">
</div>
```

■ JavaScript 047/main.js

```
// API 등을 통해 가져오는 출력용 데이터 배열
const userList = [
  { id: 1, name: '곰', address: '서울' },
  { id: 2, name: '여우', address: '대전' },
  { id: 3, name: '사자', address: '부산' }
];

// 컨테이너
const container = document.querySelector('.container');

// userList 배열의 각 요소별 루프 처리
userList.forEach((userData) => {
  // 각 요소 데이터를 쓰기
  container.innerHTML += `
```

```
        <div class="card">
          <h2>${userData.name}</h2>
          <p>지역: ${userData.address}</p>
        </div>
  `;
});
```

▼ **실행 결과**

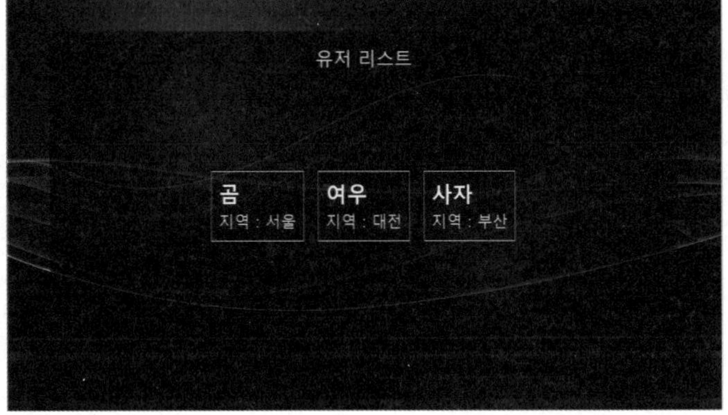

048 배열 요소 다루기 ❷

- 배열의 각 요소 데이터를 처리하고 싶을 때
- 배열의 루프 처리 중 요소의 인덱스가 불필요할 때

■ **Syntax**

구문	의미
for (const 요소 of 배열) { }	for...of 루프 처리

배열은 Iterable 객체이므로, for...of문의 처리가 가능하다. ▶▶273

■ **JavaScript**

```
const array = ['딸기', '귤', '사과'];

// 배열의 각 요소별 루프 처리
for (const value of array) {
  console.log(value); // 결과: '딸기', '귤', '사과'가 순서대로 출력됨
}
```

▼ **실행 결과**

```
딸기
귤
사과
```

배열 요소 다루기 ③

- 배열의 각 요소 데이터를 처리하고 싶을 때
- 배열의 루프 처리 중 요소의 인덱스가 필요할 때

Syntax

구문	의미
for (let i = 0; i < 배열길이; i++) { }	for...of 루프 처리

for문을 사용한 배열의 루프 처리를 확인해 보자.

JavaScript

```
const array = ['딸기', '귤', '사과'];

// 배열의 길이 가져오기
const arrayLength = array.length;

// 배열의 요소 데이터 처리
for (let i = 0; i < arrayLength; i++) {
  // 인덱스 i의 요소 출력
  console.log(array[i]); // '딸기', '귤', '사과' 순서로 출력됨
}
```

▼ 실행 결과

```
딸기
귤
사과
```

050 배열 요소 추가하기

- 배열에 요소를 추가하고 싶을 때
- 요소를 배열의 처음 혹은 마지막 부분에 추가하고 싶을 때

■ Syntax

메소드	의미	반환
배열.unshift(요소1, 요소2, ...)	배열 첫 위치에 요소를 추가	숫자(요소 전체 개수)
배열.push(요소1, 요소2, ...)	배열 마지막 위치에 요소를 추가	숫자(요소 전체 개수)

unshift( )와 push( )는 초기화 이후 배열에 요소를 추가로 삽입할 때 사용한다. 반환값은 추가된 요소를 포함한 배열 전체 요소의 개수이며, 수의 제한은 없다.

■ JavaScript

```
const array1 = ['사과', '귤'];
array1.unshift('바나나'); // '바나나'를 배열 첫 위치에 추가
console.log(array1); // 결과: ["바나나", "사과", "귤"];

const array2 = ['사과', '귤'];
array2.push('바나나', '딸기'); // '바나나'와 '딸기'를 배열 마지막에 추가
console.log(array2); // 결과: ["사과", "귤", "바나나", "딸기"];
```

▼ 실행 결과

```
▼Array(3)
    0: "바나나"
    1: "사과"
    2: "귤"
    length: 3
  ▶__proto__: Array(0)
▼Array(4)
    0: "사과"
    1: "귤"
    2: "바나나"
    3: "딸기"
    length: 4
  ▶__proto__: Array(0)
```

CHAPTER 3

051 배열 요소 삭제하기

적용

- 배열의 요소를 삭제하고 싶을 때

■ Syntax

메소드	의미	반환
배열.shift( )	배열 첫 위치의 요소를 삭제	삭제된 요소
배열.pop( )	배열 마지막 위치의 요소를 삭제	삭제된 요소

shift( )와 pop( )은 초기화 이후 배열의 요소를 삭제할 때 사용한다. 각각 배열의 첫 요소와 마지막 요소를 삭제하며, 반환값은 삭제된 요소다.

■ JavaScript

```
const array1 = ['사과', '귤', '바나나'];
const shiftedValue = array1.shift(); // 첫 위치의 요소 삭제
console.log(shiftedValue); // 결과: "사과"(삭제된 요소)
console.log(array1); // 결과: ["귤", "바나나"](삭제 작업 후의 배열)

const array2 = ['사과', '귤', '바나나'];
const poppedValue = array2.pop(); // 마지막 위치의 요소 삭제
console.log(poppedValue); // 결과: "바나나"(삭제된 요소)
console.log(array2); // 결과: ["사과", "귤"](삭제 작업 후의 배열)
```

삭제 가능한 요소가 없다면 pop( )과 shift( )의 반환값은 undefined이며, 에러는 발생하지 않는다.

■ JavaScript

```
const array3 = [];
const poppedValue = array3.pop(); // 첫 위치의 요소 삭제
console.log(poppedValue); // 결과: undefined
```

052 배열 요소 부분 변환하기

- 배열 내 요소를 다른 요소로 변환하고 싶을 때

■ Syntax

메소드	의미	반환
배열.splice(위치, 추출개수, 요소1, 요소2, ...)	지정 위치 요소 추출, 요소 추가	배열

splice( )는 지정한 위치의 요소를 추출하고 새로운 요소를 추가한다. 위치를 지정하여 요소를 추가하고 싶을 때 유용하다.

■ JavaScript

```
const array3 = ['사과', '귤'];
array3.splice(1, 0, '바나나'); // 인덱스 1의 위치에서 0개의 요소를 삭제하고,
'바나나'를 추가함
console.log(array3); // 결과: ["사과", "바나나", "귤"];

const array4 = ['사과', '귤'];
array4.splice(1, 1, '바나나', '딸기'); // 인덱스 1의 위치에서 1개의 요소를 삭제하고,
'바나나'와 '딸기'를 추가함
console.log(array4); // 결과: ["사과", "바나나", "딸기"];
```

CHAPTER 3

053

배열 결합하기

적용

- 여러 개의 배열을 하나로 결합하고 싶을 때

■ **Syntax**

구문	의미
배열1.concat(배열2, 배열3, ...)	배열1에 배열2, 배열3을 결합
[...배열1, ...배열2, ...배열3]	배열1에 배열2, 배열3을 결합

여러 개의 배열을 하나의 배열로 결합할 수 있다. concat( )을 사용해 인수의 배열을 결합하며, 결합하는 배열의 수는 제한이 없다. 인수의 배열은 결합한 후에도 삭제되지 않는다.

■ **JavaScript**

```
const array1 = ['곰', '사자'];
const array2 = ['여우'];
const array3 = array1.concat(array2);
console.log(array3); // 결과: ["곰", "사자", "여우"]
```

스프레드Spread 연산자 (...)를 사용해 [...배열]의 형태로 배열을 선언하면 요소의 데이터가 전부 표시된 배열을 가져올 수 있다.

■ **JavaScript**

```
const array4 = ['곰', '사자'];
console.log([...array4]); // 결과: ["곰", "사자"]
```

이 특성을 활용해 다음과 같은 결합이 가능하다.

■ **JavaScript**

```
const array5 = ['곰', '사자'];
const array6 = ['여우'];
const array7 = [...array5, ...array6];
console.log(array7); // 결과: ["곰", "사자", "여우"]
```

배열 요소 결합하여 문자열 만들기

- 배열 내 요소의 문자 데이터를 결합하고 싶을 때

Syntax

메소드	의미	반환
배열.join([결합문자열※])	배열 요소를 결합해 문자열 만들기	문자열

※ 생략 가능

join( )은 배열의 요소를 결합해 문자열로 출력한다. 결합하는 요소 사이에 결합 문자열 지정이 가능하며, 생략하면 기본값인 콤마(,)가 삽입된다.

JavaScript

```
const array1 = [2, 4, 10];
console.log(array1.join()); // 결과: "2,4,10"(문자열)

const array2 = ['a', 'b', 'c'];
console.log(array2.join('')); // 결과: "abc"(문자열)
```

배열 요소 검색하기

- 배열 데이터의 특정 요소를 확인하고 싶을 때

■ **Syntax**

메소드	의미	반환
배열.indexOf(검색데이터, [시작위치※])	요소의 인덱스 위치 검색하기	숫자
배열.lastIndexOf(검색데이터, [시작위치※])	끝에서부터 요소 위치 검색하기	숫자
배열.includes(검색데이터, [시작위치※])	요소의 포함 여부 확인하기	진릿값

※ 생략 가능. 해당 배열 내 일치하는 데이터가 존재하지 않으면 -1을 반환한다. 옮긴이

배열 내 요소 데이터의 검색이 가능하다. indexOf( )는 배열 내에서 검색 데이터가 처음 발견되는 위치(인덱스)를 반환하고, lastIndexOf( )는 마지막 위치(인덱스)를 반환한다. 인덱스는 0부터 시작한다. 예를 들어 첫 번째 요소의 인덱스는 0이며, 다섯 번째 인덱스의 경우 인덱스 값은 4를 가진다.

■ **JavaScript**

```
['사과', '바나나', '귤'].indexOf('바나나'); // 1
[0, 2, 4, 6, 4, 2, 0].indexOf(4); // 2
[0, 2, 4, 6, 4, 2, 0].lastIndexOf(4); // 4
```

includes( )는 배열 내 요소의 포함 여부를 확인한다.

■ **JavaScript**

```
['사과', '바나나', '귤'].includes('바나나'); // true
[0, 2, 4, 6, 8, 10].includes(3); // false
```

조건을 만족하는 배열 요소 가져오기

- 유저 정보가 담긴 배열에서 ID를 기준으로 정보를 가져오고 싶을 때

■ **Syntax**

메소드	의미	반환
배열.find(콜백함수)	콜백 함수 조건에 맞는 첫 요소	요소
배열.findIndex(테스트함수)	콜백 함수 조건에 맞는 첫 요소의 인덱스	숫자

■ **Syntax — 콜백 함수**

구문	의미
([요소※], [인덱스※], [기존배열※]) => 진릿값	요소를 확인하고 진릿값을 반환

※ 생략 가능

find( )는 배열에서 조건을 만족하는 첫 요소를 가져온다.

■ **JavaScript**

```
const myArray = ['곰', '사자', '여우', '원숭이'];

// 배열에서 '사자'를 가져옴
const targetUser = myArray.find((element) => element === '사자');

// 다음과 같이 표기할 수도 있음
// const targetUser = myArray.find(element => {
//   return element === '사자'
// });

console.log(targetUser); // 결과: '사자'
```

유저 정보 배열에서 가져온 데이터를 표시하는 검색 시스템 샘플을 확인해 보자.

■ **HTML** 056/index.html

```
<div class="search-word-wrapper">
  <label>유저 ID<input id="search-id-input" type="text"></label>
</div>

<p id="search-result">
  유저 검색 결과 없음
</p>
```

■ **JavaScript** 056/main.js

```
// id 키와 name 키를 가지는 유저 데이터 배열
const userDataList = [
  { id: 123, name: '곰' },
  { id: 1021, name: '사자' },
  { id: 6021, name: '여우' }
];

/** 검색 ID 입력창 */
const searchIdInput = document.querySelector('#search-id-input');

/** 검색 결과 표시창 */
const searchResult = document.querySelector('#search-result');

// 문자가 입력될 때마다 내용 체크
searchIdInput.addEventListener('keyup', () => {
  // 검색 ID 가져오기
  const searchId = Number(event.target.value);
  findUser(searchId);
});

/*** 유저 검색 */
function findUser(searchId) {
  // 해당 데이터 가져오기
  const targetData = userDataList.find((data) => data.id === searchId);
```

```
  // 해당 데이터가 없으면 '유저 검색 결과 없음' 표시 후 종료
  if (targetData == null) {
    searchResult.textContent = '유저 검색 결과 없음';
    return;
  }

  // 검색 결과의 이름을 표시
  searchResult.textContent = targetData.name;
}
```

▼ 실행 결과

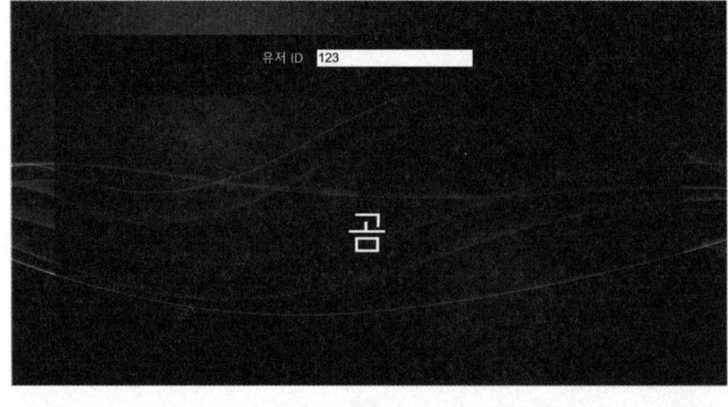

▼

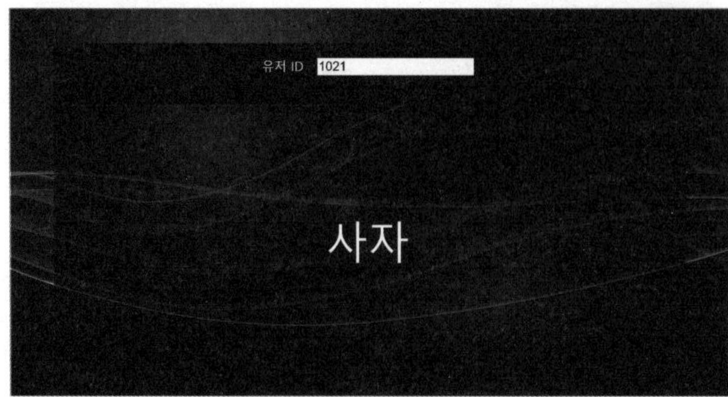

입력한 ID의 이름이 표시된다

findIndex( )는 배열에서 조건을 만족하는 첫 번째 요소의 인덱스를 반환한다.

■ **JavaScript**

```
const myArray = ['사자', '곰', '여우', '양'];

// 배열에서 '곰'을 가져옴
const targetIndex = myArray.findIndex((element) => element === '곰');

console.log(targetIndex); // 결과: 1
```

057 배열 요소 역순 정렬하기

- 배열 요소를 역순으로 정렬하고 싶을 때

■ Syntax

메소드	의미	반환
배열.reverse( )	배열을 역순으로 정렬	배열

reverse( )는 요소를 역순으로 정렬한다.

■ JavaScript

```
const array2 = [1, 3, 5];
array2.reverse();
console.log(array2); // 결과: [5, 3, 1]
```

▼ 실행 결과

```
▼Array(3) i
   0: 5
   1: 3
   2: 1
   length: 3
 ▶__proto__: Array(0)
```

058 배열 요소 정렬 방법 지정하기

- 배열 요소를 오름차순/내림차순으로 정렬하고 싶을 때

■ **Syntax**

메소드	의미	반환
배열.sort([비교함수※])	배열을 비교 함수로 정렬하기	배열

※ 생략 가능

sort( )는 비교 함수로 배열을 정렬한다. 비교 함수는 두 인수의 크기를 비교하여 정렬 순서를 결정한다. 두 인수(a, b)를 가지는 비교 함수의 반환값에 따라 결과는 다음과 같다.

- (비교함수) **반환값 < 0 ➡ a, b의 순서대로 정렬**
- (비교함수) **반환값 = 0 ➡ 정렬 순서 변화 없음**
- (비교함수) **반환값 > 0 ➡ b, a의 순서대로 정렬**

[1, 2, 3, 3, 4, 5]의 요소를 가지는 배열을 크기가 큰 순서대로 정렬해 보자. if문에서 a와 b를 비교한 결과에 따라 1, 0, -1의 반환값을 가진다.

■ **JavaScript**

```
const array1 = [1, 2, 3, 3, 4, 5];

array1.sort((a, b) => {
  // a가 b보다 작으면 a, b의 순서로 정렬
  if (a < b) {
    return 1;
  }

  // a와 b가 같으면 정렬 순서 변화 없음
  if (a === b) {
    return 0;
  }
```

CHAPTER 3 데이터 다루기

```
  // a가 b보다 크면 b, a의 순서로 정렬
  if (a > b) {
    return -1;
  }
});

console.log(array1); // 결과: [5, 4, 3, 3, 2, 1]
```

059 객체를 포함하는 배열 정렬하기

- 배열 요소를 오름차순/내림차순으로 정렬하고 싶을 때

오름차순/내림차순으로 정렬하여 유저 이름을 표시하는 샘플을 확인해 보자. 정렬 대상은 다음과 같이 ID와 유저 이름을 함께 가지고 있는 배열이다.

■ **JavaScript**

```
// 데이터
const userDataList = [
  { id: 2, name: '곰' },
  { id: 10, name: '여우' },
  { id: 4, name: '사자' },
  { id: 29, name: '기린' },
  { id: 101, name: '호랑이' }
];
```

HTML에서 오름차순/내림차순 버튼을 생성하여 버튼 클릭 시 정렬 순서가 변경되도록 한다. .user_list 요소에는 유저 이름 리스트가 표시된다.

■ **HTML** 059/index.html

```
<div class="button-wrapper">
  <button class="ascending">오름차순</button>
  <button class="descending">내림차순</button>
</div>
<ul class="user_list">

</ul>
```

■ **JavaScript** 059/main.js

```
// 데이터
const userDataList = [
  { id: 2, name: '곰' },
  { id: 10, name: '여우' },
  { id: 4, name: '사자' },
  { id: 29, name: '기린' },
  { id: 101, name: '호랑이' }
];

// 데이터 표시 업데이트
function updateList() {
  let listHtml = '';

  for (const data of userDataList) {
    listHtml += `<li>${data.id} : ${data.name}</li>`;
  }

  document.querySelector('.user_list').innerHTML = listHtml;
}

// 오름차순 정렬
function sortByAscending() {
  userDataList.sort((a, b) => {
    return a.id - b.id;
  });

  updateList();
}

// 내림차순 정렬
function sortByDescending() {
  userDataList.sort((a, b) => {
    return b.id - a.id;
  });

  updateList();
}

// 오름차순 버튼 클릭 시 처리 작업
document.querySelector('.ascending').addEventListener('click', () => {
  sortByAscending();
});
```

```
// 내림차순 버튼 클릭 시 처리 작업
document.querySelector('.descending').addEventListener('click', () => {
  sortByDescending();
});

// 오름차순으로 초기 정렬
sortByAscending();
```

▼ **실행 결과**

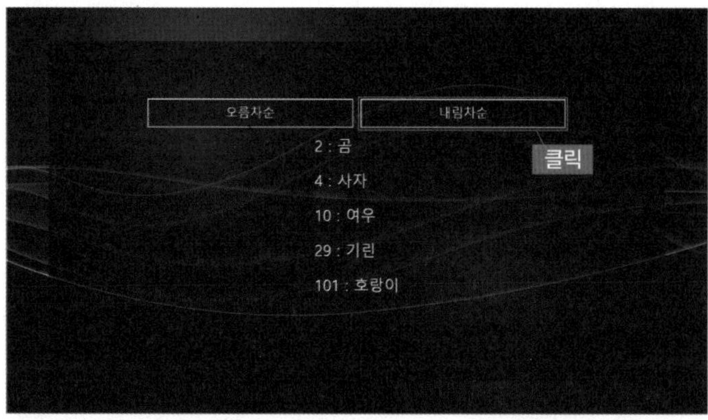

▼

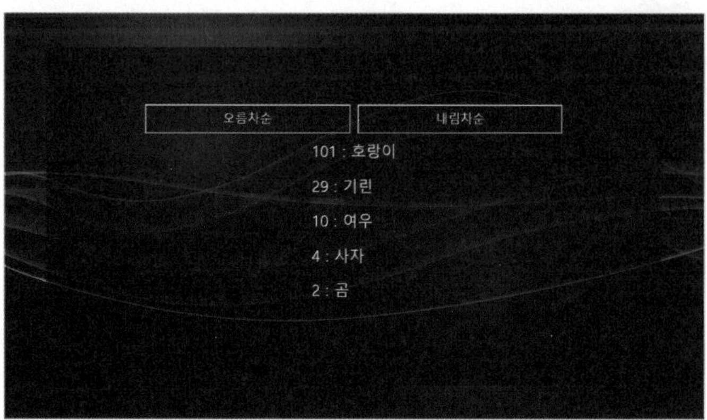

COLUMN

비교 함수를 생략하면 유니코드Unicode 순서로 정렬

sort( )에서 비교 함수를 생략하면 문자열의 유니코드 순서대로 정렬된다. 비교 함수를 생략하게 되면 [1, 5, 10]이나 ['一', '二', '三'] 처럼 기대하는 정렬 결과를 얻을 수 없다. 그러므로 특별한 이유가 없다면 sort( )에 비교 함수를 명시해야 한다.

■ **JavaScript**

```
const array1 = [5, 1, 10];
array1.sort();
console.log(array1); // 결과: [1, 10, 5];

const array2 = ['三', '二', '一'];
array2.sort();
console.log(array2); // 결과: ["一", "三", "二"];

// 각 유니코드
// 一: 19968
// 二: 20108
// 三: 19977
```

CHAPTER 3

060 배열 요소 알파벳순 정렬하기

적용

- 대소문자 구분 없이 알파벳순으로 정렬하고 싶을 때

■ Syntax

메소드	의미	반환
문자열1.localeCompare(문자열2)	문자열1과 문자열2 비교	숫자

배열 sort()에서 문자열의 순서 비교는 localeCompare()를 사용한다. 문자 코드는 대소문자의 분류가 따로 되어 있기 때문에 유니코드 등을 사용하면 의도한 대로 정렬할 수 없다. 예를 들어, 문자 코드를 사용한 정렬은 대문자로 시작하는 Orange가 소문자인 apple보다 앞으로 온다. localeCompare()은 대소문자 구분 없이 정렬할 수 있다. 다음 샘플을 확인해 보자.

■ JavaScript

```
// 비교 함수 없이 정렬
const arr1 = ['grape', 'Orange', 'apple'];
arr1.sort();
console.log(arr1); // 결과: [ 'Orange', 'apple', 'grape' ]

// 비교 함수에 localeCompare를 사용
const arr2 = ['grape', 'Orange', 'apple'];
arr2.sort((a, b) => a.localeCompare(b));
console.log(arr2); // 결과: [ 'apple', 'grape', 'Orange' ]
```

▼ 실행 결과

```
▼Array(3)
    0: "Orange"
    1: "apple"
    2: "grape"
    length: 3
  ▶__proto__: Array(0)
▼Array(3)
    0: "apple"
    1: "grape"
    2: "Orange"
    length: 3
  ▶__proto__: Array(0)
```

배열 요소 추출하여 새 배열 만들기

- 요소를 추출하여 새로운 배열을 만들고 싶을 때
- 배열 요소 전체에 대한 처리 작업을 하고 싶을 때
- ID와 이름을 가지는 객체 배열에서 ID만 가지는 배열을 새로 만들고 싶을 때

■ **Syntax**

메소드	의미	반환
배열.map(콜백함수)	콜백 함수로 새로운 배열 생성	배열

■ **Syntax — 콜백 함수**

구문	의미
([요소※], [인덱스※], [기존배열※]) => 변경후요소	요소를 받아 변경 후 반환

※ 생략 가능

map( )은 배열에서 요소를 추출하여 새로운 배열을 생성한다. 또한, 배열 요소를 하나씩 처리하기 때문에 배열의 루프 처리 작업에도 활용되며, 각 요소는 인수로 전달된 콜백 함수에 의해 처리된다. map( )은 forEach( )와 비슷하지만 반환값이 존재한다.

■ **JavaScript**

```
const idList = [4, 10, 20];

const userIdList = idList.map((value) => `userid_${value}`);
console.log(userIdList); // 결과: ["userid_4", "userid_10", "userid_20"]
```

콜백 함수는 요소 데이터 이외에도 인덱스와 기존 배열을 인수로 받을 수 있다.

■ **JavaScript**

```
const idList = [3, 8, 12];

const userIdList = idList.map((value, index) => `userid_${index + 1}_${value}`);
console.log(userIdList); // 결과: ["userid_1_3", "userid_2_8", "userid_3_12"]
```

ID와 이름을 가지는 객체 배열에서 ID만 가지는 배열을 작성하는 샘플을 확인해 보자.

■ JavaScript

```
const apiResponseData = [
  { id: 10, name: '곰' },
  { id: 21, name: '사자' },
  { id: 31, name: '여우' }
];

const idList = apiResponseData.map((value) => value.id);
// 다음과 같이 작성도 가능
// const idList = apiResponseData.map(value => {
//    return value.id
// });

console.log(idList); // 결과: [10, 21, 31]
```

CHAPTER 3
062

조건을 만족하는 배열 요소 추출하여 새 배열 만들기

- 유저 정보 배열에서 18세 이상인 유저의 정보만을 가져와 배열을 생성하고 싶을 때

Syntax

메소드	의미	반환
배열.filter(콜백함수)	콜백 함수 조건을 만족하는 데이터의 배열 생성	배열

Syntax — 콜백 함수

구문	의미
([요소※], [인덱스※], [기존배열※]) => 진릿값	요소를 받아 진위 반환

※ 생략 가능

filter()는 콜백 함수 조건에 만족하는 요소들을 새로운 배열로 생성한다. [10, 20, 30, 40] 배열에서 30 이상의 수를 가져와 배열을 생성하는 샘플을 확인해 보자.

JavaScript

```
const newArray = [10, 20, 30, 40].filter((value) => value >= 30);

console.log(newArray); // 결과: [30, 40]
```

콜백 함수는 요소가 30 이상인지를 확인한다. 30 이상이면 true를 반환하고 새로운 배열의 요소가 된다. 콜백 함수를 다음과 같이 사용할 수도 있다.

JavaScript

```
const newArray = [10, 20, 30, 40].filter((value) => {
  return value >= 30;
});
const newArray = [10, 20, 30, 40].filter(function(value) {
  return value >= 30;
});
```

20세 이상, 30세 이상, 40세 이상의 레이블label을 가지는 버튼을 생성하여 클릭에 따라 유저 리스트를 출력하는 샘플을 확인해 보자.

■ **HTML** 062/index.html

```
<div class="button-wrapper">
  <button class="button" data-age="20">20세 이상</button>
  <button class="button" data-age="30">30세 이상</button>
  <button class="button" data-age="40">40세 이상</button>
</div>
<ul class="user_list">
</ul>
```

버튼 클릭 시의 onClickButton( ) 처리는 button 요소가 가지고 있는 데이터 값을 가져온다. 조건에 만족하는 요소를 userDataList에서 가져와 updateList( )를 통해 배열을 생성한다.

■ **JavaScript** 062/main.js

```
// 데이터
const userDataList = [
  { name: '곰', age: 18 },
  { name: '여우', age: 27 },
  { name: '사자', age: 32 },
  { name: '얼룩말', age: 41 },
  { name: '기린', age: 56 }
];

// .button 요소의 이벤트 설정
document.querySelectorAll('.button').forEach((element) => {
  element.addEventListener('click', (event) => {
    onClickButton(event);
  });
});
```

```
/**
 * 버튼 클릭 시 처리
 */
function onClickButton(event) {
  // 클릭한 버튼의 요소
  const button = event.target;
  // 버튼 요소에서 data-age 가져오기
  const targetAge = button.dataset.age;
  // targetAge 이상의 유저 배열 생성
  const filterdList = userDataList.filter((data) => data.age >=
targetAge);
  // 배열을 출력
  updateList(filterdList);
}

/**
 * 유저 배열을 출력
 */
function updateList(filterdList) {
  let listHtml = '';

  for (const data of filterdList) {
    listHtml += `<li>${data.name} : ${data.age}세</li>`;
  }

  document.querySelector('.user_list').innerHTML = listHtml;
}
```

▼ 실행 결과

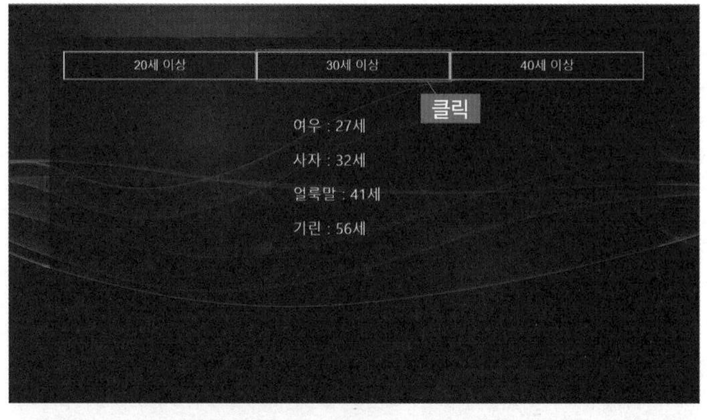

▼

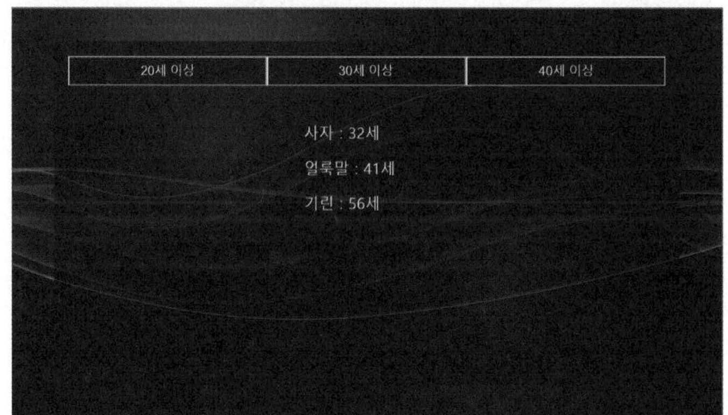

클릭한 버튼에 따라 배열을 필터링한다

063 배열 요소 하나로 정리하기

- 배열의 요소를 계산하여 하나의 값으로 만들고 싶을 때

■ **Syntax**

메소드	의미	반환
배열.reduce(콜백함수, [초기화※])	요소(좌 ➡ 우)를 처리하여 하나의 값 생성	임의 지정값
배열.reduceRight(콜백함수, [초기화※])	요소(우 ➡ 좌)를 처리하여 하나의 값 생성	임의 지정값

※ 생략 가능

■ **Syntax — 콜백 함수**

구문	의미
((이전요소, 현재요소, 인덱스, 기존배열) => { /* 처리내용 */ })	임의의 처리

reduce( )는 배열 요소를 하나의 값으로 반환한다. 배열에 3개의 값을 넣고 합계를 구하는 샘플을 확인해 보자.

■ **JavaScript**

```
// 3개의 값을 가지는 배열
const priceList = [100, 500, 900];

// 합계를 저장하는 변수
const sum = priceList.reduce((previous, current) => {
  return previous + current;
});

// 다음과 같이 생략 가능
// priceList.reduce((previous, current) => previous + current);

console.log(sum); // 결과: 1500
```

다음과 같이 for문을 사용해도 reduce( )와 같은 방식으로 처리가 가능하지만, 조금 더 복잡해진다.

■ JavaScript

```
// 3개의 값을 가지는 배열
const priceList = [100, 500, 900];

// 합계를 저장하는 변수
let sum = 0;

// 루프 처리를 사용한 계산
for (const price of priceList) {
  sum += price;
}

console.log(sum); // 결과: 1500
```

2차 배열을 1차 배열로 만드는 플래트닝Flattening에도 사용할 수 있다.

■ JavaScript

```
const array = [['바나나', '사과', '딸기'], ['귤', '포도']];

const flattenedArray = array.reduce((previousValue, currentValue) => {
  return previousValue.concat(currentValue);
});

console.log(flattenedArray);// 결과: ["바나나", "사과", "딸기", "귤", "포도"]
```

reduce( )는 요소의 처리 작업이 좌에서 우로 이루어지며, reduceRight( )는 우에서 좌의 순서다.

```
const array = ['사자', '여우', '호랑이'];

const members1 = array.reduce((previous, current) => {
  return `${previous}와 ${current}`;
});
console.log(members1); // 결과: "사자와 여우와 호랑이"

const members2 = array.reduceRight((previous, current) => {
  return `${previous}와 ${current}`;
});
console.log(members2); // 결과: "호랑이와 여우와 사자"
```

CHAPTER 3
064

유사 배열 객체를 배열로 변환하기

- 문자열과 유사 배열ArrayLike을 배열로 변환하고 싶을 때
- 반복 가능Iterable한 객체를 배열로 변환하고 싶을 때

■ Syntax

구문	의미
[...변환대상]	배열로 변환

스프레드Spread 연산자 (...)를 사용하면 유사 배열 객체를 배열로 변환할 수 있다. 유사 배열의 특징은 다음과 같다.

- **length 속성으로 크기를 확인할 수 있다.**
- **인덱스가 부여된 요소를 가진다.**

샘플을 확인해 보자. document.querySelectorAll(selector)는 인수 selector와 일치하는 요소 데이터를 전부 불러오지만, 반환값은 NodeListOf 객체다. length와 인덱스가 부여된 요소를 가진다. 따라서 NodeListOf 객체는 유사 배열이다.

■ JavaScript

```
// div 요소를 전부 불러오기
const allDivElementList = document.querySelectorAll('div');

// div 요소의 수를 출력
console.log(allDivElementList.length);

// 세 번째 div 요소 출력(인덱스가 부여된 요소)
console.log(allDivElementList[2]);
```

NodeList는 유사 배열이지만 배열은 아니다. 그러므로 배열에서 사용 가능한 filter( ) 등의 메소드는 여기서 사용할 수 없다.

■ JavaScript

```
// <div class="on"></div> 요소를 찾기 위해 filter()를 사용하면
// NodeList에서는 filter()를 사용할 수 없으므로 에러가 발생함
allDivElementList.filter((element) => element.classList.contains('on'));
```

스프레드 연산자(...)를 사용하여 유사 배열을 배열로 변환한다.

■ JavaScript

```
const allDivElementList = document.querySelectorAll('div');

// 배열로 변환
const elementsArray = [...allDivElementList];

// 배열용 메소드인 filter() 사용 가능
elementsArray.filter((element) => element.classList.contains('on'));
```

문자열도 length와 인덱스로 접근이 가능하기 때문에 유사 배열이다.

■ JavaScript

```
const myString = '안녕하세요';

console.log(myString.length); // 결과: 5
console.log(myString[2]); // 결과: "하"
```

문자열도 [...문자열]을 사용해 배열로 변환할 수 있다.

■ JavaScript

```
const myString = '안녕하세요';

console.log([...myString]); // 결과: ["안", "녕", "하", "세", "요"]
```

COLUMN 유사 배열은 Array.from()을 사용한 변환도 가능

■ **Syntax**

메소드	의미	반환
Array.from(변환대상, [콜백함수※])	배열로 변환	배열

※ 생략 가능

■ **Syntax — 콜백 함수**

구문	의미
([요소※], [인덱스※], [기존배열※]) => { }	요소, 인덱스, 기존 배열을 불러와 작업

※ 생략 가능

Array.from( )도 스프레드 연산자(...)와 같이 유사 배열ArrayLike을 배열로 변환할 수 있다. 또한, 콜백 함수를 지정해 map( ) 메소드와 같이 새로운 배열을 생성할 수도 있다.

■ **JavaScript**

```
const myString = '안녕하세요';

console.log(Array.from(myString)); // 결과: ["안", "녕", "하", "세", "요"]

// 콜백 함수로 새로운 배열 생성 가능
// 문자열마다 '!'를 추가
const newArray = Array.from(myString, (character) =>
`${character}!`);
console.log(newArray); // 결과: ["안!", "녕!", "하!", "세!", "요!"]
```

스프레드 연산자(...)도 map( )을 사용할 수 있다. 브라우저 호환성에 문제가 없다면 스프레드 연산자를 사용해 더욱 간단하게 작업이 가능하다.

■ **JavaScript**

```
const myString = '안녕하세요';

// 콜백 함수로 새로운 배열 생성 가능
// 문자열마다 '!'를 추가
const newArray = [...myString].map((character) =>
`${character}!`);
console.log(newArray); // 결과: ["안!", "녕!", "하!", "세!", "요!"]
```

065 요소의 개별 변수에 분할 대입하기

- 배열의 요소를 변경하고 싶을 때

■ Syntax — 콜백 함수

메소드	의미
[변수1, 변수2, 변수3] = [값1, 값2, 값3]	각 변수에 값을 대입

좌변 배열의 각 변수에 우변 배열의 값을 대입하는 방법을 '분할 대입'이라고 한다. 다음 샘플을 확인해 보자.

■ JavaScript

```
let a;
let b;
let c;
[a, b, c] = [1, 2, 3];
console.log(a, b, c); // 결과: 1, 2, 3
```

분할 대입은 다음과 같이 배열 내 값의 변경이나 요소의 위치를 변경할 수 있다.

■ JavaScript

```
const array = ['곰', '여우'];
[array[0], array[1]] = [array[1], array[0]];
console.log(array); // 결과: ["여우", "곰"]
// 배열 내 요소의 순서가 변함
```

066 배열 섞기(셔플)

- 게임에서 요소의 값을 섞을 때

배열을 빠르면서도 고르게 섞기 위해서는 피셔 예이츠Fisher Yates 알고리즘이 사용된다. 다음의 샘플을 확인해 보자. 알고리즘의 구조는 칼럼 내용을 참고하자.

■ **JavaScript**

```
const array = [1, 2, 3, 4, 5];

const arrayLength = array.length;

// 피셔 예이츠 알고리즘
for (let i = arrayLength - 1; i >= 0; i--) {
  const randomIndex = Math.floor(Math.random() * (i + 1));
  [array[i], array[randomIndex]] = [array[randomIndex], array[i]];
}

console.log(array); // 결과: [ 4, 5, 1, 2, 3 ]
```

재사용할 수 있도록 처리 작업을 함수로 만들면 편리하다. 배열을 섞는 셔플 작업이 shuffle Array( ) 함수에서 구현된다. 숫자 배열과 문자열 배열의 셔플 작업을 확인해 보자.

■ **JavaScript** 066/main.js

```
const array1 = [1, 2, 3, 4, 5, 6, 7, 8, 9, 10];
const shuffled1 = shuffleArray(array1);
console.log(shuffled1); // 결과: [5, 1, 8, 3,...(생략)]

const array2 = ['사자', '여우', '곰', '호랑이', '기린'];
const shuffled2 = shuffleArray(array2);
console.log(shuffled2); // 결과: ["기린", "사자", "곰", "여우", "호랑이"]

/**
 * 배열 셔플
 * 기존 배열 변경 없이 새로운 배열을 반환
 * @param sourceArr 기존 배열
 * @returns 셔플된 배열
 */
```

```
function shuffleArray(sourceArr) {
  // 기존 배열의 복제 생성
  const array = sourceArr.concat();
  // 피셔 예이츠 알고리즘
  const arrayLength = array.length;
  for (let i = arrayLength - 1; i >= 0; i--) {
    const randomIndex = Math.floor(Math.random() * (i + 1));
    [array[i], array[randomIndex]] = [array[randomIndex], array[i]];
  }

  return array;
}
```


COLUMN 피셔 예이츠 알고리즘의 이해

5개의 요소 [0, 1, 2, 3, 4]를 가지는 배열을 생각해 보자.

- for문 i에 4, 3, 2, 1, 0 대입
- Math.random( )은 0 이상 1 미만의 값이 반환되므로 randomIndex는 0 이상 i 이하

두 가지를 주의하여 for문을 구성하면 다음과 같은 결과를 얻을 수 있다.

i	임의의 인덱스(예)	변경 후 배열(예)
4	3	[0, 1, 2, 4, 3]
3	1	[0, 4, 2, 1, 3]
2	0	[1, 4, 0, 2, 3]
1	0	[4, 1, 0, 2, 3]
0	0	[4, 1, 0, 2, 3]

주요 포인트는 다음의 두 가지다.

- 요소 전체가 처리 대상이 된다.
- 한 번 처리된 요소는 다시 작업 대상이 되지 않는다.

다양한 데이터 타입을 가진 객체 사용하기

- 다양한 데이터를 하나의 객체로 만들고 싶을 때
- 연관 배열※을 사용하고 싶을 때

※ 연관 배열(Associative Array)은 자료 구조의 하나로, 키 하나와 값 하나가 연관되어 있으며 키를 통해 연관되는 값을 얻을 수 있다. 연상 배열이나 결합형 배열, 맵(Map), 사전(Dictionary)으로 부르기도 한다. (출처: 위키백과) 옮긴이

객체Object는 자바스크립트의 기본 데이터 타입 중 하나로 여러 가지 속성Property을 가질 수 있으며, 속성은 키와 값의 조합으로 만들어진다. 3개의 속성을 가지는 다음 객체의 샘플을 확인해 보자.

■ **JavaScript**

```
// 개인의 정보 데이터 객체
const person = {
  id: 1,
  name: '거북이',
  age: 28
};
```

- 속성Property ➡ 'id: 1', 'name: '거북이'', 'age: 28'
- 키Key ➡ id, name, age
- 값Value ➡ 1, '거북이', 28

또한, 속성의 데이터 타입도 제한이 없다. 숫자, 문자열, 배열, 객체, 함수를 모두 속성으로 사용할 수 있다.

console.log(객체)를 사용하여 객체의 데이터를 콘솔에 출력한다.

■ **JavaScript**

```
const person = {
  id: 1,
  name: '거북이',
  age: 28
};

console.log(person);
```

▼ **실행 결과**

```
▼Object ⓘ
   id: 1
   name: "거북이"
   age: 28
 ▶__proto__: Object
```

실행 결과에 표시된 Object 객체는 모든 확장 객체의 기본이다. 뒤에서 소개하는 Date 객체, Window 객체 등도 모두 이 객체를 기본으로 한다. 그러므로 기본 객체에서 사용할 수 있는 구문은 다른 객체에서도 사용할 수 있다.

CHAPTER 3
068

객체 선언, 수정, 확인하기

적용

- 객체의 속성을 변경하고 싶을 때

Syntax

구문	의미
{ }	객체를 초기화
{키: 값, 키: 값, ...}	객체를 초기화
객체[ ]	값을 가져오기
객체.키	값을 가져오기
객체[키] = 값	값을 변경하기
객체.키 = 값	값을 변경하기

넣고 싶은 데이터를 { }로 감싸서 객체를 정의하며, 데이터 타입의 제한은 없다. 키Key를 사용해 객체의 데이터를 불러오거나 값을 변경할 수 있다.

JavaScript

```
const object = {}; // 빈 객체

// 개인의 정보 데이터 객체
const person = {
  id: 1,
  name: '거북이',
  age: 28
};

// 값 확인하기
console.log(person.id); // 결과: 1
console.log(person['name']); // 결과: 거북이

// 값의 변경
person.id = 2;
person['name'] = '사자';
console.log(person.id); // 결과: 2
console.log(person['name']); // 결과: 사자
```

존재하지 않는 속성을 불러오면 undefined를 반환한다.

■ **JavaScript**

```
const object2 = {};

object2.foo; // undefined
```

객체의 속성은 데이터 타입이 다양한 배열과 객체 등을 다차원으로 저장할 수 있다. 다차원이라도 '[키]'와 '.키'를 사용해 불러오기와 변경이 가능하다.

```
// API의 response 데이터를 다루는 객체
const response = {
  result: true,
  list: [{ id: 1, name: '호랑이', age: 26 },
         { id: 2, name: '거북이', age: 32 }]
};

// 데이터 확인
console.log(response.list[0].name); // 결과: 호랑이

// 값의 변경
response.list[1].age = 51;
console.log(response.list[1].age); // 결과: 51
```

함수 타입도 저장할 수 있다.

```
// 클래스 데이터 객체
const myClass = {
  method1: function() {
    console.log('메소드1실행');
  },
  method2: () => {
    console.log('메소드2실행');
  }
};

myClass.method2(); // "메소드2실행" 출력
```

069 객체 복사하기

- 데이터를 복사하고 싶을 때

■ Syntax

구문	의미
{ ...복사대상객체 }	대상 객체의 각 요소를 분할 대입(복사)

■ Syntax

메소드	의미	반환
Object.assign({ }, 복사대상객체)	객체를 복사	객체

■ JavaScript

```
const object1 = {
  result: true,
  members: [
    { id: 1, name: '여우' },
    { id: 2, name: '호랑이' },
    { id: 3, name: '사자' }
  ]
};

// 객체를 복사
const copiedObject1 = Object.assign({}, object1);

console.log(copiedObject1);
// 객체가 복사됨
// {
//    result: true,
//    members: [
//      { id: 1, name: '여우' },
//      { id: 2, name: '호랑이' },
//      { id: 3, name: '사자' }
//    ]
// }
```

스프레드 연산자 '...'를 사용하면 다음과 같이 코드를 간략하게 만들 수 있다.

■ **JavaScript**

```
const object2 = {
  result: true,
  members: [
    { id: 1, name: '여우' },
    { id: 2, name: '호랑이' },
    { id: 3, name: '사자' }
  ]
};

// 객체를 복사
const copiedObject2 = { ...object2 };

console.log(copiedObject2); // 객체가 복사됨
```

```
▼Object ℹ
   result: true
  ▼members: Array(3)
    ▶0: {id: 1, name: "여우"}
    ▶1: {id: 2, name: "호랑이"}
    ▶2: {id: 3, name: "사자"}
     length: 3
    ▶__proto__: Array(0)
  ▶__proto__: Object
```

copiedObject2를 콘솔로 확인

Object.assign( )과 스프레드 연산자를 사용하면 얕은 복사Shallow Copy가 이루어진다. 얕은 복사란, 복사 전 데이터와 복사 후의 데이터가 같은 곳을 참조하는 것이다. 그러므로 복사 전의 데이터를 수정하면 복사 후의 데이터에도 영향을 미친다.

다음의 샘플 코드는 스프레드 연산자를 사용해 객체를 복사한다. 복사 대상인 members 속성의 배열을 살펴보자. 첫 번째 요소를 John으로 변경하면 복사된 데이터 역시 변경된 것을 확인할 수 있다. 이것이 얕은 복사의 특징이다.

■ JavaScript

```
// 복사 전 객체
const object3 = {
  id: 1,
  members: [ '사자', '토끼', '거북이' ]
};

// 객체의 복사
const copiedObject3 = { ...object3 };

// 복사 전 객체 members 속성의 배열을 수정
object3.members[0] = 'John';

// 복사된 members 속성의 배열도 영향을 받음
console.log(copiedObject3.members[0]); // 결과: 'John'
```

객체 속성Property 확인하기

- API response의 특정 데이터를 확인하고 싶을 때
- 지정한 데이터가 객체에 존재하지 않아서 처리 작업을 취소하고 싶을 때

■ Syntax

메소드	의미	반환
객체.hasOwnProperty(키)	데이터 유무 확인	진릿값

■ Syntax

구문	의미
키 in 객체	데이터의 유무 여부 반환

해당 메소드는 객체 내부에서 지정한 데이터의 존재 여부를 확인한다. 샘플을 확인해 보자.

■ JavaScript

```
// 개인의 정보 데이터 객체
const userData = {
  id: 1,
  name: '사자',
  age: 26
};

console.log(userData.hasOwnProperty('id')); // 결과: true
console.log(userData.hasOwnProperty('address')); // 결과: false
console.log('id' in userData); // 결과: true
```

▼ 실행 결과

```
true
false
true
```

다음과 같이 객체의 데이터를 가져와 undefined나 null의 여부를 확인하는 방법도 있다.

■ **JavaScript**

```
// 개인의 정보 데이터 객체
const userData = {
  id: 1,
  name: '사자',
  age: 26
};

console.log(userData.id != null); // 결과: true
console.log(userData.adress != null); // 결과: false
console.log(userData['id'] != null); // 결과: true
```

▼ **실행 결과**

```
true
false
true
```

CHAPTER 3

071 객체 요소 값 확인하기

- API response의 데이터를 확인하고 싶을 때

Syntax

메소드	의미	반환
Object.keys(객체)	객체 각 키의 배열	배열
Object.values(객체)	객체 각 데이터의 배열	배열
Object.entries(객체)	객체 각 속성(Key, Value)의 배열	배열

객체 각 속성Property의 루프 처리 방법을 확인해 보자. 해당 메소드를 통해 키, 데이터, 속성을 나열하는 배열을 만들 수 있다.

JavaScript

```
// 개인의 정보 데이터 객체
const userData = {
  id: 1,
  name: '사자',
  age: 26
};

// 키를 기준으로 루프 처리
console.log(Object.keys(userData)); // 결과: [ 'id', 'name', 'age' ]

// 데이터를 기준으로 루프 처리
console.log(Object.values(userData)); // 결과: [ 1, '사자', 26 ]

// 속성을 기준으로 루프 처리
console.log(Object.entries(userData));
// 결과: [ [ 'id', 1 ], [ 'name', '사자' ], [ 'age', 26 ] ]
```

CHAPTER 3
072

객체 요소 분할 대입(비구조화 할당)하기

- 객체의 데이터를 정리하여 대입하고 싶을 때
- 객체의 일부 데이터를 추출하여 사용하고 싶을 때

Syntax

구문	의미
{ 변수1, 변수2, ... } = 객체	객체의 데이터를 각 변수에 대입

객체에서 변수1, 변수2와 같은 이름의 키 데이터를 추출하여 변수에 대입하는 분할 대입에 대해 알아보자.

JavaScript

```
const userData1 = {
  id: 1,
  name: '사자',
  age: 26
};

const { id, name, age } = userData1;

console.log(id); // 결과: 1(userData.id 값)
console.log(name); // 결과: 사자(userData.name 값)
console.log(age); // 결과: 26(userData.age 값)
```

변수의 정의 순서와 객체 키의 순서는 상관이 없으며, 존재하지 않는 키는 undefined를 반환한다.

■ JavaScript

```
const userData2 = {
  id: 1,
  name: '사자',
  age: 26
};

const { age, id, address } = userData2;

console.log(age); // 결과: 26(userData.age 값)
console.log(id); // 결과: 1(userData.id 값)
console.log(address); // 결과: undefined(userData.address는 존재하지 않음)
```

▼ 실행 결과

```
26
1
undefined
```

다음과 같이 별도의 이름을 지정할 수도 있다.

■ JavaScript

```
const userData3 = {
  id: 1,
  name: '사자'
};

// name 키의 값을 myName에 대입
const { name: myName } = userData3;

console.log(myName); // 결과: '사자'(userData.name 값)
```

▼ 실행 결과

```
사자
```

CHAPTER 3

073

객체 수정 제한하기

- 객체의 깊은 계층까지 수정을 제한하고 싶을 때

■ **Syntax**

메소드	의미	반환
Object.freeze(객체)	객체의 수정을 제한	객체
Object.isFrozen(객체)	객체의 수정 제한 확인	진릿값

객체는 const도 속성의 추가, 삭제, 변경이 가능하다.

■ **JavaScript**

```
const object1 = { id: 10, name: '사자' };
object1.id = 12; // 속성 변경 가능
object1.address = '서울'; // 속성 추가 가능
```

속성의 추가, 삭제, 변경의 제한은 Object.freeze( )를 사용한다.

오류 검사 설정은 'use strict'※를 사용한다.

※ ES5에서 추가된 기능으로, 이전 버전에서는 무시했던 에러 부분의 관리를 도와주고 선언되지 않은 변수의 사용이나 변수의 삭제 등을 불가능하도록 만들어 안정적인 프로그래밍이 이루어지도록 한다. 반드시 스크립트의 시작 부분에 표기하자(https://www.w3schools.com/js/js_strict.asp). 옮긴이

■ **JavaScript**

```
'use strict';

const object2 = { id: 10, name: '사자' };
Object.freeze(object2);

object2.id = 12; // 속성을 변경할 수 없으므로 에러
object2.address = '서울'; // 속성을 추가할 수 없으므로 에러
```

배열의 수정도 제한이 가능하다.

■ JavaScript

```
'use strict';

const array1 = [1, 2, 3];
Object.freeze(array1);
array1.push(4); // 속성을 변경할 수 없으므로 에러
```

객체의 수정 제한 확인은 Object.isFrozen( )을 사용한다.

■ JavaScript

```
'use strict';

const object2 = { id: 10, name: '사자' };
Object.freeze(object2);

console.log(Object.isFrozen(object2)); // 결과: true
```

COLUMN 객체 수정을 제한하는 다른 방법

객체의 수정을 제한하는 다른 메소드는 Object.seal( ), Object.preventExtensions( )가 있다.

- Object.seal( ): 속성의 추가와 삭제 제한. 변경만 가능
- Object.preventExtensions( ): 속성의 추가 제한. 삭제와 변경만 가능

데이터 심화

CHAPTER

4

CHAPTER 4
074

데이터 타입 이해하기

적용

- 자바스크립트의 데이터 타입을 이해하고 싶을 때
- 문자열과 숫자 등의 서식을 이해하고 싶을 때

■ **Syntax**

데이터 타입	의미
원시(Primitive) 타입(기본)	원형 데이터
객체(Object) 타입(복합)	참조 데이터

자바스크립트는 숫자, 문자열, 진릿값, 객체 등의 데이터를 타입으로 분류하며, 원형 데이터와 참조 데이터가 있다.

원시 타입은 숫자, 문자열 등의 원형 데이터로 다음과 같이 여섯 가지로 분류한다.

원시 타입	의미	예
Boolean	진릿값 타입	true, false
String	문자열 타입	'사자', '호랑이'
Number	숫자 타입	1, 30
Undefined	값 미정	undefined
Null	비어 있음	null
Symbol	심볼 타입	Symbol( )

다음은 숫자와 문자열을 참조하는 변수다. '참조Reference'란 메모리상의 데이터를 가리킨다는 의미다.

■ **JavaScript**

```
// 100을 참조하는 데이터
const num = 100;
```

■ **JavaScript**

```
// '사자'를 참조하는 데이터
const str = '사자';
```

객체 타입(복합형)은 배열, 객체 등 원시 타입 이외의 모든 데이터다.

객체 타입	의미	예
Object	객체 타입	원시 타입을 제외한 모든 데이터(Array, Object, Date 등)

객체 타입은 원형 데이터가 아닌 다른 데이터를 참조하는 데이터다. 다음의 배열은 데이터 1, 2, 3을 참조하는 데이터다.

■ **JavaScript**

```
const arr = [1, 2, 3];
```

다음 연관 배열은 키가 각각의 데이터를 참조한다.

■ **JavaScript**

```
const obj = {
  age: 18,
  name: '사자'
};
```

■ **JavaScript**

```
const arr = [
  { id: 10, name: '사자' },
  { id: 20, name: '여우' },
  { id: 30, name: '곰' }
];
```

가변성Mutable과 불가변성Immutable 이해하기

- 데이터의 속성을 이해하고 싶을 때

■ Syntax

데이터 타입	특징
원시(Primitive) 타입	불가변성
객체(Object) 타입	가변성

원시 타입과 객체 타입의 차이는 데이터 값의 변환 가능 여부다. 원시 타입의 데이터는 변할 수 없으므로 불가변성Immutable이며, 객체 타입은 가변성Mutable이다.

가변성 객체 타입 중 하나인 배열의 데이터를 확인해 보자. 배열의 첫 번째 데이터는 1이지만, 100을 대입하면 1이 100으로 변경된다. 이것이 가변성이다.

■ JavaScript

```
const myArray = [1, 2, 3];
myArray[0] = 100;

console.log(myArray); // 결과:[100, 2, 3]
```

다음으로 불가변성의 데이터를 확인해 보자.

■ JavaScript

```
let myNumber = 10;
```

대입한 값의 10은 더이상 변경되지 않는다. myNumber 변수에 20을 대입하면 10이 20으로 바뀌는 것이 아니라, 20이라는 새로운 데이터를 참조하는 것이다. 이것이 불가변성이다.

■ JavaScript

```
let myNumber = 10;
// 10과 20은 다른 데이터
myNumber = 20;
```

CHAPTER 4

076

데이터 타입 확인하기

- 데이터 타입을 확인하고 싶을 때
- 데이터 타입에 따라 처리 작업을 지정하고 싶을 때

■ Syntax

구문	의미
typeof 데이터	데이터 타입을 확인

typeof는 데이터 타입을 확인하는 연산자다. 타입 정보의 문자열 비교가 가능하므로 자바스크립트의 타입 판별에 사용할 수 있다. typeof를 사용한 각 타입의 확인 결과는 다음과 같다.

데이터 타입	typeof 결과	예
Undefined	undefined	undefined
Null	object	null
Boolean	boolean	true, false
String	string	'사자', '호랑이'
Symbol	symbol	Symbol( )
Number	number	1, 30
Object(함수 제외)	object	[1, 2, 3], {id: 20, name: '사자'}
함수	function	function( ) { }, class MyClass { }

typeof로 각 데이터의 타입을 확인해 보자. console.log( )로 결과를 출력한다.

■ JavaScript

```
console.log(typeof true); // 결과: 'boolean'

console.log(typeof 10); // 결과: 'number'

console.log(typeof '사자'); // 결과: 'string'

console.log(typeof null); // 결과: 'object'※
```

```
console.log(typeof undefined); // 결과: 'undefined'

console.log(typeof Symbol()); // 결과: 'symbol'

console.log(typeof [1, 2, 3]); // 결과: 'object'

console.log(typeof { id: 10, name: '호랑이' }); // 결과: 'object'

console.log(
  typeof function() {
    console.log('test');
  }
); // 결과: 'function'

console.log(typeof class MyClass {}); // 결과: 'function'
```

※ 주의할 점은 typeof null의 결과는 null이 아닌 object다. 초기에는 자바스크립트의 버그로 인식되었지만, 현재는 이것이 정식 사양으로 굳어졌다.

▼ **실행 결과**

```
boolean
number
string
object
undefined
symbol
object
object
function
```

객체 인스턴스Instance 확인하기

- 데이터 종류에 따라 처리를 구분하고 싶을 때

■ **Syntax**

구문	의미
데이터 instanceof 객체	데이터가 객체의 인스턴스인지 확인

instanceof는 데이터가 객체의 인스턴스인지를 확인하는 연산자다. 함수를 정의할 때 특정 인스턴스만 구분하여 처리하도록 할 수 있다.

■ **JavaScript**

```
const today = new Date();

console.log(today instanceof Date); // 결과: true
console.log(today instanceof Array); // 결과: false
```

Date 인스턴스가 전달되면 날짜를 출력하는 함수를 확인해 보자. instanceof는 데이터 종류에 따라 처리를 구분할 수 있어 유용하다.

■ **JavaScript**

```
function showCurrentDate(argument) {
  if (argument instanceof Date) {
    console.log(`현재는 ${argument.toLocaleDateString()}입니다.`);
  } else {
    console.log('적절한 데이터 타입이 아닙니다.');
  }
}

const today = new Date();
const myArray = [1, 2, 3];

showCurrentDate(today); // 결과: 2020/09/30(현재 시각 출력)
showCurrentDate(myArray); // 결과: 적절한 데이터 타입이 아닙니다.
```

COLUMN 자신이 정의한 클래스Class의 판별도 가능

instanceof는 자신이 정의한 클래스의 인스턴스 판별에도 사용할 수 있다. 클래스는 18장의 자세한 설명을 참고하자.

■ **JavaScript**

```
class MyClass1 {}
class MyClass2 {}

const myInstance1 = new MyClass1();
const myInstance2 = new MyClass2();

console.log(myInstance1 instanceof MyClass1);
// 결과: true
console.log(myInstance2 instanceof MyClass1);
// 결과: false
```

CHAPTER 4
078

값Value 전달과 참조Reference 전달 이해하기

- 원시 타입과 객체 타입의 처리를 이해하고 싶을 때

■ Syntax

데이터 타입	데이터 전달 방식
원시(Primitive) 타입	값의 전달
객체(Object) 타입	참조의 전달

데이터를 변수에서 변수로 전달할 때 값에 의한 전달과 참조에 의한 전달 방식이 있다. 자바스크립트의 원시 타입은 값에 의한 전달, 객체 타입은 참조에 의한 전달 방식이다.

다음 코드를 통해 값에 의한 전달 방식인 원시 타입을 확인해 보자. 2번에서 값에 의한 전달이 실행된다.

1. **변수 a에 100을 대입한다.**
2. **변수 b에 변수 a를 대입한다. 변수 a에 대입한 값 100을 복사하여 변수 b에 전달한다 (값에 의한 전달).**
3. **변수 a에 500을 대입한다.**
4. **변수 b의 데이터는 변함없이 100이 출력된다.**

■ JavaScript

```
let a = 100;
let b = a;
a = 500;
console.log(b); // 결과: 100
```

그럼 다음으로 참조에 의한 전달 방식인 객체 타입을 확인해 보자. 2번에서 참조에 의한 전달이 실행된다. 변수 a에서 변수 b로 데이터를 전달하면 데이터를 복사하는 것이 아니라 데이터가 저장된 메모리의 위치가 전달된다. 결국 샘플의 a와 b는 같은 곳을 참조하고 있기 때문에 a[0]의 값이 바뀌면 b[0]의 값도 바뀐다.

1. 변수 a에 1, 2, 3을 참조하는 배열을 대입한다.
2. 변수 b에 변수 a를 대입한다. 변수 a에 저장된 배열의 참조 값이 변수 b에 전달된다 (참조에 의한 전달).
3. 변수 a에 저장된 배열의 첫 번째 요소가 100을 참조한다.
4. 변수 b와 변수 a는 같은 배열을 참조하기 때문에 [100, 2, 3]이 출력된다.

■ **JavaScript**

```
let a = [1, 2, 3];
let b = a;
a[0] = 100;
console.log(b); // 결과: [100, 2, 3]
```

함수의 인수 역시 원시 타입은 값, 객체 타입은 참조를 전달한다. 함수에 원시 타입의 데이터를 전달하는 코드를 확인해 보자. 함수 내 처리 결과는 변수 a에 영향을 주지 않는다.

■ **JavaScript**

```
// 전달받은 파라미터에 2를 더하는 함수
function myFunction(x) {
  x = x + 2;
}

// 변수 a에 10 대입
let a = 10;

// myFunction()에 a를 전달
// 복사된 데이터 10을 함수에 전달
myFunction(a);

// 10이 출력(2가 더해진 12가 아님을 확인)
console.log(a); // 결과: 10
```

▼ **실행 결과**

```
10
```

함수에 객체 타입의 데이터를 전달하는 코드를 확인해 보자. 함수 내 처리 결과는 변수 a에 영향을 준다. 함수의 파라미터를 다룰 때는 데이터의 타입을 확인하여 값, 참조의 전달을 적절히 사용하도록 하자.

■ **JavaScript**

```
// 전달받은 배열의 첫 번째 요소에 100을 대입하는 함수
function myFunction(x) {
  x[0] = 100;
}

// 변수 a에 [1, 2, 3]을 대입
let a = [1, 2, 3];

// myFunction()에 a를 전달
// 배열 데이터 [1, 2, 3] 메모리의 위치를 함수로 전달
myFunction(a);

// [100, 2, 3] 출력([1, 2, 3]이 아님을 확인)
console.log(a); // 결과: [100. 2, 3]
```

▼ **실행 결과**

```
▼Array(3)
   0: 100
   1: 2
   2: 3
   length: 3
 ▶__proto__: Array(0)
```

데이터 타입 변환하기

- 숫자를 문자열로 변환하고 싶을 때
- 문자열을 숫자로 변환하고 싶을 때

■ **Syntax**

메소드	의미	반환
Boolean(데이터)	데이터를 진릿값 타입으로 변환	진릿값
String(데이터)	데이터를 문자열 타입으로 변환	문자열
Number(데이터)	데이터를 숫자 타입으로 변환	숫자
parseInt(문자열)	문자열을 숫자(정수) 타입으로 변환	숫자
parseFloat(문자열)	문자열을 숫자(부동 소수점) 타입으로 변환	숫자

숫자 100과 문자열 '200'의 덧셈 계산을 하려면 먼저 문자열을 숫자 타입으로 변환해야 한다. number( )를 사용해 타입 변환 후 덧셈을 계산하는 샘플을 확인해 보자.

■ **JavaScript**

```
const result = 100 + Number('200');
console.log(result); // 결과: 300
```

▼ **실행 결과**

```
300
```

다음에서 타입의 변환을 확인해 보자. Boolean( )과 String( ) 등의 메소드를 사용해 데이터 타입을 변환하는 것을 명시형 변환이라고 한다.

■ **JavaScript**

```
Boolean(1); // true
Boolean(0); // false
Boolean('사자'); // true
Boolean(''); // false
```

```
String(1); // "1"

Number('1'); // 1
Number(''); // 0
Number('사자'); // NaN
Number(true); // 1
Number(false); // 0
```

COLUMN

암시형 변환

데이터 타입이 자동으로 변환되는 것을 암시형 변환이라고 한다. 명시형 변환과 반대의 의미다.

■ **JavaScript**

```
console.log(100 + '200'); // 결과: '100200'(숫자 100이 문자열 타입으로 변환됨)
console.log('200' - 100); // 결과: 100(문자열 '200'이 숫자 타입으로 변환됨)
console.log(1 == '1'); // 결과: true(숫자 1이 문자열 타입으로 변환됨)
```

암시형 변환의 숫자 타입과 문자열 타입의 + 연산은 타입 위치에 따라 결과가 바뀐다. 모든 법칙을 다 외워서 사용하는 데는 무리가 있고 가독성도 떨어지므로 해결책으로 명시형 변환을 사용한다. 데이터와 타입을 모두 비교하는 경우는 ==가 아닌 ===를 사용한다.

▼ **실행 결과**

```
100200
100
true
```

COLUMN

변수의 동적 타입 변환

자바스크립트의 데이터는 문자열, 숫자, 진릿값 등의 타입이 필수 요소다. 다음의 코드는 변수 a의 선언에 숫자 타입을 대입하지만, 이어서 문자열을 대입한다. 문자열 '사자'를 대입하면 변수 a는 문자열 타입으로 변환된다. 자바스크립트는 동적 타입 변환을 하는 언어로, 다음과 같은 코드에서도 에러가 발생하지 않는다.

■ **JavaScript**

```
let a = 10; // a는 숫자 타입
a = '사자'; // a가 문자열 타입으로 변환됨
```

정의되지 않은 데이터Undefined 이해하기

- 정의되지 않은 데이터의 처리를 이해하고 싶을 때
- 값이 없는 변수의 처리를 이해하고 싶을 때

■ **Syntax**

원시 타입	의미	예
Undefined	데이터가 정의되지 않음	undefined

자바스크립트에서 '데이터 없음'을 나타내는 방식은 Undefined와 Null이 있으며, 모두 원시 타입이다. Undefined는 데이터가 아직 정해지지 않은 상태를 나타낸다. 일반적으로 Undefined는 개발자가 의도하여 사용하는 것이 아니라 브라우저에서 정의되지 않은 데이터를 다룰 때 사용된다. 다음과 같은 상황에서 주로 나타난다.

- **변수에 데이터를 대입하지 않는다.**
- **객체의 속성에 값을 대입하지 않는다.**
- **파라미터에 값을 전달하지 않는다.**

결과로 undefined를 가지는 샘플을 확인해 보자.

■ **JavaScript**

```
let a;
console.log(a); // 결과: undefined

const object = {};
console.log(object.b); // 결과: undefined

function myFunction(c) {
  console.log(`b의 값은 ${c}`);
}
myFunction(); // 'b의 값은 undefined'가 출력됨
```

▼ **실행 결과**

```
undefined
undefined
b의 값은 undefined
```

CHAPTER 4

081 빈 데이터Null 이해하기

적용

- 빈 데이터를 나타내고 싶을 때

■ Syntax

원시 타입	의미	예
Null	데이터가 존재하지 않음	null

'데이터 없음'을 표시하고 싶을 때 Null을 사용한다. 다음의 샘플을 확인해 보자.

■ JavaScript

```
function searchUser(targetId) {
  const userList = [
    { id: 1, name: '사자' },
    { id: 2, name: '곰' },
    { id: 3, name: '여우' }
  ];

  // 해당 유저 검색
  const targetUser = userList.find((user) => user.id === targetId);
  return targetUser.name;
}

searchUser(1); // 1을 전달하면 사자를 반환
searchUser(4); // 4를 전달하면 에러가 발생
```

▼ 실행 결과

```
⊗ Uncaught TypeError: Cannot read property 'name' of undefined
      at searchUser (main.js:3)
      at main.js:6
```

searchUser(4)를 실행하면 해당 유저가 존재하지 않으므로
'return targetUser.name'에서 에러가 발생한다

searchUser( ) 함수에 4를 전달하면 에러가 발생한다. id가 4인 정보는 존재하지 않으므로 undefined가 반환되기 때문이다. 앞과 같은 에러를 피하기 위해 데이터가 undefined인 경우 null을 반환하도록 하여 빈 데이터를 나타낼 수 있다. 다음의 샘플을 확인해 보자. ◎의 부분에서 에러를 처리한다.

■ **JavaScript** 081/main.js

```
function searchUser(targetId) {
  const userList = [
    { id: 1, name: '사자' },
    { id: 2, name: '곰' },
    { id: 3, name: '여우' }
  ];

  // 해당 유저 검색
  const targetUser = userList.find((user) => user.id === targetId);

  // ◎ 데이터가 undefined인 경우 작업 추가
  if (targetUser === undefined) {
    return null;
  }

  return targetUser.name;
}

console.log(searchUser(1)); // 결과: '사자'
console.log(searchUser(4)); // 결과: null
```

▼ **실행 결과**

```
사자
null
```

CHAPTER

5

날짜와 시간

CHAPTER 5

082 날짜 다루기(연도)

- 올해를 불러오고 싶을 때

■ **Syntax**

메소드	의미	반환
getFullYear( )	연도 불러오기	숫자

Date 객체의 getFullYear( )는 당해 연도 네 자릿수를 반환한다. new Date( )로 인스턴스화하여 연도를 불러올 수 있다.

■ **JavaScript** 082/main.js

```
const date = new Date();
const year = date.getFullYear(); // 연도

// HTML에 표시
document.querySelector('#log').innerHTML = `지금은 ${year}년입니다.`;
```

▼ **실행 결과**

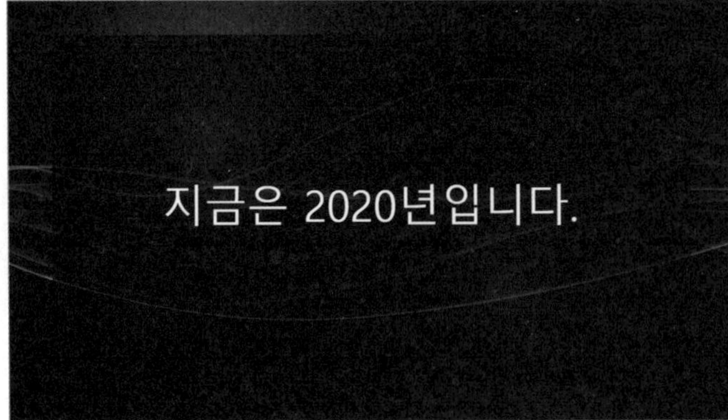

083 날짜 다루기(월, 일)

- 현재 날짜를 화면에 표시하고 싶을 때
- 날짜를 기준으로 처리를 구분하고 싶을 때

■ Syntax

메소드	의미	반환
getMonth( )	월(月) 가져오기	숫자
getDate( )	일(日) 가져오기	숫자

Date 객체의 getMonth( )는 월(月), getDate( )는 일(日)의 정보를 가져온다. getMonth( )의 반환값은 0부터 시작한다. 0은 1월을 나타내므로 +1 처리 후 정확한 결과를 얻을 수 있다. getDate( )는 가공 없이 반환값을 그대로 사용할 수 있다.

값	해당 월
0	1월
1	2월
2	3월
3	4월
4	5월
5	6월
6	7월
7	8월
8	9월
9	10월
10	11월
11	12월

■ **JavaScript** 083/main.js

```
const date = new Date();
const month = date.getMonth() + 1; // 월
const day = date.getDate(); // 일
const label = `${month}월${day}일`; // 날짜 표시

// HTML에 문자열 넣기
document.querySelector('#log').innerHTML = `오늘은 ${label}입니다.`;
```

▼ **실행 결과**

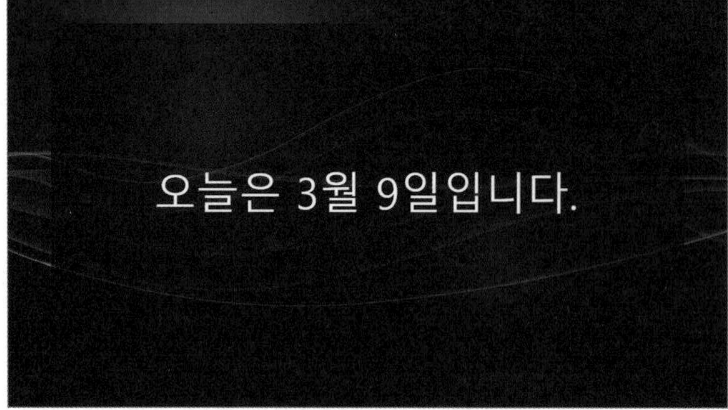

CHAPTER 5

084 시간 다루기

- 현재 시각을 불러오고 싶을 때
- 시간을 디지털 형식으로 표시하고 싶을 때

Syntax

메소드	의미	반환
getHours( )	시간(Hour) 가져오기	숫자
getMinutes( )	분(Minute) 가져오기	숫자
getSeconds( )	초(Second) 가져오기	숫자
getMilliseconds( )	밀리초(Millisecond) 가져오기	숫자

이 메소드를 이용해 현재 시간 정보를 가져온다. getHours( )는 0~23의 정수, getMinutes( ), getSeconds( )는 0~59의 정수를 반환한다. 24:00의 경우 getHours( )의 반환값은 24가 아닌 0이므로 주의하자.

JavaScript

084/date/main.js

```
const date = new Date();
const hour = date.getHours(); // 시간
const minutes = date.getMinutes(); // 분
const seconds = date.getSeconds(); // 초

const label = `${hour}시${minutes}분${seconds}초`;

// HTML에 문자열 넣기
document.querySelector('#log').innerHTML = `지금은 ${label}입니다.`;
```

▼ 실행 결과

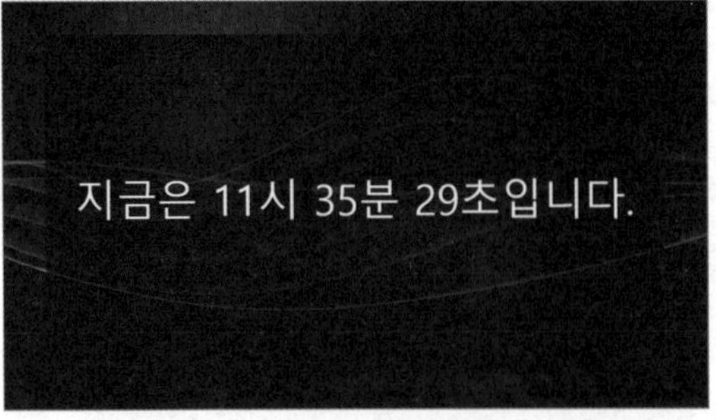

지금은 11시 35분 29초입니다.

'오전 3시'나 '오후 10시'와 같이 오전/오후를 넣고 싶을 때는 조건문을 사용한다. 12를 기준으로 처리를 구분한다

■ **JavaScript** 084/hour/main.js

```
const date = new Date();
const hour = date.getHours();
let meridiem; // 오전, 오후 구분
let hour2; // 시간
if (hour < 12) {
  meridiem = '오전';
  hour2 = hour;
} else {
  meridiem = '오후';
  hour2 = hour - 12;
}

const label = `${meridiem}${hour2}시`;

// HTML에 문자열 넣기
document.querySelector('#log').innerHTML = `지금은 ${label}입니다.`;
```

▼ 실행 결과

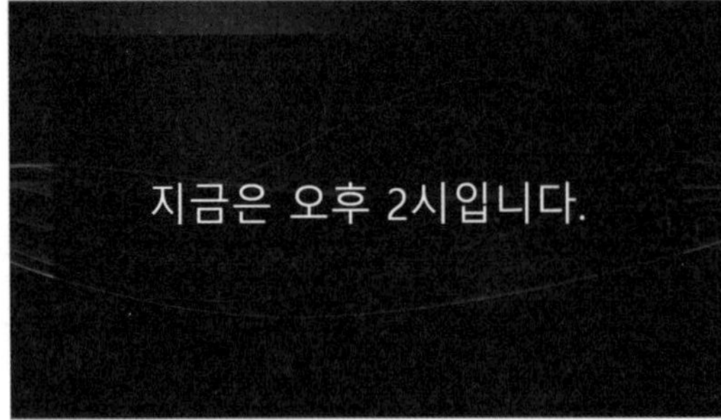

지금은 오후 2시입니다.

CHAPTER 5

085 요일 다루기

- 요일을 표시하고 싶을 때
- 날짜 정보에서 요일을 확인하고 싶을 때

■ **Syntax**

메소드	의미	반환
getDay( )	요일 가져오기	숫자

Date 객체 getDay( )는 요일 정보를 가져온다. 날짜 정보를 가져오는 getDate( )와 비슷해 헷갈리기 쉽다. 반환값이 숫자이므로 변환이 필요하며, 0은 일요일, 6은 토요일을 나타낸다.

값	해당 요일
0	일요일
1	월요일
2	화요일
3	수요일
4	목요일
5	금요일
6	토요일

다음 샘플을 확인해 보자. 일요일부터 토요일까지 해당하는 문자열을 배열에 넣고 getDay( )의 반환값에 따라 배열에서 해당하는 요일을 가져온다.

■ **JavaScript** 085/main.js

```
const date = new Date();
const day = date.getDay();
const dayList = ['일', '월', '화', '수', '목', '금', '토'];
const label = dayList[day];

// HTML에 표시
document.querySelector('#log').innerHTML = `오늘은 ${label}요일입니다.`;
```

▼ **실행 결과**

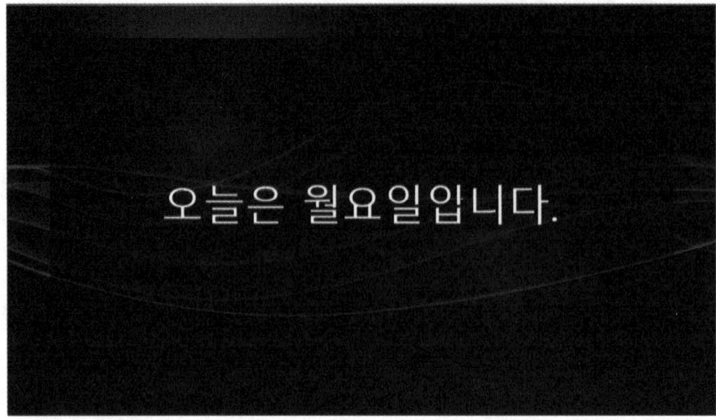

영문 표기는 배열의 문자열을 변경한다.

■ **JavaScript**

```
const date = new Date();
const day = date.getDay();
const dayList = ['Sun', 'Mon', 'Tue', 'Wed', 'Thu', 'Fri', 'Sat'];
const label = dayList[day];
```

현재 시간과 날짜 가져오기

- 간단히 날짜 정보를 출력하고 싶을 때
- 언어별 날짜 표시 형식으로 출력하고 싶을 때

Syntax

메소드	의미	반환
toLocaleDateString( )	현재 날짜를 문자열로 가져오기	문자열
toLocaleTimeString( )	현재 시각을 문자열로 가져오기	문자열

getDate( )와 getHours( )를 사용하면 정보를 세부적으로 가져올 수 있으나, 코드가 복잡해지기 쉽다. toLocaleString( )을 사용하면 간결한 표현이 가능하며, 사용자의 언어 환경에 따라 날짜 형식을 지정하여 가져온다. 한국어 환경에서는 '2020/02/01 21:22:01'의 형식으로 가져오지만, 영어는 '02/01/2020, 9:22:01 PM'의 형식을 따른다. 한국어는 년/월/일의 순서지만, 영어는 월/일/년의 순서다. toLocaleDateString( )은 날짜, toLocaleTimeString( )은 시간 정보를 가져온다.

JavaScript

086/main.js

```
const date = new Date();

const locale = date.toLocaleString(); // 예: '2020.03.01. 오후10:22:01'
const localeDate = date.toLocaleDateString(); // 예: '2020.03.01.'
const localeTime = date.toLocaleTimeString(); // 예: '오후 10:31:34'

// HTML에 문자열 넣기
document.querySelector('#log').innerHTML = `${locale}<br />
    ${localeDate}<br />
    ${localeTime}`;
```

▼ **실행 결과**

```
2020. 3. 9. 오전 11:33:34
2020. 3. 9.
오전 11:33:34
```

날짜 문자열의 타임스탬프 확인하기

- 타임스탬프로 날짜와 시간을 계산하고 싶을 때

■ **Syntax**

메소드	의미	반환
Date.parse( )	날짜 문자열 타임스탬프 가져오기	숫자

Date.parse( )는 인수를 타임스탬프로 변환한다. 타임스탬프는 1970년 1월 1일 00:00:00부터 현재까지의 경과 시간을 나타내는 것으로 단위는 밀리초(1/1000초)다.

프로그래밍 시 타임스탬프를 기준으로 하여 시간을 계산하는 경우 해당 메소드의 사용이 가능하다. Date.parse( ) 메소드는 Date 인스턴스의 getTime( ) 메소드와 같은 값을 가진다.

■ **JavaScript**

```
const num1 = Date.parse('2020/12/28');
console.log(num1); // 결과: 1609081200000

const num2 = Date.parse(12 28 2020);
console.log(num2); // 결과: 1609081200000
```

현재 시간의 타임스탬프는 Date.now( )를 통해 가져올 수 있다.

■ **JavaScript**

```
const num = Date.now();
console.log(num); // 결과: 1609081200000
```

날짜 설정하기

- 날짜와 시간을 설정하고 싶을 때

Date 인스턴스에 날짜를 설정할 수 있다. 임의의 날짜를 설정하여 확인해 보자.

생성자Constructor를 사용하는 방법

날짜와 시간 정보를 생성자의 인수로 전달한다. 전달된 정보는 자동적으로 타입에 맞춰지며, 문자열로 날짜와 시간을 설정할 수 있다.

■ **JavaScript**

```
const date1 = new Date('2020/12/28 20:01:10');
const date2 = new Date('Mon Dec 28 2020 20:01:10');
```

숫자로도 지정이 가능하다. 숫자는 년, 월, 일, 시, 분, 초 밀리초의 순서로 기입한다. 월은 0~11의 범위에서 사용되므로 주의가 필요하다(숫자 0부터 1월을 나타낸다). 생략하면 0이 대입된다.

■ **JavaScript**

```
const date3 = new Date(2020, 12, 28, 20, 1, 10 );
```

타임스탬프도 사용할 수 있다. 1970년 1월 1일 00:00:00부터 경과한 밀리초를 나타내며, getTime()을 사용해 현재의 타임스탬프를 가져올 수 있다.

■ **JavaScript**

```
const date4 = new Date(1528801270000);
```

메소드Method를 사용하는 방법

Date 객체는 setXXX()의 형태로 년, 월, 일, 시, 분, 초, 밀리초를 지정할 수 있는 메소드를 가진다. 인수에는 숫자 값을 전달하며, setMonth()에서 인수 0은 1월을 의미한다.

메소드	의미	반환
setFullYear(년)	년 설정	없음
setMonth(월)	월 설정	없음
setDate(일)	일 설정	없음
setHours(시)	시 설정	없음
setMinutes(분)	분 설정	없음
setSeconds(초)	초 설정	없음
setMilliseconds(밀리초)	밀리초 설정	없음

JavaScript 088/main.js

```
const date = new Date();
// 날짜 설정
date.setFullYear(2021);
date.setMonth(0);
date.setDate(1);
date.setHours(0);
date.setMinutes(0);
date.setSeconds(0);

// HTML에 문자열 넣기
document.querySelector('#log').innerHTML = date.toLocaleString();
```

▼ 실행 결과

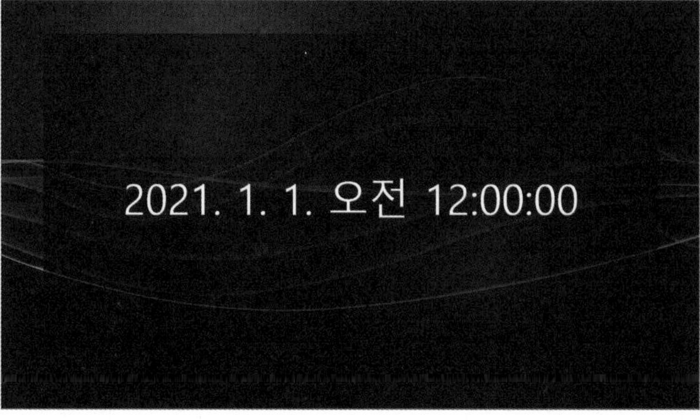

089 날짜 계산하기

- 하루 뒤의 날짜를 알고 싶을 때
- 달을 넘겨 계산하고 싶을 때

날짜를 가져오거나 설정하는 메소드에서 지정한 날짜로부터 몇 개월 전이나 몇일 후의 날짜를 구할 수 있다. 계산 결과가 날짜의 유효 범위를 넘어서는 경우에는 Date 객체가 환산 작업을 한다. 12월에서 2개월을 더하면 결과는 14가 되지만, Date 객체는 적절한 환산을 통해 2월을 반환한다.

■ **JavaScript**

```
const date = new Date('2020/06/01');
date.setMonth(date.getMonth() - 1); // 1개월 전
console.log(date.toLocaleDateString()); // 결과: '2020.5.1.'
date.setDate(date.getDate() + 60); // 60일 후
console.log(date.toLocaleDateString()); // 결과: '2020.6.30.'
```

090 날짜 차이 구하기

- 두 날짜의 차이를 구하고 싶을 때

비교하고 싶은 날짜와 시간을 Date 인스턴스에 넣고 getTime()을 사용하여 밀리초를 구한다. 밀리초는 자바스크립트에서 가장 간단한 시간 단위로 두 날짜의 밀리초를 계산하여 차이를 구한다. 계산 후 알아보기 쉬운 단위로 변환이 필요하다. 일수$_{\text{day}}$는 결괏값을 '24 * 60 * 60 * 1000'으로 나누면 확인할 수 있다.

■ JavaScript

```
const dateA = new Date('2020/06/01');
const dateB = new Date('2020/05/01');
const diffMSec = dateA.getTime() - dateB.getTime();
const diffDate = diffMSec / (24 * 60 * 60 * 1000);
console.log(`날짜의 차이는 ${diffDate}일입니다.`); // 결과: '날짜의 차이는 31일입니다.'
```

시간$_{\text{Hour}}$ 단위로 확인하고 싶은 경우에는 결괏값을 '60 * 60 * 1000'으로 나눈다.

■ JavaScript

```
const dateA = new Date('2020/06/01 10:00:00');
const dateB = new Date('2020/06/01 07:00:00');
const diffMSec = dateA.getTime() - dateB.getTime();
const diffHour = diffMSec / (60 * 60 * 1000);
console.log(`시간의 차이는 ${diffHour}시간입니다.`); // 결과: '시간의 차이는 3시간입니다.'
```

분$_{\text{Minute}}$ 단위 확인은 '60 * 1000'으로 나눈다.

■ JavaScript

```
const dateA = new Date('2020/06/01 01:10:00');
const dateB = new Date('2020/06/01 00:50:00');
const diffMSec = dateA.getTime() - dateB.getTime();
const diffMin = diffMSec / (60 * 1000);
console.log(`시간의 차이는 ${diffMin}시간입니다.`); // 결과: '시간의 차이는 20분입니다.'
```

091 경과 시간 확인하기

- 데이터 통신 시간을 확인하고 싶을 때
- 자바스크립트의 처리 시간을 확인하고 싶을 때

■ **Syntax**

메소드	의미	반환
Date.now()	기준시에서 현재 시간을 밀리초로 가져오기	숫자

Date 객체로 시간의 차이를 계산할 수 있다. 측정 시작 시점에 Date.now()를 사용해 절대 시간을 구할 수 있다. 측정이 끝나는 시점에 다시 Date.now()를 사용하여 두 값을 빼면 밀리초 단위의 경과 시간을 구할 수 있다. 알아보기 쉬운 초Second 단위 변환은 1000으로 나누고 소수점을 처리한다.

■ **JavaScript**

```
// 초(second) 단위 변환하기
const sec = Math.floor(diff / 1000);
```

■ **JavaScript** 091/main.js

```
// 스크립트 시작 지점의 기록
const oldTime = Date.now();

setInterval(() => {
  const currentTime = Date.now();
  // 경과한 밀리초 가져오기
  const diff = currentTime - oldTime;

  // 초(second) 단위 변환하기
  const sec = Math.floor(diff / 1000);

  // HTML에 문자열 넣기
  document.querySelector('#log').innerHTML = `${sec}초 경과`;
}, 1000);
```

▼ **실행 결과**

카운트다운

- 제한 시간을 지정하여 카운트다운하고 싶을 때

■ **Syntax**

메소드	의미
setInterval(함수, 밀리초)	밀리초 후 함수 실행

시간의 차이를 계산하여 카운트다운을 만들어 보자. setInterval( )은 지정한 밀리초마다 함수를 실행한다. 목표 시간과 경과 시간의 차를 구하여 카운트다운을 처리해 보자.

■ **JavaScript** 092/main.js

```
const totalTime = 10000; // 10초
const oldTime = Date.now();

const timerId = setInterval(() => {
  const currentTime = Date.now();
  // 시간의 차를 구함
  const diff = currentTime - oldTime;

  // 남은 밀리초 계산
  const remainMSec = totalTime - diff;
  // 밀리초를 정수의 초 단위로 변환
  const remainSec = Math.ceil(remainMSec / 1000);

  let label = `남은 시간 ${remainSec}초`;

  // 0초 이하의 처리 작업
  if (remainMSec <= 0) {
    // 타이머를 종료
    clearInterval(timerId);

    // 타이머 종료를 표시
    label = '종료';
  }
```

```
    // 화면에 표시
    document.querySelector('#log').innerHTML = label;
}, 1000);
```

▼ 실행 결과

093 아날로그 시간 표시하기

- 아날로그 형식의 시계를 표시하고 싶을 때

아날로그 시계를 구현하여 Date 객체를 좀 더 자세히 알아보자. div 요소를 사용해 시계 바늘의 컨테이너를 만든다. 원의 중심을 기준으로 각도를 계산하기 때문에 컨테이너를 사용하면 처리가 더욱 간단하다. 기본적인 상태는 바늘이 모두 12시를 가리키고 있다.

HTML 093/index.html

```
<div class="clock">
  <div class="lineHour"></div>
  <div class="lineMin"></div>
  <div class="lineSec"></div>
</div>
```

CSS 093/style.css

```
.clock {
  border-radius: 50%;
  border: 3px solid white;
  width: 400px;
  height: 400px;
  background: rgba(255, 255, 255, 0.1);
  position: relative;
}

.lineHour {
  width: 10px;
  height: 150px;
  background: white;
  position: absolute;
  top: calc(50% - 150px);
  left: calc(50% - 5px);
  transform-origin: bottom;
}
```

```
.lineMin {
  width: 4px;
  height: 200px;
  background: white;
  position: absolute;
  top: calc(50% - 200px);
  left: calc(50% - 2px);
  transform-origin: bottom;
}

.lineSec {
  width: 2px;
  height: 200px;
  background: #cccccc;
  position: absolute;
  top: calc(50% - 200px);
  left: calc(50% - 1px);
  transform-origin: bottom;
}
```

▼ 실행 결과

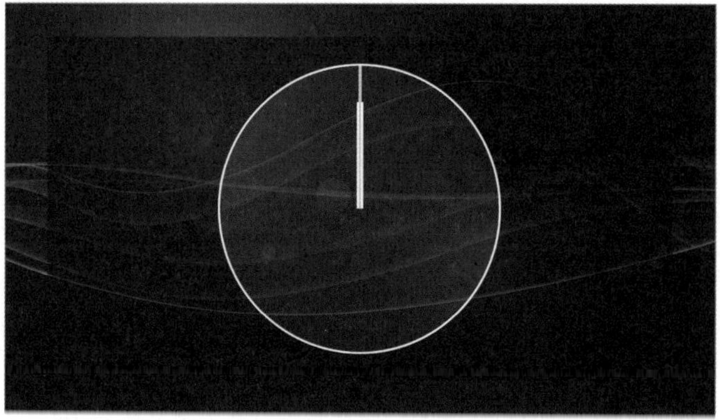

현재 시간을 실시간으로 적용하기 위해 setInterval( )을 사용한다. new Date( )를 사용해 현재 시간 정보를 가져오고, getSeconds( )를 사용해 초 정보를 추출한다. 추출한 정보를 초침의 각도로 설정하며, 원은 360도이므로 1초당 6도(360도 ÷ 60분할)가 된다.

분침과 시침 정보 역시 현재 시간 정보에서 가져온다. getHours( )로 시간 단위(0~23)를 추출하고 getMinutes( )로 분 단위(0~59)를 추출한다. 추출한 정보로 각도를 설정하지만, 시침은 다음과 같이 주의할 점이 있다.

- **추출한 값은 0~23이지만, 아날로그 시계의 숫자는 0~11까지다.**
- **시침은 시와 함께 분에 따라서도 각도가 변한다.**

■ **JavaScript** 093/main.js

```
setInterval(() => {
  // 현재 시간 가져오기
  const now = new Date();

  // 시간을 단위로 추출
  const h = now.getHours(); // 시간(0~23)
  const m = now.getMinutes(); // 분(0~59)
  const s = now.getSeconds(); // 초(0~59)

  // 시계 바늘의 각도 반영

  // 시침(시침은 시와 함께 분의 각도도 고려)
  const degH = h * (360 / 12) + m * (360 / 12 / 60);
  // 분침
  const degM = m * (360 / 60);
  // 초침
  const degS = s * (360 / 60);

  const elementH = document.querySelector('.lineHour');
  const elementM = document.querySelector('.lineMin');
  const elementS = document.querySelector('.lineSec');

  elementH.style.transform = `rotate(${degH}deg)`;
  elementM.style.transform = `rotate(${degM}deg)`;
  elementS.style.transform = `rotate(${degS}deg)`;
}, 50);
```

▼ 실행 결과

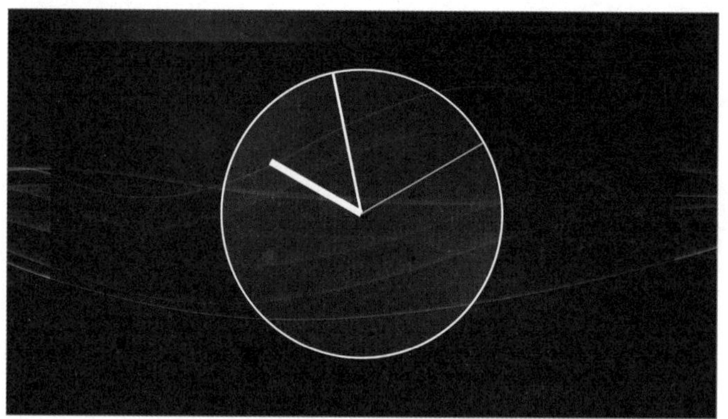

브라우저

CHAPTER

6

경고 표시하기

- 알림창을 표시하고 싶을 때
- 동기 형식으로 유저에게 메시지를 표시하고 싶을 때

Syntax

메소드	의미	반환
alert(내용)	알림창 표시	없음

alert( )은 메시지 내용과 OK 버튼으로 이루어진 알림(경고)창을 표시한다. 창이 닫히기 전까지 자바스크립트가 실행 중인 상태로 유지되므로 OK 버튼을 눌러 창을 닫기 전까지는 다른 작업이나 브라우저의 조작이 불가능하다. 알림창 메시지 내용의 줄바꿈은 \n과 템플릿 문자열을 사용한다.

JavaScript

094/main.js

```
// 버튼 참조
const btn = document.querySelector('button');

// 버튼 클릭 시 작업
btn.addEventListener('click', (event) => {
  // 알림창 표시
  alert('안녕하세요!\n좋은 하루 보내세요.');
});
```

▼ 실행 결과

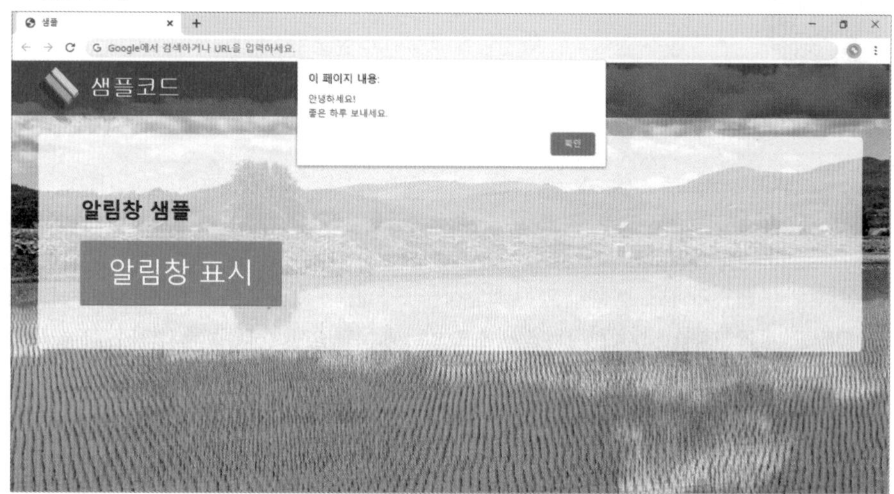

COLUMN window 객체의 메소드

alert( )은 window 객체 메소드다. window 객체를 참조하는 범위는 전역이므로 window.를 생략해도 상관없다. 다음 장에서 소개하는 confirm( )과 prompt( )도 마찬가지로 window 객체다.

■ JavaScript

```
// 알림창 표시
window.alert('안녕하세요.');

// 알림창 표시
alert('안녕하세요.');
```

확인창 표시하기

- 선택 창을 표시하고 싶을 때
- 동기 형식으로 확인창을 표시하고 싶을 때

■ **Syntax**

메소드	의미	반환
confirm(내용)	확인창 표시	진릿값

confirm( )은 확인과 취소 버튼을 가진 확인창을 표시한다. 확인 버튼은 true, 취소는 false를 반환한다. 확인창을 닫기 전까지 자바스크립트가 실행 중인 상태로 유지되며, 다른 작업이나 브라우저의 조작이 불가능하다. 주로 유저에게 확인을 요청하고 싶을 때 confirm( )을 사용한다.

■ **JavaScript** 095/main.js

```
// 버튼을 참조
const btn = document.querySelector('button');

// 버튼 클릭 시 작업
btn.addEventListener('click', (event) => {
  // 확인창 표시
  const isYes = confirm('날씨가 화창한가요?');
  // 유저가 입력한 결과를 화면에 표시
  document.querySelector('.log').innerHTML = isYes;
});
```

▼ 실행 결과

샘플
Google에서 검색하거나 URL을 입력하세요.
샘플코드
이 페이지 내용:
날씨가 화창한가요?
확인
취소
클릭
확인창 샘플
확인창 표시

샘플
Google에서 검색하거나 URL을 입력하세요.
샘플코드
확인창 샘플
확인창 표시
true

입력 프롬프트 표시하기

- 유저로부터 문자를 입력받고 싶을 때
- 동기 형식의 작업을 하고 싶을 때

Syntax

메소드	의미	반환
prompt(내용, 텍스트창의초깃값)	문자 입력창 표시	문자열

prompt( )는 확인 버튼, 취소 버튼, 문자 입력창을 가진 알림창을 표시한다. 확인 버튼을 클릭하면 문자 입력창의 문자열이 반환되고, 취소 혹은 x를 누르면 null이 반환된다. 알림창을 닫기 전까지 자바스크립트가 실행 중인 상태로 유지되며, 다른 작업이나 브라우저의 조작이 불가능하다. 유저로부터 문자를 입력받고 싶을 때 사용한다.

JavaScript

```
const text = prompt('오늘의 날씨는 어떤가요?', '여기 입력해 주세요');
console.log(text); // 결과: 유저가 입력한 문자열
```

▼ 실행 결과

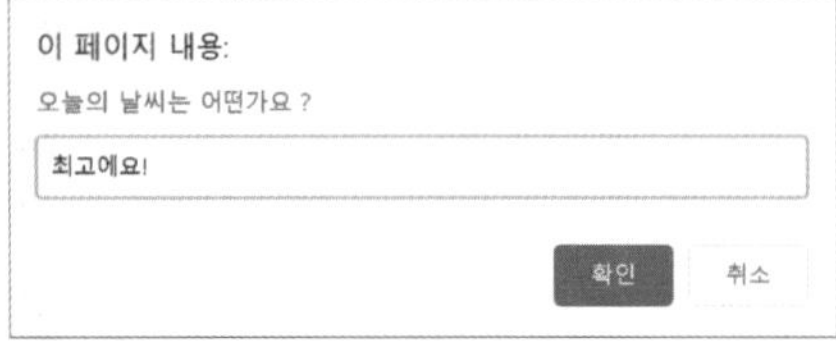

097 윈도우 사이즈 확인하기

- 화면을 브라우저 크기에 맞춰 표시하고 싶을 때
- 화면 폭에 맞춰 처리 작업과 레이아웃을 변경하고 싶을 때

■ **Syntax**

속성	의미	타입
window.innerWidth	브라우저 뷰포트(Viewport)의 가로 길이	숫자
window.innerHeight	브라우저 뷰포트(Viewport)의 세로 길이	숫자

브라우저의 표시 영역 크기를 윈도우 사이즈라고 하며, 윈도우 창이 표시되는 사이즈는 innerWidth와 innerHeight를 사용해 가져올 수 있다. 사이즈 값은 주소창, 북마크, 개발자 도구 등 주변의 인터페이스는 포함되지 않은 순수한 화면의 사이즈다.

화면의 가로와 세로의 길이를 알게 되면 다양한 작업이 가능해진다. 예를 들어 동영상을 전체 화면으로 표시하거나, 스크롤 속도에 따라 화면의 반응을 조절하는 작업 등이 가능하다. 다음의 샘플과 같은 스크립트가 사용되며, 단위는 px다.

window 객체를 참조하는 범위는 전역이므로 window.를 생략해도 상관없으며, 해당 속성은 읽기 전용이므로 수정이 불가능하다.

■ **JavaScript**

```
// 화면의 가로 길이
const w = window.innerWidth;
// 화면의 세로 길이
const h = window.innerHeight;
```

innerWidth와 innerHeight는 참조하는 타이밍에 따라 가져오는 사이즈 값이 달라진다. 브라우저 윈도우 창의 크기를 변경하거나 스마트폰의 가로 화면, 세로 화면에 따라 사이즈 값이 변한다. 리사이즈 이벤트는 window 객체 resize를 사용하여 확인한다.

■ **JavaScript** 097/main.js

```
window.addEventListener('resize', resizeHandler);

function resizeHandler(event) {
  // 새로운 화면의 가로 길이
  const w = innerWidth;
  // 새로운 화면의 세로 길이
  const h = innerHeight;

  document.querySelector('.value-width').innerHTML =
  `가로 길이는 ${w}px입니다.`;
  document.querySelector('.value-height').innerHTML =
  `세로 길이는 ${h}px입니다.`;
}
```

▼ **실행 결과**

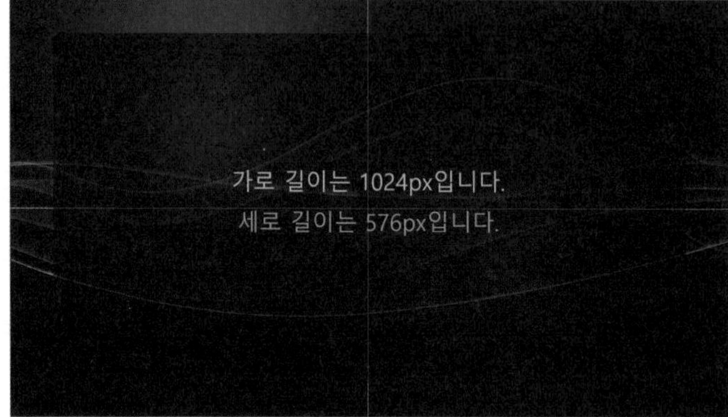

098 디바이스 화소 확인하기

- 디바이스 화소 비율에 따라 제어 방식을 구분하고 싶을 때
- 고해상도 디바이스에서 큰 이미지를 사용하고 싶을 때

Syntax

속성	의미	타입
window.devicePixelRatio	화소 비율의 값	숫자

고해상도 디바이스란 아이폰의 레티나Retina 디스플레이와 같이 화소 밀도(ppi)가 높은 디스플레이(HiDPI 디스플레이)를 말한다. 고해상도에 맞춰 처리 작업을 하지 않으면 해당 기기에서 사진 등이 뿌옇게 보이거나 화소가 깨져 보이는 현상이 발생할 수 있다. 디스플레이 해상도의 물리 화소 확인은 window 객체 devicePixelRatio 속성을 사용한다.

레티나 디스플레이 등 고해상도 디스플레이 대응

JavaScript

```
const dpr = window.devicePixelRatio;
```

일반적인 디스플레이의 비율이 1, 아이폰과 안드로이드 대부분은 2, 고급 사양의 아이폰과 안드로이드는 3인 경우도 있다. 윈도우즈Windows와 맥OSmacOS가 2인 경우도 있으며, 앞으로 2 이상의 기기들이 늘어날 전망이다.

캔버스Canvas에 디바이스 화소 맞추기

- 캔버스 요소를 고해상도 디스플레이로 표시하고 싶을 때

캔버스 요소는 화소의 비율 계산에 사용할 수 있다. 캔버스에 표시하고 싶은 사이즈에 화소 비율을 곱해서 값을 설정한다. 표시 사이즈를 지정하는 스타일 시트를 확인해 보자.

■ **JavaScript** 099/main.js

```
// 디바이스 화소 비율 가져오기
const dpr = window.devicePixelRatio;
// 캔버스의 논리적 크기
const w = 200;
const h = 200;

// 캔버스 요소 사이즈 조정
const canvas = document.querySelector('canvas');
canvas.width = w * dpr; // 실제 크기는 배가 됨
canvas.height = h * dpr;
canvas.style.width = w + 'px'; // 화면 표시 단위 설정
canvas.style.height = h + 'px';

const context = canvas.getContext('2d');
// 스케일 설정
context.scale(dpr, dpr); // 내부적으로 N 배의 사이즈
// 원을 그림
context.fillStyle = 'red';
context.arc(w / 2, h / 2, 100, 0, 2 * Math.PI);
context.fill();

// 화면에 로그를 표시
document.querySelector('.log').innerHTML =
`디바이스의 화소 비율은 ${dpr}입니다.`;
```

▼ 실행 결과

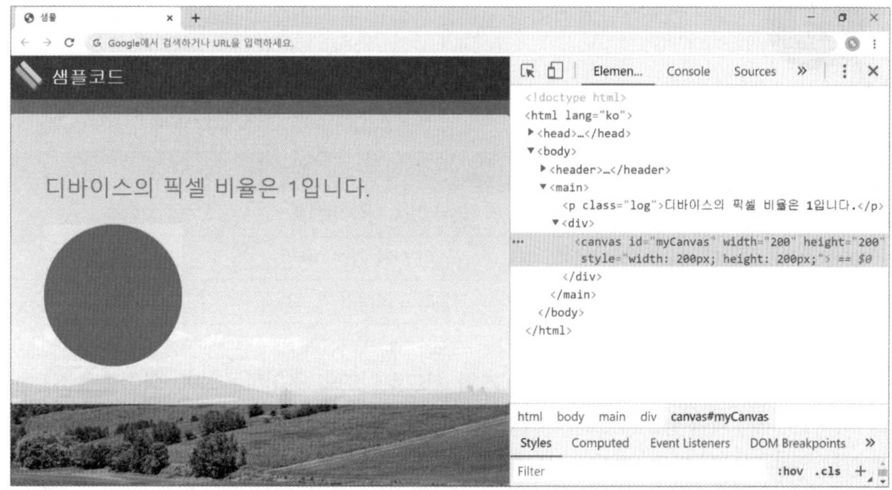

디바이스 픽셀 비율 1의 디스플레이에서 표시

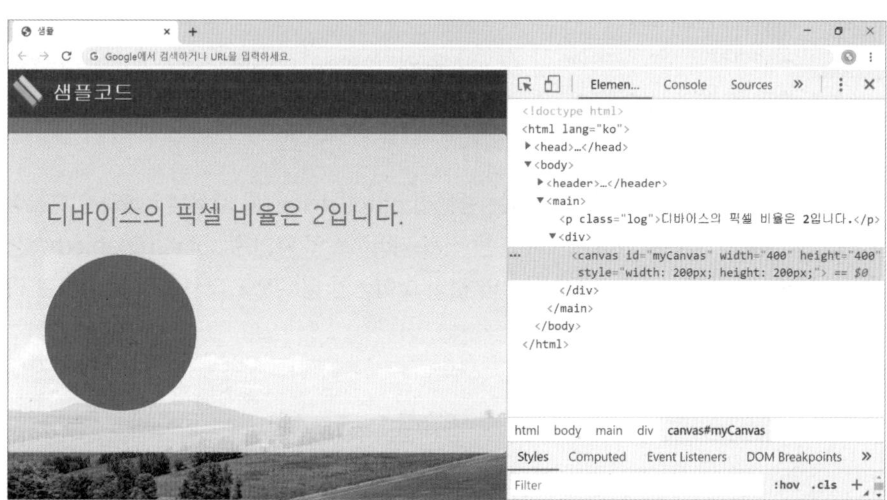

디바이스 픽셀 비율 2의 디스플레이에서 표시

100 터치 디바이스 사용 확인하기

- 데스크탑과 모바일 브라우저에 따라 처리를 구분하고 싶을 때

■ **Syntax**

속성	의미	타입
window.ontouchstart	터치 기능 시작 이벤트	함수
navigator.pointerEnabled	포인터 사용 가능 여부	진릿값
navigator.maxTouchPoints	포인터의 최대치	숫자

터치할 수 있는 대표적인 디바이스는 iOS와 안드로이드의 스마트폰이며, 마이크로소프트의 서피스Surface처럼 윈도우즈에서 터치 작업이 가능한 디바이스도 있다. 터치 사용 여부의 확인을 위해 다음과 같은 코드를 사용할 수 있다.

■ **JavaScript**

```
const isSupported = !!(
  'ontouchstart' in window || // iOS & 안드로이드
  (navigator.pointerEnabled && navigator.maxTouchPoints > 0)
); // IE 11+
```

window 객체의 터치 이벤트를 감시하는 핸들러 ontouchstart를 사용해 iOS와 안드로이드의 단말기를 확인할 수 있다. 윈도우즈용 터치 디바이스의 확인은 pointerEnabled 속성을 사용하며, 추가로 maxTouchPoints의 값이 0 이상인 경우에도 터치 조작이 가능한 디바이스로 판별할 수 있다.

페이지 이동하기

- a 태그 이외의 방법으로 페이지를 이동하고 싶을 때

■ Syntax

속성	의미	타입
location.href	브라우저 URL	문자열

location.href 속성에 URL을 문자열로 대입한다. 대입한 타이밍에 맞춰 페이지 이동이 이루어진다. 상대 경로는 현재 페이지의 URL 주소가 기준점이 된다. a 태그의 href 속성과 비슷하다고 생각하면 이해하기 쉬우며, 해당 속성은 읽기와 쓰기가 모두 가능하다. 읽기는 현재 페이지의 주소를 가져오며, 쓰기는 해당 페이지로 이동하는 작업을 실행한다.

■ JavaScript

```
// 읽기 작업
console.log(location.href); // 결과: 현재 페이지의 URL

// 쓰기 작업
location.href = 'another.html'; // 해당 페이지 이동
```

페이지 리로드Reload하기

- 게시판 등의 화면을 새로고침하고 싶을 때

■ **Syntax**

메소드	의미	반환
location.reload(진릿값)	화면 새로고침	없음

화면을 새로고침하고 싶을 때 사용하는 메소드다. 게시판에서 새 글을 확인할 때 사용하는 새로고침 버튼 등에 사용하거나 웹 게임 등의 콘텐츠에서 게임이 종료되었을 때 시작 화면으로 전환하는 기능으로도 사용할 수 있다. 샘플을 통해 location.reload( )를 확인해 보자. 해당 메소드를 요청하는 순간 새로고침이 실행되며, 브라우저의 새로고침 버튼과 같은 작동을 한다. 전달 인수가 없으면 캐시를 사용해서 새로고침이 실행된다.

■ **JavaScript**

```
location.reload();
```

인수에 true를 전달하면 브라우저의 캐시를 무시하고 새로고침이 실행되며, 이는 데이터를 동적으로 표시하는 페이지 등에서 사용된다.

■ **JavaScript**

```
location.reload(true);
```

103 페이지 이동하기(앞/뒤로 가기)

- 브라우저의 '뒤로 가기' 버튼과 같은 동작을 구현하고 싶을 때

■ **Syntax**

메소드	의미	반환
history.back( )	뒤로 가기로 화면 이동	없음
history.forward( )	앞으로 가기로 화면 이동	없음
history.go(숫자)	임의의 수만큼 화면 이동	없음

브라우저의 '뒤로 가기' 버튼과 같이 히스토리를 거슬러 올라가는 다음의 메소드를 확인해 보자.

■ **JavaScript**

```
history.back();
```

다음 메소드는 브라우저의 '앞으로 가기' 버튼과 같은 작업을 한다.

■ **JavaScript**

```
history.forward();
```

임의의 숫자를 전달하여 히스토리를 이동하는 메소드는 음수를 입력하면 뒤로 가기, 양수를 입력하면 앞으로 가기 작업이 실행된다.

■ **JavaScript**

```
history.go(-1); // '뒤로 가기'와 같음
```

해시Hash(#) 처리하기

- 딥 링크Deep Link를 구현하고 싶을 때
- 해시값에 따라 처리를 구분하고 싶을 때

■ **Syntax**

속성	의미	타입
location.hash	앵커 달기	문자열

location.hash 속성으로 앵커Anchor※ 기능을 사용할 수 있다. 앵커는 페이지 내부의 링크 기능을 하며, 읽기와 쓰기 모두 가능하다.

※ 하이퍼링크와 같은 의미 (옮긴이)

■ **JavaScript** 읽기 작업

```
const hash = location.hash;
console.log(hash); // 결과의 예: '#app'
```

■ **JavaScript** 쓰기 작업

```
location.hash = 'app';
```

단일 페이지 애플리케이션에서 페이지의 계층을 나타내기 위해 앵커를 사용하기도 한다. 단일 웹 페이지 내에서 여러 화면으로 표시하고 싶을 때 hash로 기능을 편리하게 구현할 수 있다 응용 예로 웹 페이지 내에서 앵커를 사용해 스크롤을 조절하는 기능이 가능하다. 앵커값이 변경되면 대상 id 요소를 확인하고 페이지의 스크롤을 조절하여 원하는 화면을 표시한다.

CHAPTER 6

105 해시 변경 확인하기

- 해시값이 변경될 때마다 작업을 처리하고 싶을 때

■ **Syntax**

이벤트	발생 타이밍
hashchange	URL의 해시가 변경되었을 때

URL의 #(해시)가 변경될 때마다 작업을 처리하고 싶을 때 window 객체의 hashchange 이벤트를 확인한다. #(해시)가 변경되는 타이밍은 다음과 같다.

- **페이지 내 앵커 링크를 클릭할 때**
- **브라우저의 '뒤로 가기', '앞으로 가기' 버튼을 눌렀을 때**
- **유저가 URL의 해시를 변경할 때**

페이지 내 앵커 링크를 만들어 각각 '현재 앵커는 「#apple」입니다.', '현재 앵커는 「#orange」입니다.'로 전환이 가능한 샘플을 만들어 보자. 주소창에는 #apple과 #orange가 포함되어 있다.

■ **JavaScript** 105/main.js

```
// 해시 변경 이벤트 감시
window.addEventListener('hashchange', handleHashChange);
handleHashChange();

function handleHashChange() {
  // 변경 후의 해시값
  const hash = location.hash;
  document.querySelector('.log').innerHTML = `현재 앵커는 ${hash}입니다.`;
}
```

▼ 실행 결과

C:/jpub/sample/c06/105/index.htm#apple
샘플코드
현재 앵커는「#apple」입니다.
오렌지 앵커 링크
사과 앵커 링크

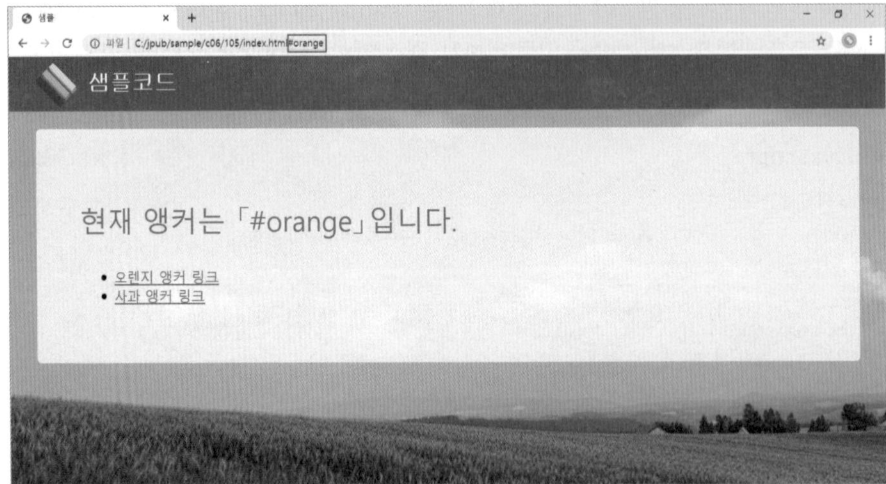
C:/jpub/sample/c06/105/index.htm#orange
샘플코드
현재 앵커는「#orange」입니다.
오렌지 앵커 링크
사과 앵커 링크

106 새 윈도우 창 열기

- 현재 페이지를 그대로 둔 채로 새로운 윈도우 창을 열고 싶을 때

Syntax

메소드	의미	반환
window.open(URL)	새로운 창 열기	새로운 창의 객체

새로운 윈도우 창을 열기 위해서는 window.open( )을 사용한다. 인수에 URL을 전달하며, 새로운 창이 기존 창보다 뒤에서 열리지 않도록 focus( )를 사용해 액티브 처리를 지정한다. focus( )는 a 태그의 target="_blank" 속성과 비슷하다. window.open( )의 반환값 참조를 응용하여 페이지 간에 데이터를 주고 받는 작업도 가능하다.

JavaScript

```
const win = window.open('another.html');
win.focus();
```

스크롤 크기 확인하기

- 스크롤 크기에 따라 작업을 처리하고 싶을 때

Syntax

속성	의미	타입
window.scrollX	수평 방향 스크롤의 크기	숫자
window.scrollY	수직 방향 스크롤의 크기	숫자

페이지의 스크롤 크기를 확인하는 데는 수평 방향의 경우 scrollX, 수직 방향의 경우는 scrollY를 사용한다.

JavaScript

```
const x = window.scrollX;
const y = window.scrollY;

console.log(x, y);
```

CHAPTER 6
108

스크롤 설정하기

- 페이지의 원하는 부분에 스크롤을 넣고 싶을 때
- '상단(TOP)으로 가기' 버튼을 사용하고 싶을 때

■ **Syntax**

메소드	의미	반환
scrollTo(X, Y)	지정한 좌표의 값까지 스크롤하기	없음

지정한 위치에 스크롤 기능을 사용하기 위해서 scrollTo( )를 사용한다. 첫 번째 인수는 수평, 두 번째 인수는 수직의 값을 지정한다.

■ **JavaScript**

```
window.scrollTo(0, 1000);
```

CHAPTER 6

109 타이틀 변경하기

- 타이틀을 동적으로 변환하고 싶을 때
- 읽지 않은 메시지 건수를 타이틀 바에 표시하고 싶을 때

■ Syntax

속성	의미	타입
document.title	페이지 타이틀	문자열

document.title 속성으로 페이지의 타이틀 정보를 가져올 수 있으며, 읽기와 쓰기가 모두 가능하다.

■ JavaScript 읽기 작업

```
const title = document.title;
```

■ JavaScript 쓰기 작업

```
document.title = '타이틀 내용';
```

■ JavaScript 109/main.js

```
document.querySelector('#btnApple').addEventListener('click', () => {
  document.title = '🍎사과';
});

document.querySelector('#btnOrange').addEventListener('click', () => {
  document.title = '🍊오렌지';
});
```

▼ 실행 결과

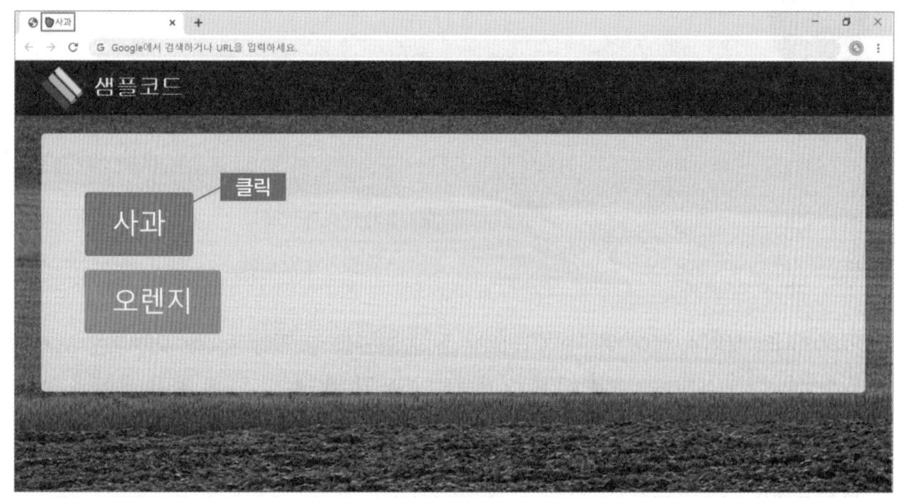

▼

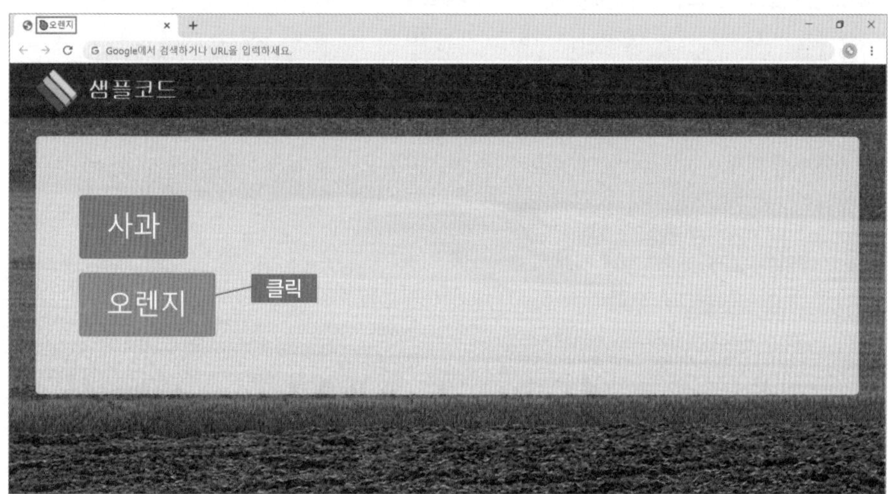

페이지의 타이틀은 속성에 문자열을 대입하면 변경이 가능하며, 동적으로 변경하고 싶을 때 효과적이다. 예를 들어, 채팅 앱에서 읽지 않은 메시지의 수를 타이틀에 표시할 때 유용하다.

포커스 확인하기

- 페이지의 포커스 유무를 확인하고 싶을 때
- 페이지에 포커스가 맞춰져 있을 때만 음악을 재생하고 싶을 때

■ **Syntax**

이벤트	발생 타이밍
focus	포커스가 맞춰져 있을 때
blur	포커스를 벗어나 있을 때

해당 페이지의 포커스 상태 여부는 이벤트를 통해 확인할 수 있다. focus 이벤트는 포커스가 맞춰졌을 때 발생하는 이벤트이며, blur는 그 반대의 이벤트다. 예를 들어, 웹에서 BGM을 재생하고 싶을 때는 focus와 blur를 사용하여 재생과 정지를 할 수 있다.

■ **JavaScript**

```
window.addEventListener('focus', () => {
  document.querySelector('#log').innerHTML = '포커스 상태';
});

window.addEventListener('blur', () => {
  document.querySelector('#log').innerHTML = '포커스를 벗어난 상태';
});
```

▼ 실행 결과

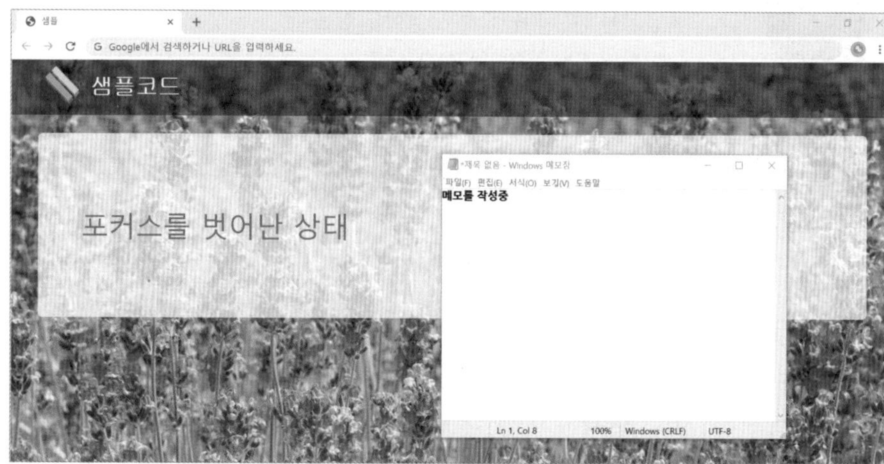

포커스를 벗어나 있을 때

포커스가 맞춰져 있을 때

전체 화면 표시하기

- 전체 화면으로 콘텐츠를 표시하고 싶을 때
- 동영상을 전체 화면으로 재생하고 싶을 때
- 이어지는 콘텐츠를 표시하고 싶을 때

■ **Syntax**

메소드	의미	반환
element.requestFullscreen()	전체 화면으로 표시	Promise
document.exitFullscreen()	전체 화면 해제	Promise

전체 화면 전환은 requestFullscreen()을 사용한다. 동영상이나 프레젠테이션 콘텐츠를 전체 화면으로 표시할 때 유용하다. 브라우저에서 해당 메소드가 지원되지 않는 경우 별도의 메소드로 브라우저를 명시하여 사용한다. 조금 복잡하지만 다음 샘플을 확인해 보자.

■ **JavaScript** 111/main.js

```
const btn = document.querySelector('#btn');
btn.addEventListener('click', (event) => {
  // 전체 화면 전환
  myRequestFullScreen(document.body);
});

function myRequestFullScreen(element) {
  if (element.requestFullscreen) {
    // 표준 사양
    element.requestFullscreen();
  } else if (element.webkitRequestFullscreen) {
    // 사파리(Safari), 크롬(Chrome)
    element.webkitRequestFullscreen();
  } else if (element.mozRequestFullScreen) {
    // 파이어폭스(Firefox)
    element.mozRequestFullScreen();
  } else if (element.msRequestFullscreen) {
    // 인터넷 익스프로러 11+(IE 11+)
    element.msRequestFullscreen();
  }
}
```

전체 화면 해제는 전달 인수 없이 document 메소드를 사용한다. 브라우저에 따라 지원되지 않는 경우 requestFullscreen()과 같이 브라우저를 명시하여 사용한다. 다음을 확인해 보자.

■ **JavaScript** 111/main.js

```
const btnExit = document.querySelector('#btnExit');
btnExit.addEventListener('click', (event) => {
  // 전체 화면 해제
  myCancelFullScreen();
});

function myCancelFullScreen() {
  if (document.exitFullscreen) {
    // 표준 사양
    document.exitFullscreen();
  } else if (document.webkitCancelFullScreen) {
    // 사파리(Safari), 크롬(Chrome)
    document.webkitCancelFullScreen();
  } else if (document.mozCancelFullScreen) {
    // 파이어폭스(Firefox)
    document.mozCancelFullScreen();
  } else if (document.msExitFullscreen) {
    // 인터넷 익스플로러 11+(IE 11+)
    document.msExitFullscreen();
  }
}
```

▼ **실행 결과**

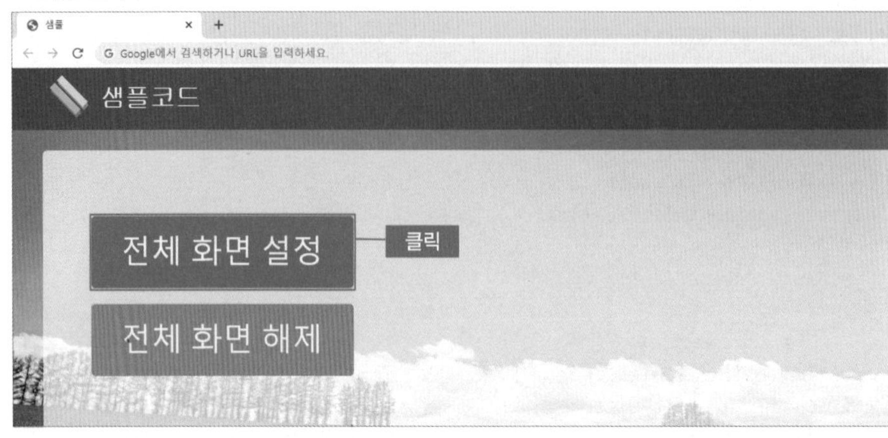
샘플
Google에서 검색하거나 URL을 입력하세요.
샘플코드
전체 화면 설정
클릭
전체 화면 해제

▼

샘플코드
전체화면을 종료하려면 F11 을(를) 누르세요.
전체 화면 설정
전체 화면 해제

CHAPTER 6
112

온라인/오프라인 대응하기

- 오프라인 화면에 네트워크의 연결 상태를 표시하고 싶을 때

Syntax

속성	의미	타입
navigator.onLine	네트워크 상태 가져오기	진릿값

navigator.onLine 속성을 사용하여 네트워크 상태를 확인할 수 있다. 반환값이 true인 경우 네트워크 온라인 상태를 나타내며, 해당 속성은 읽기만 가능하다. 브라우저의 네트워크 상황을 감시하여 오프라인 상태일 때 화면에 해당 상태를 표시하는 기능 등에 사용할 수 있다.

JavaScript

112/main.js

```
// 접속 상태 확인
const isOnline = navigator.onLine;
if (isOnline === true) {
  console.log('온라인 상태입니다.');
} else {
  console.log('오프라인 상태입니다.');
}
```

window 객체에서 online과 offline 이벤트를 감시하면 네트워크의 상태 확인이 가능하다.

JavaScript

112/main.js

```
// 온라인 상태가 되면 실행되는 이벤트
window.addEventListener('online', () => {
  console.log('온라인 상태입니다.');
});

// 오프라인 상태가 되면 실행되는 이벤트
window.addEventListener('offline', () => {
  console.log('오프라인 상태입니다.');
});
```

▼ **실행 결과**

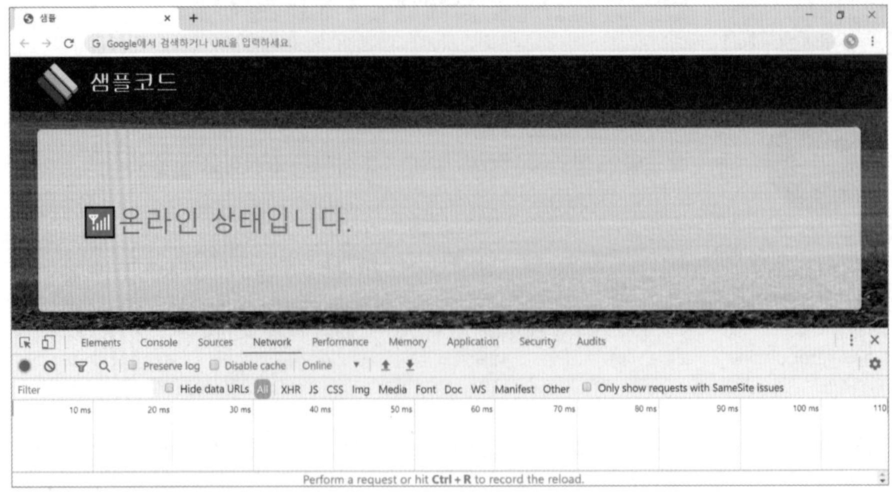

▼

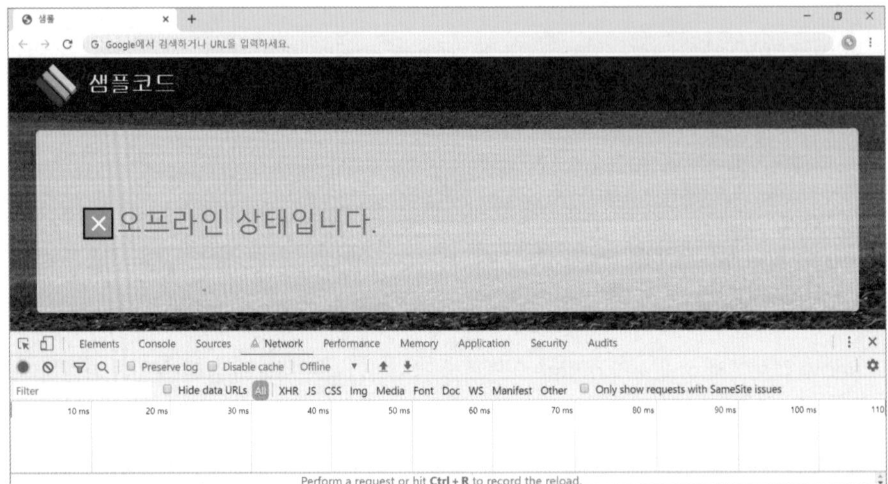

구글 크롬 개발자 도구의 [Network] 탭에서 [Offline] 체크박스로 온라인/오프라인 상태를 변경할 수 있다.

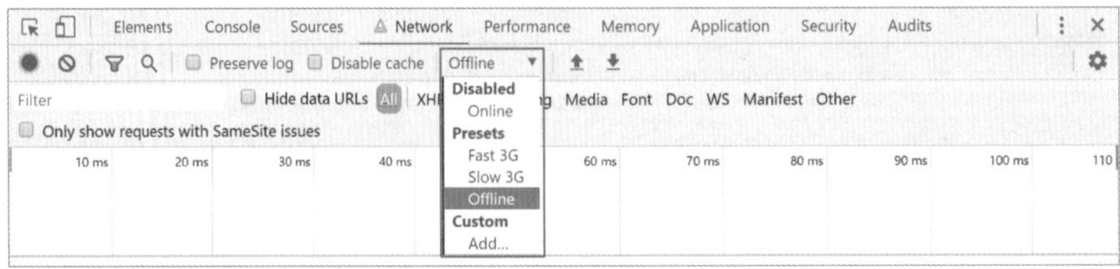

이벤트 처리

CHAPTER

7

CHAPTER 7

113

이벤트 처리 이해하기

- 유저의 조작에 따라 이벤트를 실행하고 싶을 때

웹 사이트는 클릭, 탭, 스크롤, 화면 불러오기, JSON 읽어 오기 등 다양한 이벤트가 존재하며, 자바스크립트는 클릭, 탭 등의 동작에 따른 이벤트 처리가 가능하다. 이벤트 처리는 addEventListener( )를 사용해 제어한다. 예를 들어 .button 요소를 클릭하면 알림창을 표시하는 이벤트 처리를 다음에서 확인해 보자.

■ **HTML**

```
<button class='button'></button>
```

■ **JavaScript**

```
const button = document.querySelector('.button');
button.addEventListener('click', onClickButton);

function onClickButton() {
  console.log('클릭 이벤트가 발생하였습니다.');
}
```

button 요소는 클릭, 탭 등 다양한 이벤트가 발생하며, 이와 같이 이벤트를 발생시키는 객체를 '이벤트 타깃'이라고 한다. window, div 요소, p 요소 등도 이벤트 타깃이다. 앞 코드의 경우 click이 이벤트이며, 이벤트는 유저 조작 관련 등 다양한 종류가 존재한다. 타깃의 이벤트 처리를 '이벤트 리스너'라고 하며, 모두 addEventListener( )와 관련이 있다.

CHAPTER 7

114

이벤트 추가하기

적용

- 이벤트의 함수를 지정하고 싶을 때

■ Syntax

메소드	의미	변환값
이벤트타깃.addEventListener(이벤트명, 리스너, [옵션※])	이벤트 리스너 설정	없음

※ 생략 가능

addEventListener( )를 사용해 이벤트의 함수를 지정할 수 있다. 이벤트 발생 시 실행하는 이벤트의 함수는 다음과 같이 다양한 방법으로 기술이 가능하다.

■ JavaScript

```
// 요소의 참조 정보 가져오기
const button = document.querySelector('.button');

// 화살표 함수 사용하기
button.addEventListener('click', () => {
  console.log('버튼 클릭 이벤트가 발생하였습니다.');
});
```

■ JavaScript

```
// 요소의 참조 정보 가져오기
const button = document.querySelector('.button');

// function 선언을 사용하기
button.addEventListener('click', function() {
  console.log('버튼 클릭 이벤트가 발생하였습니다.');
});
```

■ JavaScript

```
// 요소의 참조 정보 가져오기
const button = document.querySelector('.button');

// 함수명 지정하기
button.addEventListener('click', onClickButton);

function onClickButton() {
  console.log('버튼 클릭 이벤트가 발생하였습니다.');
}
```

화살표 함수는 this를 고정할 수 있다는 장점을 가졌다. 이 책의 샘플은 주로 화살표 함수를 사용하여 이벤트 리스너를 구현한다.

COLUMN 이벤트 정보 가져오기

이벤트의 함수는 인수를 통해 이벤트 정보를 가져올 수 있다.

■ JavaScript

```
button.addEventListener('click', (event) => {
  // 이벤트 정보 출력
  console.log(event);
});
```

이벤트 정보(이벤트 객체)는 발생한 이벤트에 따라 MouseEvent나 KeyboardEvent 등 다양한 종류가 있다. 이벤트 객체는 이벤트가 발생한 요소와 참조 정보, 입력된 키 등의 정보를 포함한다. 발생한 요소는 target 속성을 이용해 확인할 수 있다.

■ JavaScript

```
button.addEventListener('click', (event) => {
  // 클릭한 버튼의 요소 출력
  console.log(event.target);
});
```

CHAPTER 7

115

이벤트 리스너 1회 실행하기

- 이벤트를 1회만 실행하고 싶을 때

■ **Syntax**

옵션	의미	타입
capture	이벤트 캡쳐 여부	진릿값
once	리스너 1회 실행 여부	진릿값
passive	패시브 이벤트 여부	진릿값

addEventListener( )의 세 번째 인수에 옵션을 지정할 수 있다. 반드시 모든 옵션을 설정할 필요는 없으며, 필요에 따라 설정이 가능하다. 예를 들어, 이벤트를 1회만 실행하고자 할 경우는 once를 true로 설정한다.

■ **JavaScript**

```
// 옵션 지정
const option = {
  once: true
};

document
  .querySelector('.button')
  .addEventListener('click', onClickButton, option);

function onClickButton() {
  alert('버튼 클릭 이벤트가 발생하였습니다.');
}
```

CHAPTER 7

116

이벤트 리스너 삭제하기

적용

- 이벤트 처리를 삭제하고 싶을 때

■ Syntax

메소드	의미	반환
이벤트타깃.removeEventListener(이벤트명, 리스너, [옵션※])	이벤트 리스너 삭제	없음

※ 생략 가능

removeEventListener( )를 사용해 이벤트 리스너 삭제가 가능하며, 이벤트 감시 작업을 취소할 수 있다.

■ JavaScript

```
const box = document.querySelector('.box');
box.addEventListener('click', onClickButton);

// 3초 후 리스너의 함수를 삭제
setTimeout(() => {
  box.removeEventListener('click', onClickButton);
}, 3000);

function onClickButton() {
  alert('box 클릭 이벤트가 실행되었습니다.');
}
```

removeEventListener( )는 다음과 같은 주의가 필요하다.

- **함수명을 지정하여 사용한다(화살표 함수 사용 불가).**
- **addEventListener( )와 같은 인수를 사용하여 지정한다(옵션 포함).**

CHAPTER 7

117

페이지 로드 시 이벤트 사용하기

적용

- DOM 요소 액세스 타이밍에 맞춰 작업을 처리하고 싶을 때
- 이미지 로딩이 완료된 후 작업을 처리하고 싶을 때

■ **Syntax**

이벤트	발생 타이밍
DOMContentLoaded	HTML 문서 로딩 완료 시점
load	모든 리소스 로딩 완료 시점

자바스크립트에서 DOM 요소의 조작 가능 시점은 HTML 문서의 로딩 완료 시점으로 이 시점에서 DOMContentLoaded 이벤트가 발생한다.

페이지 내 .box 요소의 개수를 세는 샘플을 확인해 보자. 다른 샘플과 달리 script 태그에 defer 속성을 부여하지 않는다.

■ **HTML** 117/index.html

```
<!doctype html>
<html lang="ko">
<head>
  생략
  <script src="main.js"></script>
</head>
<body>
  <main class="main">
    <div class="box">박스</div>
    <div class="box">박스</div>
    <div class="box">박스</div>
  </main>
</body>
</html>
```

■ **JavaScript** 117/main.js

```
// DOM 액세스 타이밍에 처리 실행
window.addEventListener('DOMContentLoaded', () => {
  // .box 요소 개수 가져오기
  const boxNum = document.querySelectorAll('.box').length;
  // 로그 출력
  console.log(`.box 요소의 개수는 ${boxNum}입니다.`);
});
```

document.querySelectorAll( )은 셀렉터와 일치하는 모든 요소를 가져오며, .length는 요소의 개수를 추출한다. 로그에서 .box 요소의 개수가 출력된다.

▼ **실행 결과**

브라우저 표시

```
.box 요소의 개수는 3입니다.
```

콘솔 로그

window.addEventListener('DOMContentLoaded', ( ) => { })를 사용하지 않는 경우를 확인해 보자. HTML의 head 태그 안에 script 태그가 존재하는 경우 .box 요소의 로딩보다 자바스크립트가 먼저 실행되어 버리므로 document.querySelectorAll('.box')를 사용해도 .box를 가져올 수 없게 된다. 그러므로 로그의 결과는 0이 출력된다.

■ **JavaScript**

```
// document.querySelectorAll('.box')는 undefined가 된다
const boxNum = document.querySelectorAll('.box').length;
//'0'이 출력
console.log(`.box 요소의 개수는 ${boxNum}입니다.`);
```

▼ 실행 결과

```
.box 요소의 개수는 0입니다.
```

load 이벤트는 페이지 내 모든 리소스(사진, 사운드, 동영상 등)의 로딩이 완료된 후 발생한다. 그러므로 DOMContentLoaded보다 시점이 느리다. 페이지가 표시되는 시점에 요소를 조작하고 싶다면 일반적으로 DOMContentLoaded를 사용한다.

COLUMN script 태그 defer 속성과 DOMContentLoaded

script 태그에 defer 속성을 설정하면 HTML 로딩 후 스크립트가 실행된다. 이는 DOMContentLoaded보다는 발생 시점이 앞선다. 따라서 defer 속성을 설정하면 DOMContentLoaded의 이벤트 설정은 필요가 없다. 이 책의 샘플은 주로 defer 속성을 사용한다.

■ **HTML**

```
<!doctype html>
<html lang="ko">
<head>
  생략
  <script src="main.js" defer></script>
</head>
<body>
  <main class="main">
    <div class="box">박스</div>
    <div class="box">박스</div>
    <div class="box">박스</div>
  </main>
</body>
</html>
```

■ **JavaScript**

```
const boxNum = document.querySelectorAll('.box').length; //'3'이 출력
console.log(`.box 요소의 개수는 ${boxNum}입니다.`);
```

CHAPTER 7 118

클릭 이벤트 사용하기

적용

- 버튼 클릭 시 작업을 처리하고 싶을 때

■ **Syntax**

이벤트	발생 타이밍
click	요소 클릭 시점

click 이벤트는 요소를 탭하거나 클릭 시 발생한다. 다음과 같이 버튼 요소에 click 이벤트를 설정한다. 이 click 이벤트는 버튼 외에도 div 요소, a 요소 등 임의의 HTML 요소에 사용할 수 있다.

■ **HTML** 118/index.html

```
<button class="button"></button>
```

■ **JavaScript** 118/main.js

```
document.querySelector('.button').addEventListener('click', () => {
  alert('버튼 클릭 이벤트 발생');
});
```

▼ **실행 결과**

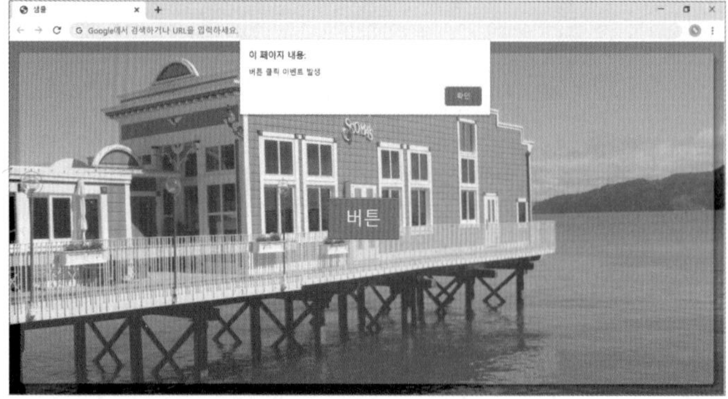

버튼 클릭 시 알림창이 표시된다

CHAPTER 7
119

마우스 조작 이벤트 사용하기

- 마우스 움직임에 따라 이미지에 애니메이션 효과를 주고 싶을 때
- 마우스 움직임에 따라 작업을 처리하고 싶을 때

■ Syntax

이벤트	발생 타이밍
mousedown	마우스 버튼을 누르는 시점
mouseup	마우스 버튼을 떼는 시점
mousemove	마우스를 움직이는 시점

마우스의 움직임과 관련된 세세한 조작은 클릭 이벤트만으로는 부족하다. 마우스 클릭 시점과 떼는 시점, 그리고 움직이는 시점과 관련된 기능의 이벤트를 확인해 보자.

마우스 이벤트의 정보를 가져오고 싶은 DOM 요소에 각각의 이벤트를 설정한다. main 클래스 지정 요소(조작 영역)에서 마우스 움직임에 따라 로그를 출력하는 샘플을 확인해 보자.

■ HTML

119/index.html

```
<main class="main">
  <div id="log2"></div>
</main>
```

■ JavaScript

119/main.js

```
// 조작 영역
const logArea = document.querySelector('#log2');

// 대상 영역에서 마우스 버튼을 누르면 로그를 출력
logArea.addEventListener('mousedown', () => {
  logArea.innerHTML = `마우스 클릭 이벤트 발생`;
});

// 대상 영역에서 마우스 버튼을 떼면 로그를 출력
logArea.addEventListener('mouseup', () => {
  logArea.innerHTML = `마우스 버튼을 떼는 이벤트 발생`;
});
```

```
// 대상 영역에서 마우스를 움직이면 로그를 출력
logArea.addEventListener('mousemove', () => {
  logArea.innerHTML = `마우스 이동 이벤트 발생`;
});
```

▼ **실행 결과**

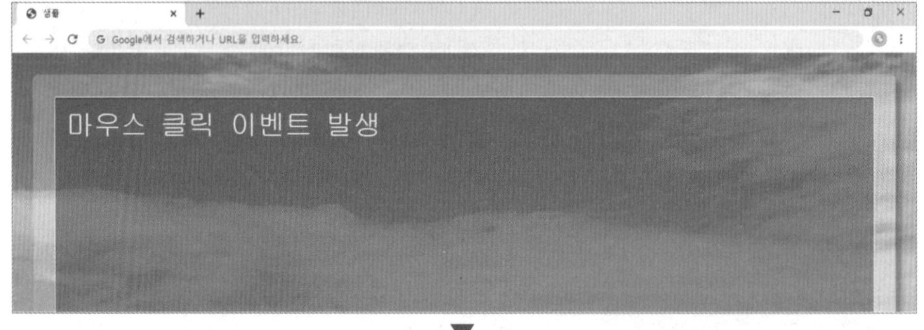

▼

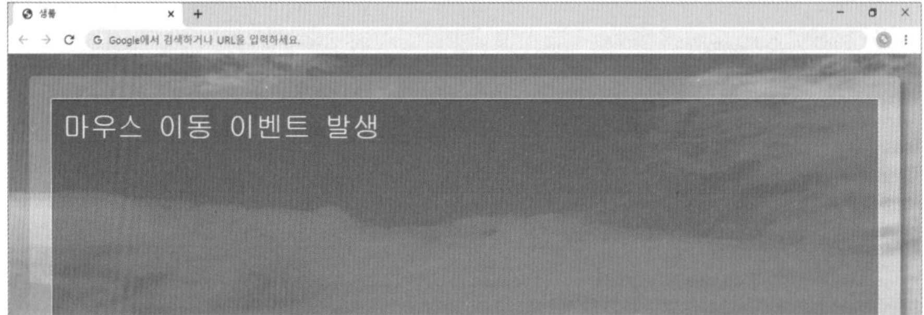

영역에서 마우스를 조작하면 화면에 관련 로그가 표시된다

120 마우스 오버 이벤트 사용하기

- 마우스 오버 작업을 처리하고 싶을 때

■ Syntax

이벤트	발생 타이밍
mouseenter	포인팅 디바이스가 요소의 위치에 있을 때
mouseleave	포인팅 디바이스가 요소를 벗어날 때

mouseenter와 mouseleave 이벤트는 포인팅 디바이스(마우스, 터치 패드 등)가 요소 위에 있거나 요소를 벗어날 때 발생하는 이벤트다.

■ HTML

```
<div class="box">
</div>
```

■ JavaScript

```
document.querySelector('.box').addEventListener('mouseenter', () => {
  console.log('포인팅 디바이스가 .box 요소 위에 있음');
});

document.querySelector('.box').addEventListener('mouseleave', () => {
  console.log('포인팅 디바이스가 .box 요소를 벗어남');
});
```

.box 요소와 .inner 요소에 마우스를 올리면 로그가 출력되는 샘플을 확인해 보자.

■ HTML 120/index.html

```
<div class="box">
  <div class="inner">
  </div>
</div>
```

■ **JavaScript** 120/main.js

```
document.querySelector('.box').addEventListener('mouseenter', () => {
  log('.box 요소 위치에 마우스가 있음');
});

document.querySelector('.inner').addEventListener('mouseenter', () => {
  log('.inner 요소 위치에 마우스가 있음');
});

function log(message) {
  console.log(message);
}
```

▼ 실행 결과

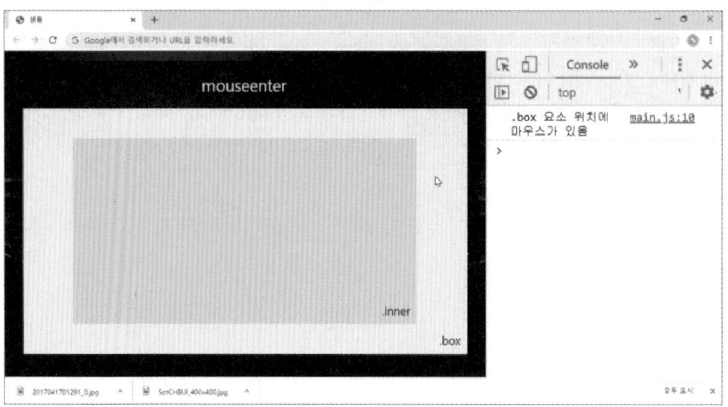

.box 요소 위치에 마우스가 있을 때

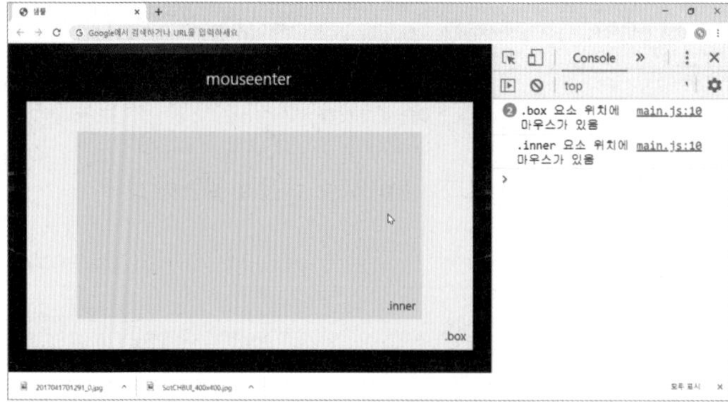

.inner 요소 위치에 마우스가 있을 때

CHAPTER 7

121

마우스 오버 이벤트 사용하기 (이벤트 버블링)

- 마우스 오버 작업을 처리하고 싶을 때

■ **Syntax**

이벤트	발생 타이밍
mouseover	포인팅 디바이스가 요소의 위치에 있을 때(이벤트 버블링)
mouseout	포인팅 디바이스가 요소를 벗어날 때(이벤트 버블링)

mouseover와 mouseout 이벤트는 포인팅 디바이스(마우스, 터치 패드 등)가 요소 위에 있거나 요소를 벗어날 때 발생하는 이벤트로 mouseenter, mouseleave와 다르게 이벤트 버블링이 일어난다. 버블링이란, 자식 요소에서 발생한 이벤트가 부모 요소까지 전달되는 것이다. 예를 들어 버블링이 일어나는 mouseover의 이벤트 리스너를 부모와 자식 요소 모두에 설정하면, 자식 요소에서 발생한 이벤트가 부모 요소에서도 발생하여 부모 요소의 이벤트 리스너도 함께 실행된다.

■ **HTML**

```
<div class="box">
  <div class="inner">
  </div>
</div>
```

■ **JavaScript**

```
document.querySelector('.box').addEventListener('mouseover', () => {
  console.log('포인팅 디바이스가 .box 요소 위에 있음');
});

document.querySelector('.box').addEventListener('mouseout', () => {
  console.log('포인팅 디바이스가 .box 요소를 벗어남');
});
```

.box 요소와 .inner 요소에 마우스를 올리면 로그가 출력되는 샘플을 확인해 보자.

■ **HTML** 121/index.html

```html
<div class="box">
  <div class="inner">
  </div>
</div>
```

■ **JavaScript** 121/main.js

```javascript
document.querySelector('.box').addEventListener('mouseover', () => {
  log('.box 요소 위치에 마우스가 있음');
});

document.querySelector('.inner').addEventListener('mouseover', () => {
  log('.inner 요소 위치에 마우스가 있음');
});

function log(message) {
  console.log(message);
}
```

▼ 실행 결과

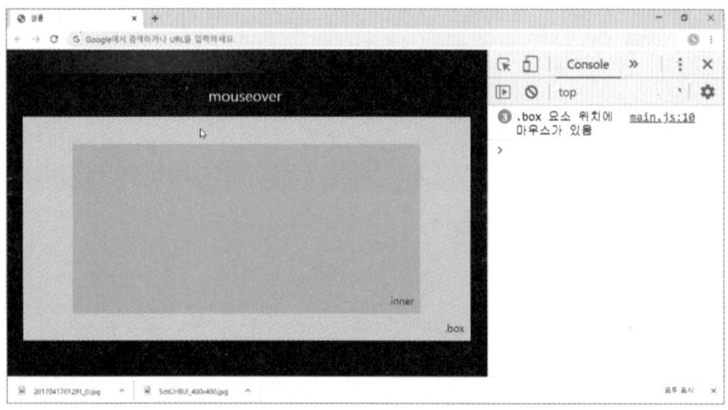

.box 요소 위치에 마우스가 있을 때

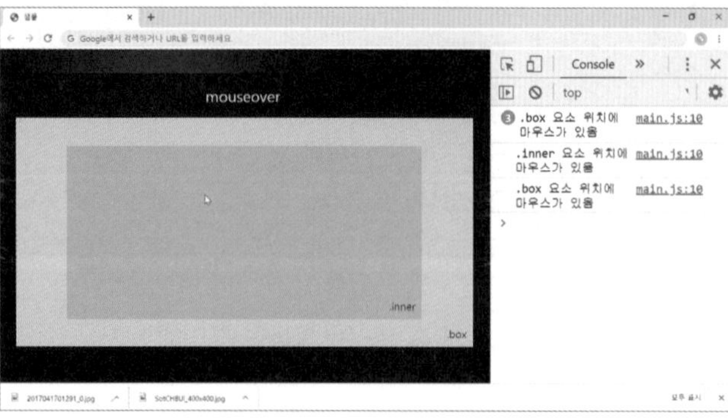

.inner 요소 위치에 마우스가 있을 때, inner 요소와 함께 .box 요소의 이벤트도 함께 발생한다

CHAPTER 7

122

마우스 좌표 확인하기

- 마우스의 클릭 위치를 확인하고 싶을 때
- 마우스 움직임에 따라 요소를 반응시키고 싶을 때

■ **Syntax**

속성	내용	타입
event.clientX	브라우저 좌측 상단 기준 X 좌표	숫자
event.clientY	브라우저 좌측 상단 기준 Y 좌표	숫자
event.offsetX	요소 좌측 상단 기준 X 좌표	숫자
event.offsetY	요소 좌측 상단 기준 Y 좌표	숫자
event.pageX	페이지 좌측 상단 기준 X 좌표	숫자
event.pageY	페이지 좌측 상단 기준 Y 좌표	숫자
event.screenX	디바이스 좌측 상단 기준 X 좌표	숫자
event.screenY	디바이스 좌측 상단 기준 Y 좌표	숫자

click 이벤트와 mousemove 이벤트 등 마우스 조작 이벤트는 MouseEvent의 객체다. MouseEvent 객체는 이벤트 발생 시점의 좌표 정보가 포함되어 있으며, 기준 위치에 대해 몇 가지 속성을 가진다. clickX, clickY, offsetX, offsetY는 앞서 나온 Syntax의 설명과 같다.

PageX, pageY는 페이지 스크롤 분량의 정보도 포함하며, screenX, screenY는 웹 페이지를 보고 있는 디바이스(컴퓨터, 스마트폰)의 좌측 위를 기준으로 한다.

각 속성의 확인 방법은 다음과 같다.

■ **JavaScript**

```
// 마우스 이동 시 좌표 출력
targetBox.addEventListener('mousemove', (event) => {
  console.log(event.clientX, event.clientY);
});
```

화면에서 마우스를 클릭하면 해당 위치에 따라 캐릭터가 이동하는 샘플을 확인해 보자.

■ **HTML** 122/index.html

```
<!-- 캐릭터 이미지 -->
<div class="character">
</div>
```

■ **JavaScript** 122/main.js

```
/** 캐릭터 이미지 */
const character = document.querySelector('.character');

// 화면에서 마우스 클릭 시 캐릭터 이동 시작
document.addEventListener('mousedown', () => {
  // 마우스 움직임에 따라 캐릭터를 이동
  document.addEventListener('mousemove', onMouseMove);

  // 화면에서 마우스 클릭을 떼면 캐릭터 이동이 멈춤
  document.addEventListener('mouseup', () => {
    document.removeEventListener('mousemove', onMouseMove);
  });
});

/**
 * 마우스 움직임에 따른 처리
 */
function onMouseMove(event) {
  character.style.left = `${event.clientX - 100}px`;
  character.style.top = `${event.clientY - 100}px`;
}
```

▼ 실행 결과

화면에서 마우스 조작 시 커서 움직임에 따라 캐릭터가 이동한다

CHAPTER 7

123 스크롤 이벤트 처리하기

- 스크롤 분량에 따라 요소의 표시를 지연시키고 싶을 때

■ **Syntax**

이벤트	발생 타이밍
scroll	대상 요소의 스크롤 작업

scroll 이벤트는 대상 요소의 스크롤 작업 실행 시 발생하며, 주로 window 객체에서 사용된다. 세로는 window.scrollY, 가로는 window.scrollX로 확인 가능하며, 스크롤 분량에 따라 처리를 구분하고 싶을 때 유용하다.

■ **JavaScript** 123/main.js

```
// 스크롤 시 문구와 함께 좌표가 출력
window.addEventListener('scroll', () => {
  console.log('스크롤 작업', window.scrollX, window.scrollY);
});
```

▼ **실행 결과**

```
스크롤 작업 0 1
스크롤 작업 0 4
스크롤 작업 0 10
스크롤 작업 0 17
스크롤 작업 0 27
스크롤 작업 0 37
스크롤 작업 0 46
스크롤 작업 0 55
스크롤 작업 0 61
스크롤 작업 0 65
```

CHAPTER 7

124 텍스트 선택 이벤트 처리하기

- 텍스트 선택 시점에 작업을 처리하고 싶을 때
- 텍스트 선택 시점의 작업을 무효화하고 싶을 때

■ **Syntax**

이벤트	발생 타이밍
selectstart	텍스트 선택 시점

selectstart 이벤트는 텍스트의 선택 시점에 발생한다.

■ **HTML**

```
<p class="paragraph">안녕하세요.</p>
```

■ **JavaScript**

```
document.querySelector('.paragraph').addEventListener('selectstart',
() => {
  console.log('텍스트가 선택되었습니다.');
});
```

선택한 문자열을 말풍선으로 표시하는 샘플을 확인해 보자.

1. **selectstart 이벤트로 텍스트 선택 발생 확인**
2. **mouseup 이벤트(버튼을 떼는 시점)로 선택한 문자열을 말풍선에 표시**
3. **말풍선 클릭 시 닫기**

■ **HTML** 124/index.html

```
<p class="paragraph">Hello, this is a Javascript programming book.</p>
<div id="balloon"></div>
```

■ **JavaScript** 124/main.js

```
// 말풍선 요소
const balloon = document.querySelector('#balloon');

// 대상 문자열 요소
const paragraph = document.querySelector('.paragraph');

// 선택 작업 시 처리
paragraph.addEventListener('selectstart', () => {
  // 클릭 해제 시 처리
  paragraph.addEventListener(
    'mouseup',
    (event) => {
      // 선택한 문자열 가져오기※
      const selectionCharacters = window.getSelection().toString();

      if (selectionCharacters.length > 0) {
        // 한 글자 이상인 경우 문자를 표시
        balloon.innerHTML = selectionCharacters;
        balloon.classList.add('on');
        balloon.style.left =
          `${event.clientX - balloon.clientWidth / 2}px`;
        balloon.style.top =
          `${event.clientY - balloon.clientHeight * 2}px`;
      } else {
        // 선택된 문자열이 없으면 말풍선 닫기
        removePopup();
      }
    },
    {
      once: true
    }
  );
});

// 말풍선 클릭 시 닫기
balloon.addEventListener('click', removePopup);
```

```
// 말풍선 닫기 처리
function removePopup() {
  balloon.classList.remove('on');
}
```

※ window.getSelection()은 선택 범위를 반환한다. toString()을 문장 끝에 추가하면 선택 중인 문자열을 반환한다.

▼ 실행 결과

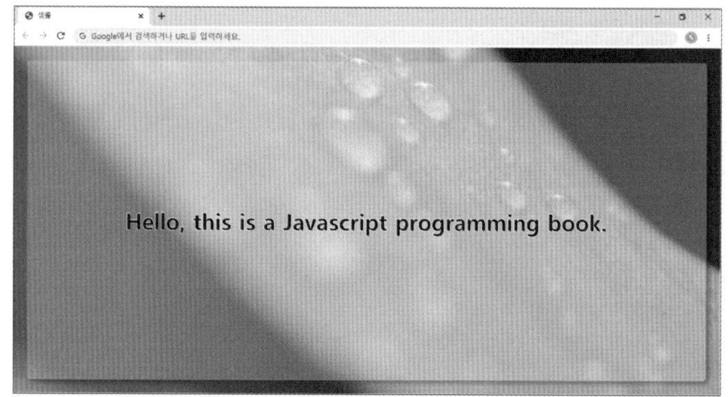

▼

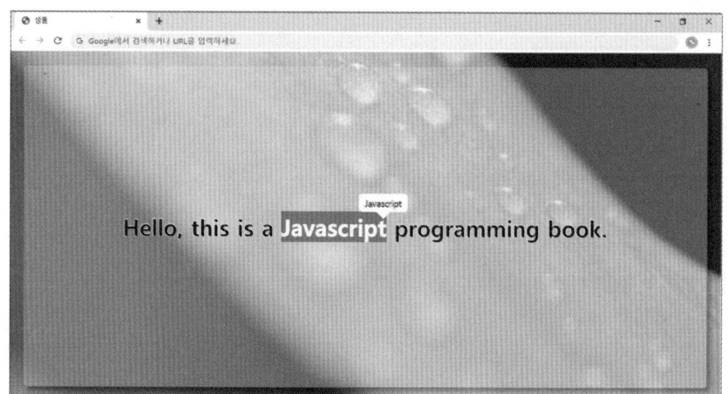

선택된 범위의 문자열이 말풍선에 표시된다

터치 이벤트 처리하기

- 스마트폰에서 화면 터치에 반응하는 처리를 하고 싶을 때

Syntax

이벤트	발생 타이밍
touchstart	터치 시작 시점
touchmove	터치 포인트를 움직이는 시점
touchend	터치 종료 시점

터치 가능 디바이스는 시작, 이동, 종료의 터치 이벤트가 발생한다. 터치 이벤트를 감지하여 로그로 출력하는 샘플을 확인해 보자.

HTML

125/index.html

```
<div class="box">
  <p>터치가 가능한 디바이스에서 확인해 주세요.</p>
  <p class="log"></p>
</div>
```

JavaScript

125/main.js

```
// 터치 이벤트 확인용 box
const targetBox = document.querySelector('.box');
// 로그 출력 영역
const logArea = document.querySelector('.log');

// 터치 시작 시 영역에 로그 표시
targetBox.addEventListener('touchstart', () => {
  logArea.innerHTML = '터치 시작';
});

// 터치 위치 이동 시 영역에 로그 표시
targetBox.addEventListener('touchmove', () => {
  logArea.innerHTML = '터치 위치 이동';
});
```

```
// 터치 종료 시 영역에 로그 표시
targetBox.addEventListener('touchend', () => {
  logArea.innerHTML = '터치 종료';
});
```

서버에 업로드 후 터치 가능한 디바이스로 확인하거나, 브라우저의 터치 시뮬레이터 기능을 사용해 확인하면 터치 이벤트의 로그 출력을 확인할 수 있다.

▼ 실행 결과

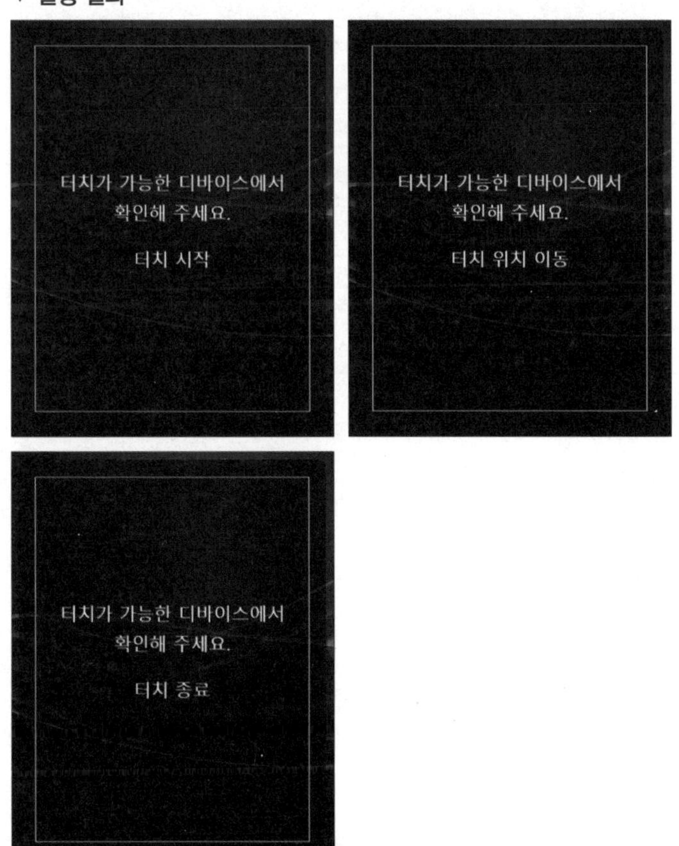

터치 시작, 종료, 이동 확인(구글 크롬 개발자 도구 사용)

CHAPTER 7

126

터치 이벤트 정보 확인하기

적용

- 마우스 움직임에 따라 작업을 처리하고 싶을 때
- 터치에 반응하는 요소를 처리하고 싶을 때

■ **Syntax**

속성	내용	타입
event.changedTouches	터치 정보(Touch 객체) 배열	배열

■ **Syntax**

속성	내용	타입
터치정보.clientX	브라우저 좌측 상단 기준 X 좌표	숫자
터치정보.clientY	브라우저 좌측 상단 기준 Y 좌표	숫자
터치정보.offsetX	요소 좌측 상단 기준 X 좌표	숫자
터치정보.offsetY	요소 좌측 상단 기준 Y 좌표	숫자
터치정보.pageX	페이지 좌측 상단 기준 X 좌표	숫자
터치정보.pageY	페이지 좌측 상단 기준 Y 좌표	숫자
터치정보.screenX	디바이스 좌측 상단 기준 X 좌표	숫자
터치정보.screenY	디바이스 좌측 상단 기준 Y 좌표	숫자

마우스와 달리 터치는 멀티 터치(동시 터치)가 가능하다. 멀티 터치는 이벤트가 동시에 발생하기 때문에 터치 이벤트가 동시에 작동하게 되며, event.changedTouches를 사용하여 각각의 터치 정보에 액세스할 수 있다.

■ **JavaScript**

```
const box = document.querySelector('.box');
box.addEventListener('touchstart', (event) => {
  // 터치 정보 리스트
  console.log(event.changedTouches);
});
```

event.changedTouches는 터치 정보(Touch 객체)를 배열로 가지며, 인덱스 0부터 정보가 순서대로 들어 있다. pageX, pageY 속성으로 터치 위치의 확인이 가능하다. 각 터치 이벤트에 대해 좌표를 출력하는 샘플을 확인해 보자.

■ **HTML** 126/index.html

```
<p class="log"></p>
```

■ **JavaScript** 126/main.js

```
// 터치 영역
const targetBox = document.querySelector('.box');
// 로그
const log = document.querySelector('.log');

// 화면의 터치 위치 변경 시 로그 표시
targetBox.addEventListener('touchmove', () => {
  const touch = event.changedTouches;

  log.innerHTML = `
   ${touch[0].pageX.toFixed(2)}<br>
   ${touch[0].pageY.toFixed(2)}
  `;
});
```

▼ **실행 결과**

CHAPTER 7
127

키보드 입력 이벤트 처리하기

적용

- 문자를 입력할 때마다 작업을 실행하고 싶을 때

■ **Syntax**

이벤트	발생 타이밍
keydown	키를 누르는 시점
keyup	누른 키를 떼는 시점
keypress	문자 키가 눌러진 시점

keydown, keyup, keypress는 키 입력을 감시하는 이벤트로, 각각의 이벤트가 발생하는 시점이 다르다. 다음 샘플을 확인해 보자.

■ **HTML** 127/keyevent/index.html

```
<textarea class="textarea"></textarea>
```

■ **JavaScript** 127/keyevent/main.js

```
document.querySelector('.textarea').addEventListener('keydown', () => {
  console.log('키가 눌러졌습니다.');
});

document.querySelector('.textarea').addEventListener('keypress', () => {
  console.log('문자가 입력되었습니다.');
});

document.querySelector('.textarea').addEventListener('keyup', () => {
  console.log('키 눌림이 해제되었습니다.');
});
```

텍스트 영역에서 입력 중인 문자의 수를 카운트하는 샘플을 확인해 보자.

■ **HTML** 127/text_count/index.html

```
<textarea class="textarea"></textarea>
<p>현재 <span class="string_num">0</span>문자를 입력 중입니다.</p>
```

■ JavaScript 127/text_count/main.js

```
/** 텍스트 영역 */
const textarea = document.querySelector('.textarea');

/** 입력 중인 문자 수 */
const string_num = document.querySelector('.string_num');

// 텍스트를 입력할 때마다 onKeyUp()을 실행
textarea.addEventListener('keyup', onKeyUp);

function onKeyUp() {
  // 입력된 텍스트
  const inputText = textarea.value;
  // 문자 수를 반영
  string_num.innerText = inputText.length;
}
```


▼ **실행 결과**

문자 수를 카운트하는 화면

COLUMN **keypress로 변환 문자(특수 기호) 입력 시 주의사항**

keypress 이벤트는 문자가 입력될 때만 발생한다. Alt 키, Shift 키, Ctrl 키, Enter 키를 입력해도 작동하지 않는다. 그러므로 특수 기호 입력 단계에서 Enter 키를 사용해도 이벤트가 작동하지 않는다. 이 경우에는 keydown이나 keyup을 사용하는 것이 좋다.

CHAPTER 7

128 입력된 키 정보 확인하기

적용

- 입력된 키에 따라 처리를 분류하고 싶을 때

■ Syntax

속성	의미	타입
키보드이벤트.key	눌러진 키의 값	문자열
키보드이벤트.code	눌러진 버튼의 코드	문자열
키보드이벤트.altKey	눌러진 키 값 확인(Alt 키 여부)	진릿값
키보드이벤트.ctrlKey	눌러진 키 값 확인(Ctrl 키 여부)	진릿값
키보드이벤트.shiftKey	눌러진 키 값 확인(Shift 키 여부)	진릿값
키보드이벤트.metaKey	눌러진 키 값 확인(meta 키※1 여부)	진릿값
키보드이벤트.repeat	현재 키의 눌러진 상태 확인	진릿값
키보드이벤트.isComposing	입력 중 상태 확인※2	진릿값
키보드이벤트.keyCode	눌러진 키의 아스키(ASCII) 코드 값	숫자

※1 meta 키는 윈도우즈의 윈도우 키, 맥OS의 커맨드 키다.
※2 특수 기호 등 입력 변환 작업 중인 경우 true를 반환한다.

KeyboardEvent 객체의 속성을 확인하면 입력된 키 값을 확인할 수 있다. keydown, keyup 이벤트와 함께 사용한다. 다음을 확인해 보자.

■ JavaScript

```
/** 텍스트 영역 */
const textarea = document.querySelector('.textarea');

textarea.addEventListener('keyup', (event) => {
  // 입력 'a'에 대한 결과 출력
  console.log(event.key); // 'a'
  console.log(event.code); // 'KeyA'
  console.log(event.altKey); // false
  console.log(event.ctrlKey); // false
  console.log(event.shiftKey); // false
  console.log(event.metaKey); // false
```

```
  console.log(event.repeat); // false
  console.log(event.isComposing); // false
});
```

입력된 키의 확인은 키의 코드 값을 사용한다.

■ **JavaScript**

```
window.addEventListener('keydown', handleKeydown);

function handleKeydown(event) {
  // 키 코드 값 확인
  const keyCode = event.keyCode;
  // 조건문으로 제어
  if (keyCode === 39) {
    // → 키
    console.log('→ 키가 입력됨');
  }
  if (keyCode === 37) {
    // ← 키
    console.log('← 키가 입력됨');
  }

  if (keyCode === 38) {
    // ↑ 키
    console.log('↑ 키가 입력됨');
  }
  if (keyCode === 40) {
    // ↓ 키
    console.log('↓ 키가 입력됨');
  }
}
```

탭 화면 이벤트 처리하기

- 브라우저 탭 비활성화(백그라운드화) 시 시스템에 부하를 주는 작업을 멈추고 싶을 때
- 스마트폰 슬립 모드에서 브라우저 복귀 시점의 작업을 처리하고 싶을 때

■ Syntax

이벤트	발생 타이밍
visibilitychange	브라우저의 탭 상태가 변경되는 시점

visibilitychange 이벤트는 브라우저 탭의 콘텐츠가 표시/비표시(백그라운드화) 변경이 일어날 때 발생한다. document 요소에 이벤트를 설정한다. 요소 표시 상태를 나타내는 document.visibilityState를 함께 사용해 상태에 따른 처리를 분류할 수 있다.

■ HTML

129/index.html

```
<h1>콘솔을 확인해 주세요.</h1>
```

■ JavaScript

129/main.js

```
document.addEventListener('visibilitychange', () => {
  if (document.visibilityState === 'visible') {
    console.log('콘텐츠 표시 상태');
    return;
  }

  if (document.visibilityState === 'hidden') {
    console.log('콘텐츠 비활성화(백그라운드화) 상태');
  }
});
```

▼ 실행 결과

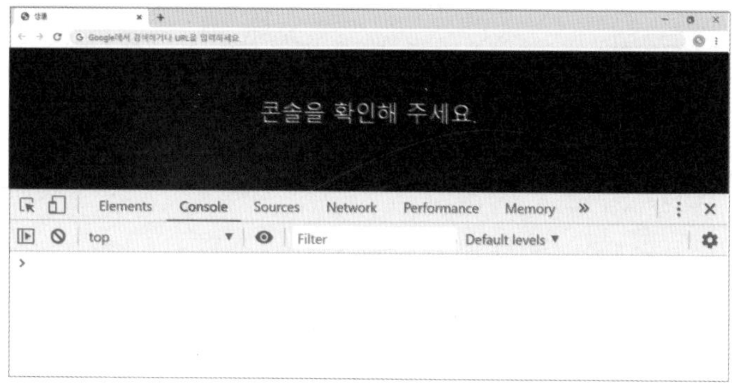

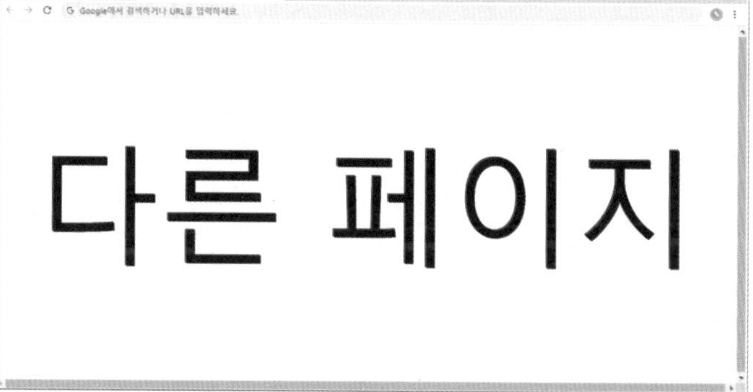

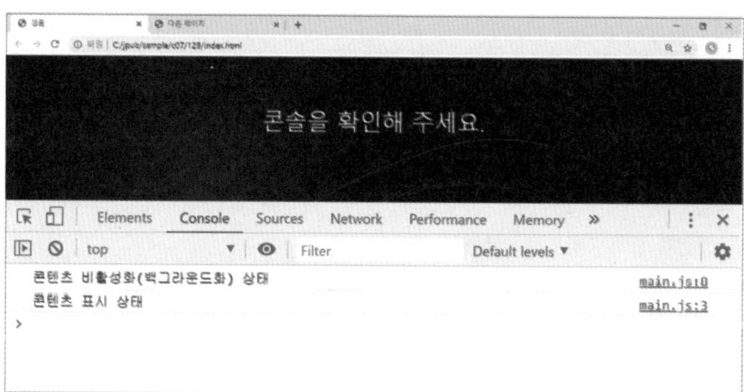

다른 화면에서 돌아오면 전환 내용이 로그에 남는다

화면의 비활성화(백그라운드화) 시 소리를 정지하고 복귀 시 다시 재생하는 샘플을 확인해 보자.

■ **JavaScript**

```
// 화면 표시 상태에서 소리 재생
if (document.visibilityState === 'visible') {
  playSound();
}

document.addEventListener('visibilitychange', () => {
  if (document.visibilityState === 'visible') {
    playSound();
    return;
  }

  if (document.visibilityState === 'hidden') {
    stopSound();
  }
});

/** 소리 재생 */
function playSound() {
  생략
}

/** 재생 정지 */
function stopSound() {
  생략
}
```

CHAPTER 7

130 화면 사이즈 이벤트 처리하기

- 윈도우 창의 크기에 따라 처리를 분류하고 싶을 때
- 레이아웃의 크기를 조정하고 싶을 때

■ Syntax

이벤트	발생 타이밍
resize	브라우저 윈도우 창의 사이즈 변환 시점

resize 이벤트는 브라우저 윈도우 창의 크기가 변경될 때마다 발생한다.

■ JavaScript

```
window.addEventListener('resize', () => {
  console.log('윈도우 창이 리사이징되었습니다.');
});
```

윈도우 창의 크기가 변경될 때마다 창의 가로와 세로 길이를 표시하는 샘플을 확인해 보자.

■ HTML

130/index.html

```
<p>윈도우 가로 길이: <span id="widthLog"></span></p>
<p>윈도우 세로 길이: <span id="heightLog"></span></p>
```

■ JavaScript

130/main.js

```
/** 가로 길이를 표시하는 요소 */
const widthLog = document.querySelector('#widthLog');
/** 세로 길이를 표시하는 요소 */
const heightLog = document.querySelector('#heightLog');

// 윈도우 사이즈가 변경될 때마다 처리 실행
window.addEventListener('resize', () => {
  widthLog.innerText = `${window.innerWidth}px`;
  heightLog.innerText = `${window.innerHeight}px`;
});
```

▼ 실행 결과

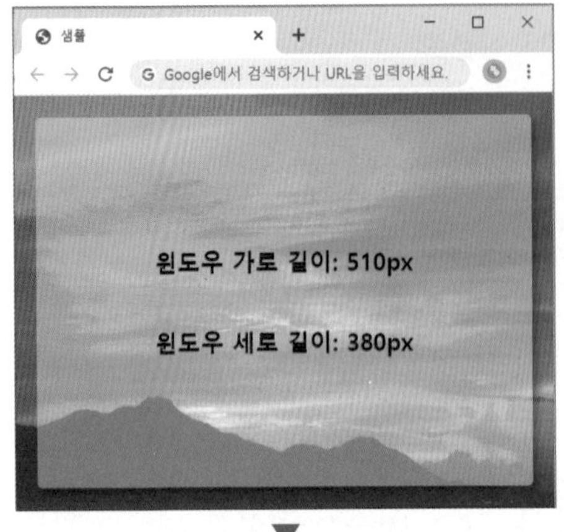

▼

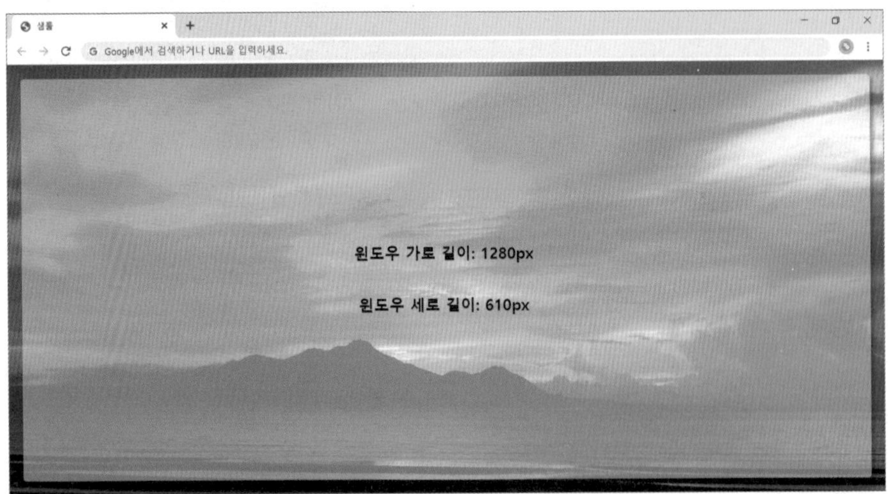

resize 이벤트의 부하 문제 처리하기

resize 이벤트는 윈도우 창의 사이즈가 1px만 변해도 발생하며, 무거운 작업을 지속적으로 수행할 경우 부하가 생겨 시스템에 영향을 준다. 문제 해결의 한 방법으로 resize 완료 확인 후, 처리 작업을 실행할 수 있다. 타이머를 사용해 완료 후 1초 이상 사이즈 변화가 없을 때 작업을 실행하도록 설정한다.

■ **JavaScript**

```
// 1초 후 처리 실행 타이머
let resizeTimer;

window.addEventListener('resize', () => {
  // resizeTimer 실행 중인 경우 타이머 해제
  if (resizeTimer != null) {
    clearTimeout(resizeTimer);
  }

  // 1000밀리초 후 onResize() 실행
  resizeTimer = setTimeout(() => {
    onResize();
  }, 1000);
});

// 처리 작업
function onResize() {}
```

상황에 따라 matchMedia( )와 DOM 사이즈의 변경을 감시하는 Resize Observer로 대체가 가능한 경우도 있다.

CHAPTER 7

131

사이즈 벗어난 화면 처리하기

- 사이즈를 벗어난 화면을 처리하고 싶을 때
- 스마트폰의 가로, 세로 화면 전환 시 작업을 처리하고 싶을 때

■ **Syntax**

메소드	의미	반환
matchMedia(미디어쿼리)	미디어 쿼리 정보	객체(MediaQueryList)
matchMedia(미디어쿼리).addListener(처리)	미디어 쿼리 일치 시 처리	없음

■ **Syntax**

속성	내용	타입
matchMedia(미디어쿼리).matches	미디어 쿼리 일치 여부	진릿값

matchMedia( )는 인수에 따라 미디어 쿼리의 정보를 반환한다. 예를 들어 '윈도우 창의 가로 길이 500px 이상'을 의미하는 '(min-width: 500px)'를 전달하면 다음과 같은 정보가 반환된다. matches 속성은 미디어 쿼리 일치 여부의 진릿값을 가지고 있으며, media 속성은 브라우저가 확인한 쿼리의 문자열을 가진다.

■ **JavaScript**

```
const mediaQueryList = matchMedia('(min-width: 500px)');
console.log(mediaQueryList);

// 출력 결과
// {
//  matches: true, // 윈도우 창의 크기가 500px 이상일 때
//  media: '(min-width: 500px)'
// }
```

matches 속성을 사용하면 브라우저 윈도우 창의 크기와 미디어 쿼리의 일치 여부를 확인할 수 있다.

■ JavaScript

```
// 윈도우 창의 크기가 300px 이하이면 true
matchMedia('(max-width: 300px)').matches;

// 윈도우 창의 크기가 100px 이상 700px 이하라면 true
matchMedia('(min-width: 100px) and (max-width: 700px)').matches;
```

스마트폰의 가로, 세로 전환 확인 등 미디어 쿼리 변화 시점에 따라 처리 작업을 하고 싶을 때는 다음과 같이 콜백Callback 처리를 사용한다. 콜백 처리는 미디어 쿼리의 상태 변화에 따라 실행된다.

■ JavaScript

```
// (orientation:portrait) 가로 전환 대기
const mediaQueryList = matchMedia('(orientation: portrait)');

mediaQueryList.addListener(() => {
  console.log('디바이스 화면의 방향이 전환되었습니다.');
});
```

콜백 처리는 MediaQueryList를 가져온다. 윈도우 창의 크기가 600px 이상인 경우와 미만인 경우에 대해 색상을 변경하는 샘플을 확인해 보자. .rectangle 요소에 대해 크기 600px를 기준으로 big-size 클래스를 설정한다. big-size 요소에 따라 .rectangle 요소의 색이 변한다.

■ HTML 131/index.html

```
<div class="rectangle"></div>
```

■ CSS 131/style.css

```
.rectangle {
  background-image: linear-gradient(-135deg, #00aaff, #5500ff);
}

.rectangle.big-size {
  background-image: linear-gradient(-135deg, red, #ff00a2);
}
```

■ **JavaScript** 131/main.js

```
const rectAngle = document.querySelector('.rectangle');

// 미디어 쿼리 정보
const mediaQueryList = matchMedia('(min-width: 600px)');

// 미디어 쿼리 변화 시점에 따라 처리
mediaQueryList.addListener(onMediaQueryChange);

/**
 * 미디어 쿼리 변화 시점에 따라 실행되는 함수
 */
function onMediaQueryChange(mediaQueryList) {
  if (mediaQueryList.matches === true) {
    rectAngle.classList.add('big-size');
    console.log('윈도우 창의 크기가 600px 이상입니다.');
  } else {
    rectAngle.classList.remove('big-size');
    console.log('윈도우 창의 크기가 600px 미만입니다.');
  }
}

// 화면 표시 시점에 onMediaQueryChange() 1회 실행
onMediaQueryChange(mediaQueryList);
```

▼ 실행 결과

▼

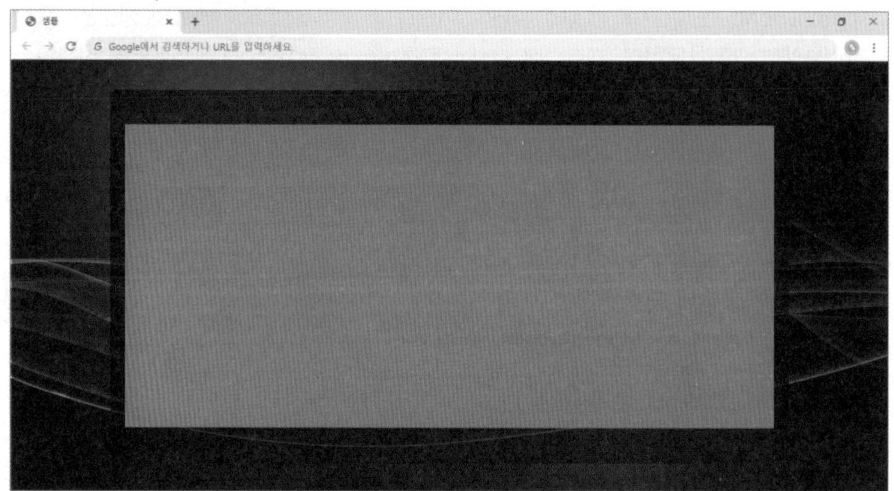

윈도우 창의 크기가 600px를 넘어섰을 때 1회에 한해 처리 작업이 실행되는 것을 콘솔에서 확인할 수 있다. resize 이벤트와 달리 matchMedia( )는 작업이 1회만 실행되므로, 시스템의 부담을 줄일 수 있다는 장점이 있다.

```
윈도우 창의 크기가 600px 이상입니다.
윈도우 창의 크기가 600px 미만입니다.
윈도우 창의 크기가 600px 이상입니다.
```

콘솔 로그

CHAPTER 7

132

이벤트 작동 설정하기

- 비동기 처리 타이밍을 표시하고 싶을 때

■ Syntax

메소드	의미	반환
이벤트타깃.dispatchEvent(이벤트)	이벤트 발생 처리	진릿값
new Event('이벤트', [{detail: 데이터}※])	이벤트 생성 처리	이벤트

※ 생략 가능

dispatchEvent( )는 이벤트 타깃에 임의의 이벤트를 발생시킨다. 이벤트의 생성은 'new Event('이벤트')'를 사용한다. 프로그램 시작 1초 후 #myBox 요소 클릭 이벤트를 실행하는 샘플을 확인해 보자.

■ HTML 132/index.html

```
<div id="myBox">박스</div>
```

■ JavaScript 132/main.js

```
const boxElement = document.querySelector('#myBox');

boxElement.addEventListener('click', () => {
  boxElement.innerHTML = '클릭 이벤트가 발생하였습니다.';
});

setTimeout(() => {
  boxElement.dispatchEvent(new Event('click'));
}, 1000);
```

▼ 실행 결과

▼

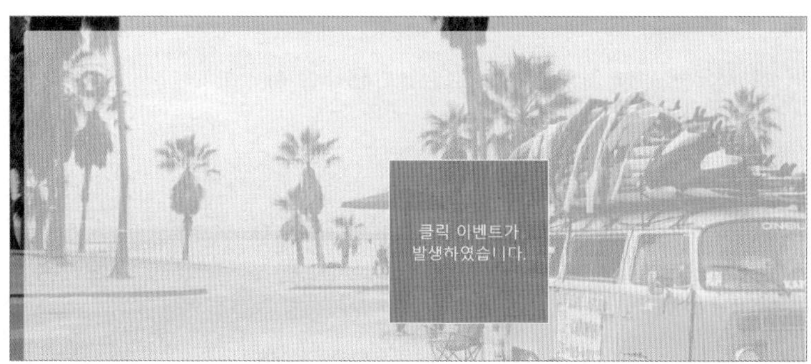

버튼 클릭과 상관없이 1초 후 클릭 이벤트가 발생한다

COLUMN

click()을 사용해 클릭 이벤트를 발생시키는 방법

HTML 요소에 click( )을 이용하여 클릭 이벤트를 발생시킬 수 있는데, 다음과 같이 본문 샘플 코드를 바꿔서 사용할 수 있다.

■ JavaScript

```
생략
setTimeout(() => {
  boxElement.click();
}, 1000);
```

클릭 이외의 다른 이벤트를 이와 같이 응용하는 것은 불가능하다. 예를 들어, 마우스 움직임 관련 이벤트를 사용하고자 HTML 요소.mousemove( )를 사용해도 작동하지 않는다.

CHAPTER 7

133

기본 이벤트 작동 해지 설정하기

- 마우스 휠의 기능을 무효화하고 싶을 때
- 터치 기능을 무효화하고 싶을 때

■ Syntax

메소드	의미	변환값
이벤트.preventDefault( )	기본 이벤트 작동 해지	없음

preventDefault( )를 사용해 기본 이벤트의 작동을 해지할 수 있다.

■ JavaScript

```
// 마우스 휠 기능 무효화하기
document.querySelector('.foo').addEventListener('wheel', (event) => {
  event.preventDefault();
});

// 터치 기능 무효화하기
document.documentElement.addEventListener('touchstart', (event) => {
  event.preventDefault();
});
```

체크박스를 체크하면 마우스 휠의 기능을 무효화하는 샘플을 확인해 보자.

■ HTML 133/index.html

```
<p><input id="mouseWheelToggle" type="checkbox">마우스 휠 기능 무효화</p>

<ul class="scrollable-element">
  <li>사과</li>
  <li>귤</li>
  <li>바나나</li>
  <li>딸기</li>
  <li>파인애플</li>
  <li>키위</li>
  <li>포도</li>
  <li>수박</li>
</ul>
```

■ CSS

133/style.css

```
.scrollable-element {
  overflow-y: scroll;
}
```

■ JavaScript

133/main.js

```
/** 마우스 휠 무효화 전환 변수 */
let enableMouseWheel = true;

// 체크박스 클릭 시 처리 작업
document
  .querySelector('#mouseWheelToggle')
  .addEventListener('click', (event) => {
    // 체크박스에 값이 들어오면 마우스 휠 기능 무효화
    enableMouseWheel = event.target.checked === false;
  });

// 스크롤 요소에서 스크롤 시 처리 작업
document
  .querySelector('.scrollable-element')
  .addEventListener('wheel', (event) => {
    // 마우스 휠 기능 작동 상태 시 무효 처리 스킵
    if (enableMouseWheel === true) {
      return;
    }

    // 마우스 휠 무효화 시 event.preventDefault() 실행
    event.preventDefault();
  });
```

▼ **실행 결과**

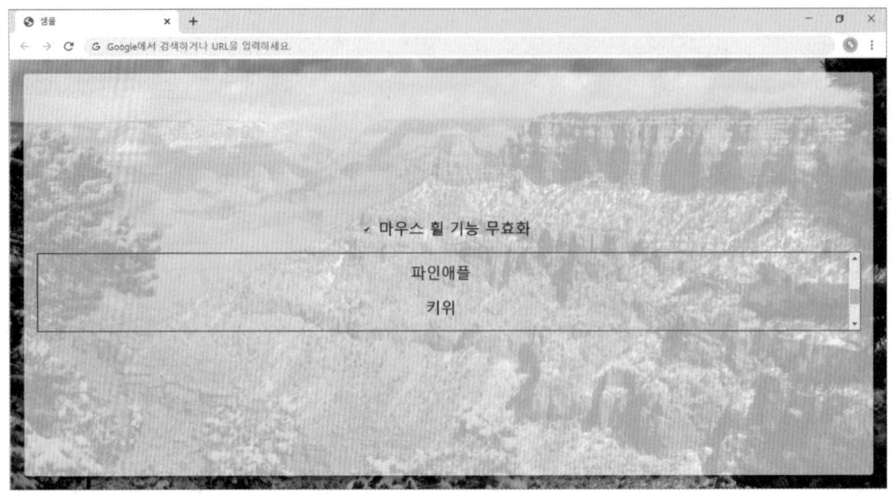

체크박스를 체크하면 마우스 휠의 기능이 작동하지 않는다

CHAPTER 7

134 드래그 앤 드롭 기능 사용하기

- 드래그 앤 드롭 기능을 사용해 파일을 처리하고 싶을 때

■ **Syntax ▼ 드래그 요소에서 발생하는 이벤트**

이벤트	발생 타이밍
dragstart	요소의 드래그(끌어오기) 시작 시점
drag	요소의 드래그 중인 시점
dragend	요소의 드래그 완료 시점

■ **Syntax ▼ 드래그 완료 후 요소에서 발생하는 이벤트**

이벤트	발생 타이밍
dragenter	드래그 중인 포인터가 요소 위치로 이동한 시점
dragover	드래그 중인 포인터가 요소 위치에 있는 시점
dragleave	드래그 중인 포인터가 요소에서 벗어난 시점
drop	요소의 드롭 시점

■ **Syntax ▼ 드래그 이벤트 정보**

속성	의미	타입
event.dataTransfer.files	드롭한 파일 정보	객체(FileList 객체)

드래그 앤 드롭 API를 사용하면 HTML 임의의 요소에 드래그한 파일 처리가 가능하다.

.character 요소의 드래그 이벤트 샘플을 확인해 보자. 요소 드래그가 가능하도록 draggable 속성을 true로 지정한다.

■ **HTML** 134/sample1/index.html

```
<div class="character" draggable="true"></div>
```

■ **JavaScript** 134/sample1/main.js

```
const character = document.querySelector('.character');

character.addEventListener('dragstart', () => {
  console.log('dragstart 이벤트');
});

character.addEventListener('drag', () => {
  console.log('drag 이벤트');
});

character.addEventListener('dragend', () => {
  console.log('dragend 이벤트');
});
```

로그를 통해 각 이벤트의 발생을 확인할 수 있다. drag 이벤트는 드래그 중인 상태라면 지속적으로 발생하는 이벤트이므로 주의가 필요하다.

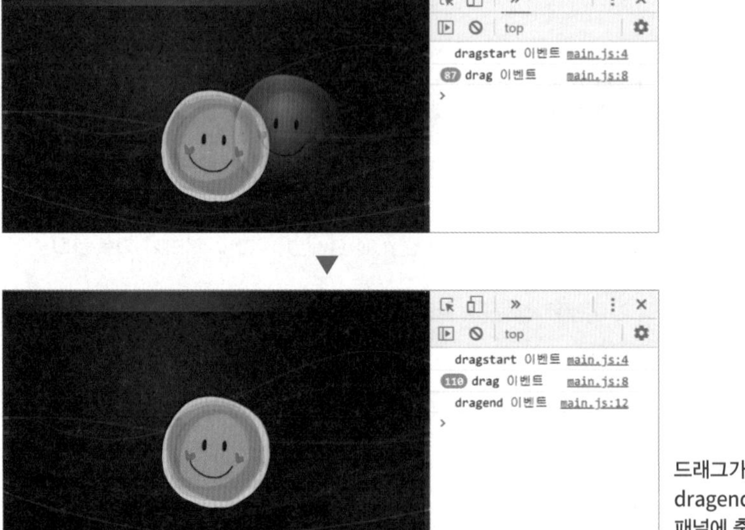

드래그가 완료되면 dragend 이벤트가 콘솔 패널에 출력된다

드래그한 .character 요소를 .box 요소에서 처리하는 코드를 확인해 보자.

■ HTML
134/sample2/index.html

```
<div class="character" draggable="true"></div>
<div class="box">드래그 가능</div>
```

■ JavaScript
134/sample2/main.js

```
const box = document.querySelector('.box');

box.addEventListener('dragenter', () => {
  console.log('dragenter 이벤트');
});

box.addEventListener('dragover', () => {
  console.log('dragover 이벤트');
});

box.addEventListener('dragleave', () => {
  console.log('dragleave 이벤트');
});
```

로그를 통해 각 이벤트의 발생을 확인할 수 있다. 이벤트는 요소가 아니라 마우스 포인터의 움직임과 위치에 따라 발생한다. dragover는 포인터가 요소에 위치해 있으면 이벤트가 지속적으로 발생한다.

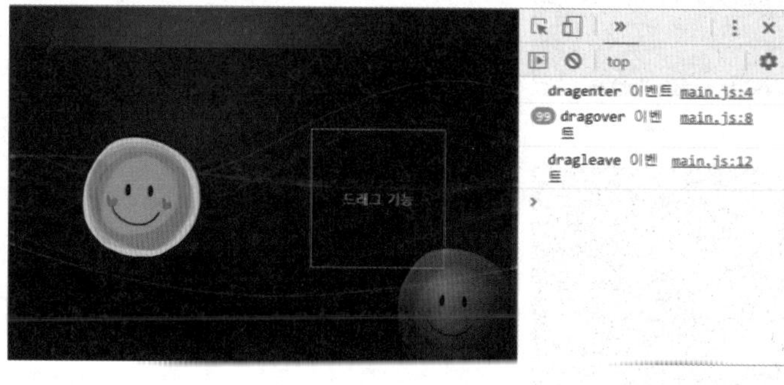

영역에 들어오면 dragover 이벤트가 발생하며, 영역을 벗어나면 dragleave 이벤트가 발생한다

드롭 파일의 처리는 drop 이벤트를 사용한다. 브라우저에 파일을 드래그 앤 드롭하면 페이지의 이동이 발생하므로 dragover 이벤트의 event.preventDefault( ) 처리가 필수다.

■ **HTML** 134/sample3/index.html

```
<div class="character" draggable="true"></div>
<div class="box">드롭 영역</div>
```

■ **JavaScript** 134/sample3/main.js

```
const box = document.querySelector('.box');

// dragover 이벤트 무효화
box.addEventListener('dragover', (event) => {
  event.preventDefault();
});

box.addEventListener('drop', () => {
  console.log('drop 이벤트');
});
```

로그를 통해 drop 이벤트의 발생을 확인할 수 있다.

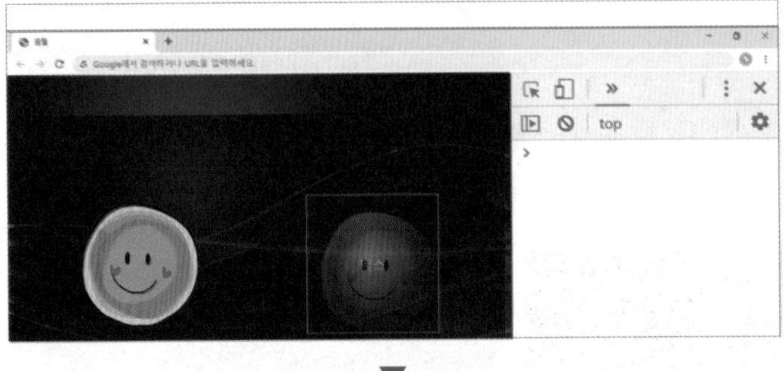

▼

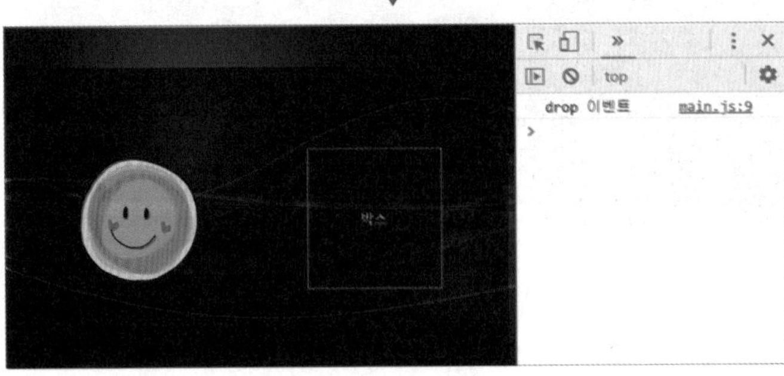

마우스로 이미지를 드롭하면 drop 이벤트가 발생한다

드래그를 처리하는 이벤트는 브라우저 밖에서도 유효하다. drop 이벤트 발생 시점에 event.dataTransfer.files의 속성을 통해 파일 리스트에 액세스할 수 있다. event.dataTransfer.files는 '{0:File 객체, 1:File 객체, …}'의 형식으로 파일 정보를 보관한다.

윈도우즈 탐색기나 맥OS Finder의 이미지 파일 드래그 앤 드롭 샘플을 확인해 보자. 이미지 표시 처리 부분은 생략하므로 자세한 것은 소스 파일을 참고한다.

■ **JavaScript (부분)** 134/sample4/main.js

```
// 파일 업로드 영역
const fileZone = document.querySelector('.file-zone');
생략
// 드롭 요소가 중복된 경우 처리
fileZone.addEventListener('dragover', (event) => {
  // 기본 이벤트 작동 해지
  event.preventDefault();
생략
});
생략
// 드롭 처리
fileZone.addEventListener('drop', (event) => {
  // 기본 이벤트 작동 해지
  event.preventDefault();
생략
  // File 객체 참조
  const transferdFiles = event.dataTransfer.files;

  // 이미지 표시
  displayImages(transferdFiles);
});

/** 이미지 표시 처리 */
function displayImages(transferdFiles) {
  생략
}
```

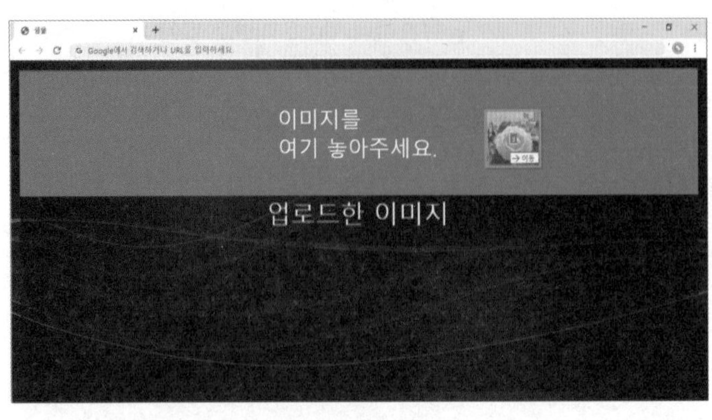

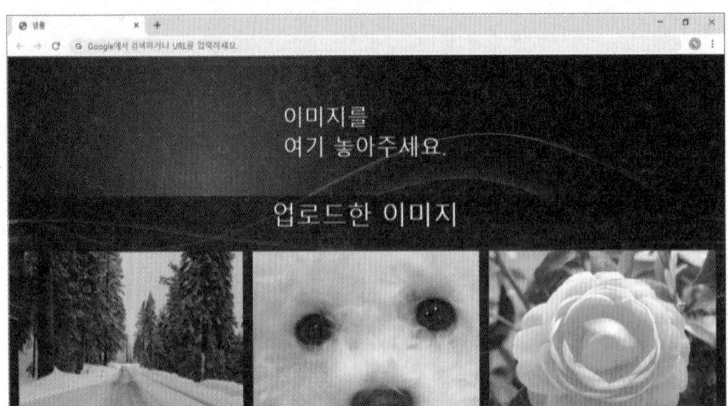

파일 드롭 시 페이지 아래에 해당 파일이 표시된다

드래그 앤 드롭 기능에 업로드 기능의 응용이 가능하다.

HTML 요소

CHAPTER

8

CHAPTER 8
135

자바스크립트 요소 다루기

- 자바스크립트에서 HTML 요소를 다루고 싶을 때

자바스크립트는 웹 페이지의 텍스트나 스타일을 변경할 수 있다. 이와 같이 HTML 각 요소에 접근하는 방식은 DOMDocument Object Model 인터페이스로 정의되어 있다. DOM은 트리 구조를 사용하여 HTML 문서를 다룬다.

■ **HTML**

```
<!doctype html>
<html lang="ko">
<head>
  <meta charset="UTF-8">
  <title>샘플 화면</title>
</head>
<body>
<h1>타이틀</h1>
<ul id="my-list">
  <li class="list">리스트 1</li>
  <li class="list">리스트 2</li>
  <li class="list">리스트 3</li>
</ul>
</body>
</html>
```

트리의 각 구성 요소를 '노드Node'라고 한다. '혹' 또는 '마디'라는 뜻의 노드는 자바스크립트에서 Node 객체로 취급하며, 요소를 가져오거나 추가하는 작업이 가능하다.

Node 객체의 속성과 메소드는 '노드.속성'과 '노드.메소드'로 접근이 가능하다. HTML 문서 전체의 요소는 document를 사용해 가져올 수 있으며, 그 자체가 커다란 Node 객체가 된다.

■ **JavaScript**

```
// Node 객체의 querySelector() 메소드
// 셀렉터 일치 요소 가져오기
document.querySelector('.box');
```

노드는 다음과 같은 종류가 있다.

노드	예
요소 노드	<p class="container">안녕하세요</p>
속성 노드	class="container"
텍스트 노드	안녕하세요.

요소 노드는 자바스크립트에서 Element 객체로 취급하며, 요소의 데이터를 변경하거나 CSS 클래스를 변경하는 등의 작업이 가능하다.

■ **JavaScript**

```
// .box 요소 가져오기
const myBox = document.querySelector('.box');

// .box 요소의 데이터 변경
myBox.innerHTML = '안녕하세요.';
```

Element 객체는 Node 객체를 계승한다. 계승은 부모 객체의 성질을 그대로 이어받는 것이다. Element 객체는 Node 객체의 속성과 메소드를 사용할 수 있으며, 자기 자신만의 속성과 메소드도 가진다. Node 객체와 Element 객체로 다음과 같은 작업이 가능하다.

- **HTML 요소 가져오기**
- **<html> 요소와 <body> 요소 가져오기**
- **자식 요소, 전후 요소, 부모 요소 가져오기**
- **요소 생성하기**
- **요소 추가하기**
- **요소 삭제하기**
- **요소 복제하기**
- **요소의 데이터 가져오거나 변경하기**
- **다른 요소로 변경하기**
- **요소 속성 가져오거나 설정하기**
- **요소 클래스 속성 추가하거나 삭제하기**
- **스타일 변경하기**

136 셀렉터 사용하기

- 셀렉터를 사용해 지정 요소를 가져오고 싶을 때

■ Syntax

메소드	의미	반환
document.querySelector(셀렉터명)	셀렉터명 일치 요소 가져오기	요소(Element)

HTML 요소를 다루기 위해서는 우선 대상 HTML 요소를 읽어 와야 한다. 자바스크립트는 셀렉터명, ID명, 클래스명 등의 지정을 통해 HTML 요소를 읽어 올 수 있다.

document.querySelector( )는 인수의 셀렉터명과 일치하는 하나의 요소를 가져오는 메소드다. 셀렉터는 요소 지정을 위한 조건식으로 CSS의 #ID명, .클래스명, :nth-child(번호) 등과 같다. 일치하는 요소가 하나 이상이라면 첫 요소를 반환한다.

■ HTML

```
<div id="foo"></div>

<ul class="list">
  <li class="item"></li>
  <li class="item"></li>
  <li class="item"></li>
</ul>
```

■ JavaScript

```
// foo 요소
document.querySelector('#foo');
// .list 요소 내 두 번째 .item 요소
document.querySelector('.list .item:nth-child(2)');
```

#log 요소를 가져와서 데이터를 변경하는 샘플을 확인해 보자.

■ HTML 136/index.html

```
<div id="log"></div>
```

■ JavaScript 136/main.js

```
const logElement = document.querySelector('#log');
logElement.innerHTML = '안녕하세요.';
```

▼ 실행 결과

COLUMN **셀렉터명과 일치하는 요소가 하나 이상인 경우**

document.querySelector('#log')에서 요소를 가져올 때 셀렉터명과 일치하는 요소가 하나 이상일 경우 첫 번째 요소를 반환한다. 다음 코드는 첫 번째 .box 텍스트를 출력한다.

■ HTML

```
생략
<div class="box">첫 번째 박스</div>
<div class="box">두 번째 박스</div>
<div class="box">세 번째 박스</div>
```

■ JavaScript

```
// .box 요소 가져오기
const box = document.querySelector('.box');

// 텍스트 내 요소 출력
console.log(box.innerHTML); // 결과: 첫 번째 박스
```

ID의 각 요소 값 읽어 오기

- ID 데이터와 일치하는 요소를 가져오고 싶을 때

■ **Syntax**

메소드	의미	반환
Document.getElementById(ID명)	ID명 일치 요소 가져오기	요소(HTMLElement)

document.getElementById( )는 ID명을 지정하여 하나의 HTML 요소를 가져오는 메소드다. querySelector( )와 달리 인수에는 셀렉터명이 아닌 ID명을 전달하므로 주의하자. 즉 HTML의 id="foo" 요소를 가져오기 위해서는 #를 뺀 'foo'만을 인수로 전달해야 한다.

■ **HTML**

```
<div id="foo"></div>
```

■ **JavaScript**

```
// foo 요소
const element = document.getElementById('foo');
```

CHAPTER 8 138

셀렉터 조건 만족하는 요소 읽어 오기

적용

- 셀렉터명과 일치하는 요소를 정리하여 작업을 처리하고 싶을 때

Syntax

메소드	의미	반환
document.querySelectorAll(셀렉터명)	셀렉터명 일치 요소 모두 가져오기	배열(NodeList)

document.querySelectorAll( )은 셀렉터명과 일치하는 HTML 요소를 모두 가져오며, 반환값은 요소를 하나의 배열로 정리한 객체(NodeList 객체)다. 배열 요소의 값은 forEach( )를 사용해 접근할 수 있다. 콜백 함수를 사용한 요소의 처리도 가능하다.

HTML

```
<div class="box">박스1</div>
<div class="box">박스2</div>
<div class="box">박스3</div>
```

JavaScript

```
// .box 요소 모두 가져오기
const boxList = document.querySelectorAll('.box');
boxList.forEach((targetBox) => {
  // 각 box 요소 출력
  console.log(targetBox);
});
```

forEach( ) 외에도 for문을 사용할 수 있다.

■ **JavaScript**

```
const boxList = document.querySelectorAll('.box');
const boxLength = boxList.length;

for (let index = 0; index < boxLength; index++) {
  // 각 box 요소 출력
  console.log(boxList[index]);
}
```

3개의 box 중 클릭한 곳의 텍스트를 알림창으로 표시하는 샘플을 확인해 보자.

■ **HTML** 138/index.html

```
<div class="box">박스1</div>
<div class="box">박스2</div>
<div class="box">박스3</div>
```

■ **JavaScript** 138/main.js

```
// 각 .box 요소 루프 처리
document.querySelectorAll('.box').forEach((targetBox) => {
  // .box 요소 클릭 시 처리 작업
  targetBox.addEventListener('click', () => {
    // 클릭한 .box 요소의 텍스트 표시
    alert(`${targetBox.textContent} 클릭`);
  });
});
```

▼ **실행 결과**

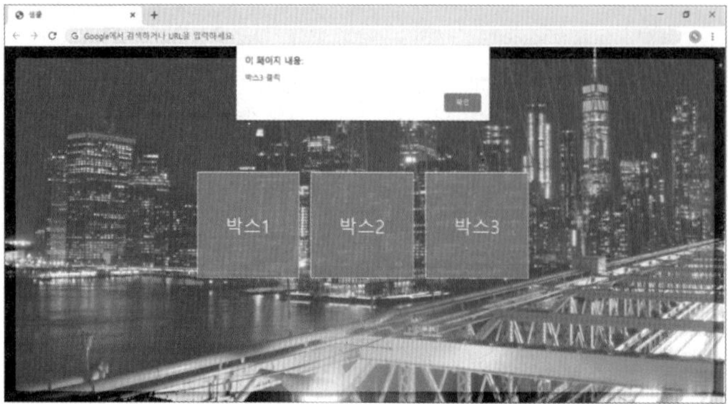

클릭한 요소의 내용이 표시된다

클래스명으로 요소 읽어 오기

적용

- 클래스명과 일치하는 요소를 모두 가져오고 싶을 때

■ Syntax

메소드	의미	반환
document.getElementsByClassName(클래스명)	클래스명 일치 요소 모두 가져오기	요소의 배열(HTMLCollection)

document.getElementsByClassName( )은 클래스명과 일치하는 HTML 요소를 모두 가져오며, querySelector( )와 달리 인수는 클래스명만 전달할 수 있다.

■ HTML

```
<div class="box"></div>
<div class="box"></div>
<div class="box"></div>
```

■ JavaScript

```
// foo 요소
document.getElementsByClassName('box');
```

각 요소의 처리는 for문을 사용하며, forEach( )는 사용할 수 없다.

■ JavaScript

```
const boxList = document.getElementsByClassName('box');
const boxLength = boxList.length;

for (let index = 0; index < boxLength; index++) {
  // 각 box 요소 출력
  console.log(boxList[index]);
}
```

140 <html>, <body> 요소 읽어 오기

- <html> 요소를 가져오고 싶을 때
- <body> 요소에서 클래스 작업을 하고 싶을 때

■ **Syntax**

속성	의미	타입
document.documentElement	루트 요소	html 요소
document.head	head 요소	head 요소
document.body	body 요소	body 요소

document.documentElement는 문서의 루트 요소를 지정한다. HTML 문서의 html 요소다.

'console.dir(document.documentElement)'의 콘솔 로그에서 html 요소가 반환되는 것을 확인할 수 있다.

▼ 실행 결과

```
▼html
  version: ""
  title: ""
  lang: "ko"
  translate: true
  dir: ""
  hidden: false
  accessKey: ""
  draggable: false
  spellcheck: true
  autocapitalize: ""
  contentEditable: "inherit"
  isContentEditable: false
  inputMode: ""
  offsetParent: null
  offsetTop: 0
  offsetLeft: 0
```

콘솔 로그

document.head는 head 요소를 가져오며, head에 script 태그와 link 태그를 동적으로 삽입할 수 있다.

■ **JavaScript**

```
const scriptElement = document.createElement('script');
scriptElement.src = 'script/new-script.js';
document.head.appendChild(scriptElement);
```

document.body는 body 요소를 가져온다.

■ **JavaScript**

```
console.dir(document.body); // body 요소
```

페이지의 다크 모드를 설정하는 샘플을 확인해 보자. 버튼을 누를 때마다 body 요소에 dark 클래스를 설정한다. dark 클래스로 화면 배경을 어둡게 하는 스타일을 설정한다.

■ **HTML** 140/index.html

```
<button class="theme-change-button">배경색 변경</button>
<h1>At the moment of my dream</h1>
생략
```

■ **CSS** 140/style.css

```
body {
  생략
  background-color: #f9f9f9;
  생략
}

body.theme-dark {
  background-color: #1e1e1e;
  color: #fff;
}
```

■ **JavaScript** 140/main.js

```
const themeChangeButton =
  document.querySelector('.theme-change-button');

// 테마 변경 버튼 클릭 시 처리
themeChangeButton.addEventListener('click', () => {
  // body 요소 클래스 'theme-dark' 변경
  document.body.classList.toggle('theme-dark');
});
```

▼ **실행 결과**

배경색 변경

At the moment of my dream

The Big Oxmox advised her not to do so, because there were thousands of bad Commas, wild Question Marks and devious Semikoli, but the Little Blind Text didn't listen.

When she reached the first hills of the Italic Mountains, she had a last view back on the skyline of her hometown Bookmarksgrove, the headline of Alphabet Village and the subline of her own road, the Line Lane.

▼

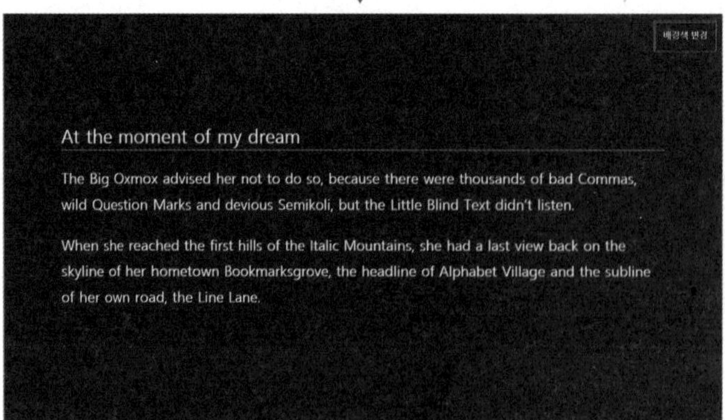

오른쪽 위의 버튼을 클릭하면 다크 모드로 변환된다

141 부모/자식/전/후 요소 읽어 오기

- 특정 요소와 관련된 요소를 가져오고 싶을 때

Syntax

속성	의미	타입
부모노드.children	자식 노드	요소군(HTMLCollection)
부모노드.firstElementChild	첫 번째 자식 노드	요소(Element)
부모노드.lastElementChild	마지막 자식 노드	요소(Element)
노드.nextElementSibling	다음 노드	요소(Element)
노드.previousElementSibling	이전 노드	요소(Element)
자식노드.parentNode	부모 노드	노드(Node)

특정 요소와 관련하여 부모 요소, 자식 요소, 전후 요소를 가져온다.

HTML

```
<div id="parent">
  <div id="child1">자식 요소1</div>
  <div id="child2">자식 요소2</div>
  <div id="child3">자식 요소3</div>
</div>
```

JavaScript

```
const parentElement = document.querySelector('#parent');
console.log(parentElement.children);
// #자식 요소1, #자식 요소2, #자식 요소3 (HTMLCollection)

const firstElementChild = parentElement.firstElementChild;
console.log(firstElementChild); // #자식 요소1
console.log(firstElementChild.nextElementSibling); // #자식 요소2
console.log(firstElementChild.parentNode); // #부모 요소
```

CHAPTER 8 HTML 요소

CHAPTER 8

142

부모 요소에 자식 요소 추가하기

- 동적 표시 요소를 추가하고 싶을 때
- 모달modal 윈도우 창을 화면에 추가하고 싶을 때

Syntax

메소드	의미	반환
부모노드.appendChild(자식노드)	부모 노드에 자식 노드 추가	요소(Element)

appendChild( )는 부모의 노드 끝에 자식 노드를 추가한다. 페이지를 열어 3초 후 .container 요소에 #myBox 요소를 추가하는 샘플을 확인해 보자.

HTML

142/index.html

```
<div id="myBox">#myBox 요소</div>

<div class="container">
  <div>자식 요소1</div>
  <div>자식 요소2</div>
</div>
```

JavaScript

142/main.js

```
const container = document.querySelector('.container');
const myBox = document.querySelector('#myBox');

// 3초 후 .container 요소의 끝에 #myBox 요소를 추가
setTimeout(() => {
  container.appendChild(myBox);
}, 3000);
```

▼ 실행 결과

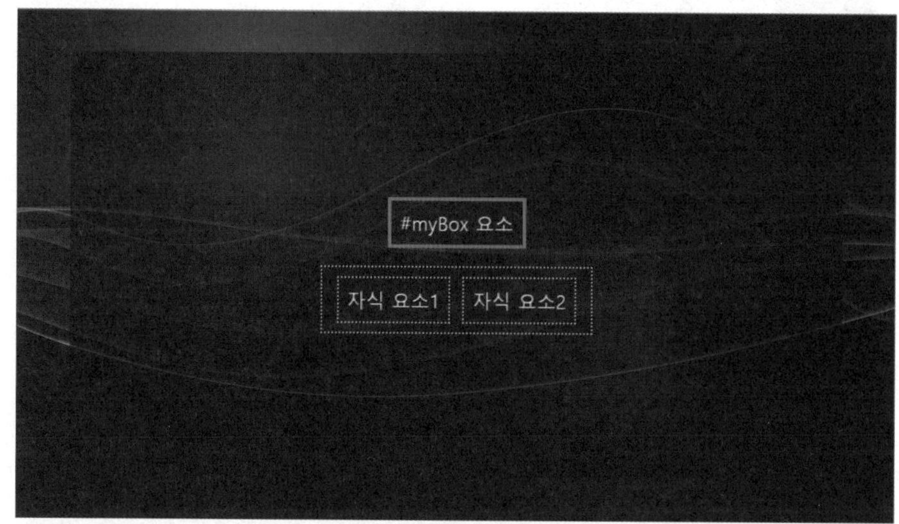

▼

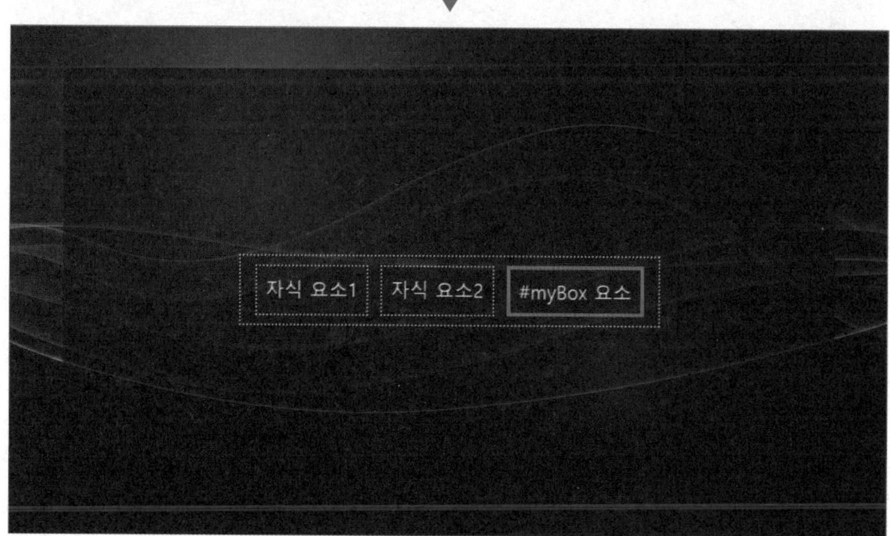

지정 위치에 요소 추가하기

- 동적 표시 요소를 추가하고 싶을 때
- 모달(modal) 윈도우 창을 화면에 추가하고 싶을 때

Syntax

메소드	의미	반환
부모노드.insertBefore(자식노드, 희망위치의노드)	부모 노드 내 노드 추가	요소(Element)

insertBefore( )는 부모 요소 내 지정 요소의 앞에 노드를 삽입한다. 다음 샘플을 통해 3초 후 .container 요소의 제일 앞, 4초 후 #box2 요소의 바로 앞에 삽입되는 노드를 확인해 보자.

HTML

143/index.html

```
<div id="myBox1">#myBox1 요소</div>
<div id="myBox2">#myBox2 요소</div>

<div class="container">
  <div>자식 요소1</div>
  <div id="box2">자식 요소2</div>
</div>
```

JavaScript

143/main.js

```
const container = document.querySelector('.container');
const myBox1 = document.querySelector('#myBox1');
const myBox2 = document.querySelector('#myBox2');
const box2 = document.querySelector('#box2');

// 3초 후 .container 제일 앞에 #myBox1 요소 추가
setTimeout(() => {
  container.insertBefore(myBox1, container.firstElementChild);
}, 3000);

// 4초 후 #box2 요소의 앞에 #myBox2 요소 추가
setTimeout(() => {
  container.insertBefore(myBox2, box2);
}, 4000);
```

▼ 실행 결과

#myBox1 요소
#myBox2 요소
자식 요소1
자식 요소2

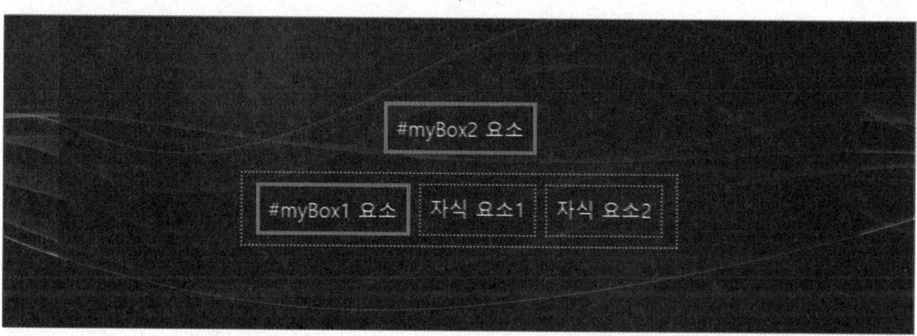
#myBox2 요소
#myBox1 요소
자식 요소1
자식 요소2

#myBox1 요소
자식 요소1
#myBox2 요소
자식 요소2

CHAPTER 8

144

요소 앞/뒤에 다른 요소 추가하기

적용

- HTML 요소의 삽입 위치를 상세히 지정하고 싶을 때

Syntax

메소드	의미	반환
노드1.before(노드2)	노드1 앞에 노드2 추가	없음
노드1.after(노드2)	노드1 뒤에 노드2 추가	없음
부모노드.hasChild(자식노드)	부모 노드에 자식 노드 존재 여부 확인	진릿값

before( )와 after( )는 지정한 요소의 앞/뒤로 노드를 추가한다. #targetBox 요소의 앞뒤로 #myBox1 요소와 #myBox2 요소를 삽입하는 샘플을 확인해 보자.

HTML

144/index.html

```html
<div id="myBox1">#myBox1 요소</div>
<div id="myBox2">#myBox2 요소</div>

<div class="container">
  <div id="targetBox">#targetBox 요소</div>
</div>
```

JavaScript

144/main.js

```javascript
const myBox1 = document.querySelector('#myBox1');
const myBox2 = document.querySelector('#myBox2');
const targetBox = document.querySelector('#targetBox');

// 4초 후 #targetBox 요소의 앞에 #myBox1 요소 추가
setTimeout(() => {
  targetBox.before(myBox1);
}, 3000);

// 4초 후 #targetBox 요소의 뒤에 #myBox2 요소 추가
setTimeout(() => {
  targetBox.after(myBox2);
}, 4000);
```

▼ 실행 결과

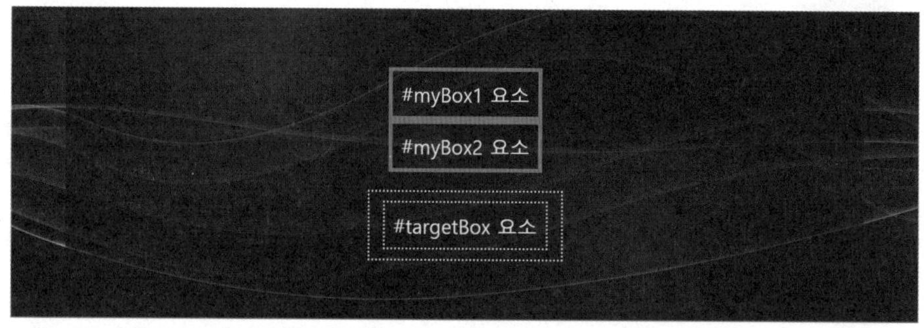
#myBox1 요소
#myBox2 요소
#targetBox 요소

▼

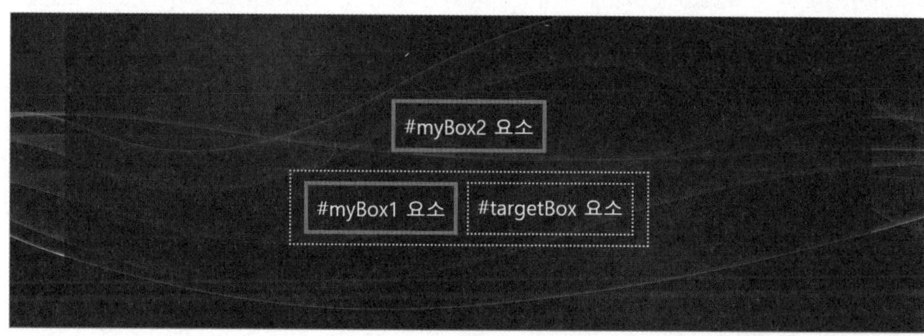
#myBox2 요소
#myBox1 요소
#targetBox 요소

▼

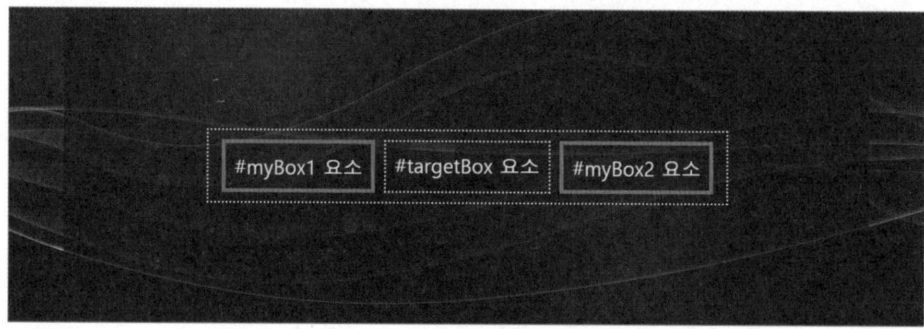
#myBox1 요소
#targetBox 요소
#myBox2 요소

HTML 코드 요소 추가하기

- 동적 표시 요소를 추가하고 싶을 때
- 모달 윈도우 창을 화면에 추가하고 싶을 때

■ **Syntax**

메소드	의미	반환
부모요소.insertAdjacentHTML(삽입위치, 문자열)	문자열을 HTML로 삽입	요소(Element)

■ **Syntax**

삽입 위치	의미
'beforebegin'	부모 요소 바로 앞
'afterbegin'	부모 요소 제일 앞
'beforeend'	부모 요소 제일 뒤
'afterend'	부모 요소 바로 뒤

insertAdjacentHTML()은 첫 번째 인숫값의 위치에 두 번째 인수의 문자열을 HTML(혹은 XML)로 삽입하며, 삽입 위치의 기존 요소는 삭제하지 않는다. 3초 후 .new-box 요소를 추가하는 샘플을 확인해 보자.

■ **HTML** 145/index.html

```
<div class="container">
  <div class="box">자식 요소1</div>
  <div class="box">자식 요소2</div>
</div>
```

■ JavaScript 145/main.js

```
const container = document.querySelector('.container');
// 삽입하는 .new-box 요소
const newBox = `<div class="new-box box">.new-box 요소</div>`;

setTimeout(() => {
  // .new-box 요소를 .container 요소 제일 앞에 추가
  container.insertAdjacentHTML('afterbegin', newBox);
  // .new-box 요소를 .container 요소 뒤에 추가
  container.insertAdjacentHTML('afterend', newBox);
}, 3000);
```

▼ 실행 결과

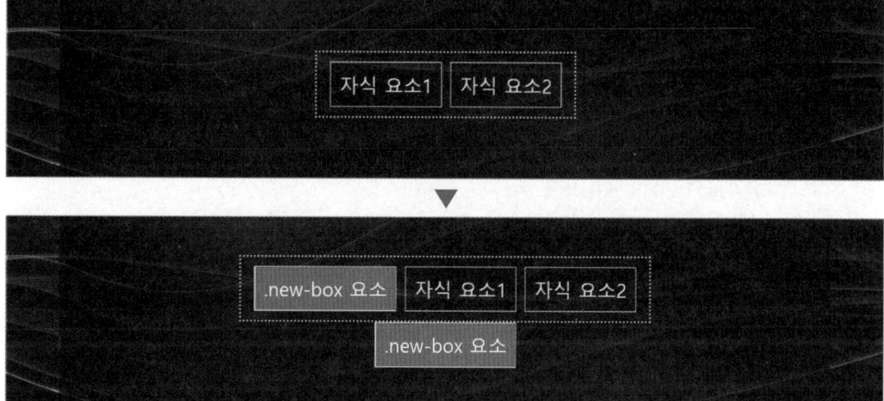

3초 후 new-box 요소가 추가된다

.container 요소에 insertAdjacentHTML( )을 사용하면 삽입 위치는 다음과 같다.

■ HTML

```
<!-- beforebegin 위치 -->
<div class="container">
  <!-- afterbegin 위치 -->
  <div class="box"></div>
  <div class="box"></div>
  <!-- afterend 위치 -->
</div>
<!-- beforeend 위치 -->
```

insertAdjacentElement( )도 유사한 기능을 가진다.

요소를 동적으로 삭제하기

- 요소를 동적으로 삭제하고 싶을 때

■ **Syntax**

메소드	의미	반환
부모노드.removeChild(자식노드)	부모 요소에서 자식 요소 제거	제거된 요소(Element)

removeChild( )는 부모 요소에서 자식 요소를 제거한다. #parent 요소 내 #child 요소를 3초 후 삭제하는 샘플을 확인해 보자.

■ **HTML** 146/index.html

```
<div id="parent">
  <div id="child">제거되는 요소</div>
</div>
```

■ **JavaScript** 146/main.js

```
// 3초 후 처리를 실행
setTimeout(() => {
  const parentElement = document.querySelector('#parent');
  const childElement = document.querySelector('#child');
  // #child 요소 제거
  parentElement.removeChild(childElement);
}, 3000);
```

▼ 실행 결과

▼

3초 후 요소가 제거된다

147 요소 자신 삭제하기

- 요소를 동적으로 삭제하고 싶을 때

■ Syntax

메소드	의미	반환
노드.remove()	요소를 제거	없음

remove()는 요소 자신을 제거하므로 부모 요소를 통해 요소를 제거하는 removeChild()와 다르다.

■ HTML

147/index.html

```
<div id="parent">
  <div id="child">제거되는 요소</div>
</div>
```

■ JavaScript

147/main.js

```
// 3초 후 처리가 실행
setTimeout(() => {
  const childElement = document.querySelector('#child');
  // #child 요소 제거
  childElement.remove();
}, 3000);
```

▼ 실행 결과

▼

removeChild( )와 같은 방식으로 3초 후 요소가 제거된다

CHAPTER 8

148 요소 생성하기

- HTML 요소를 동적으로 생성하고 싶을 때
- 모달 윈도우 창을 생성하고 싶을 때

■ Syntax

메소드	의미	반환
document.createElement('태그명', 옵션)	태그명 요소를 생성	요소

createElement( )는 인수에 전달된 태그명으로 요소를 생성한다.

■ JavaScript

```
// div 요소 생성
const divElement = document.createElement('div');
// a 요소 생성
const anchorElement = document.createElement('a');
```

createElement( )를 생성해도 화면에는 아무런 변화가 없으며, appendChild( ) 등을 사용해 요소를 추가해야 DOM 요소로 사용할 수 있다. 또한, innerHTML 속성으로 HTML을 추가하거나 classList 속성으로 클래스를 조작할 수 있다.

■ JavaScript

```
// div 요소 생성
const divElement = document.createElement('div');
// innerHTML로 내용 생성
divElement.innerHTML = '동적으로 생성한 요소입니다.';
// body 요소 끝에 추가
document.body.appendChild(divElement);
```

버튼 클릭 시 모달Modal 윈도우 창을 표시하는 샘플을 확인해 보자.

■ HTML　　148/index.html

```
<button id="create-modal-button">모달 윈도우 창 생성</button>
```

■ CSS

148/style.css

```
.modal {
  width: 100%;
  height: 100%;
  position: absolute;
  top: 0;
  left: 0;
  생략
}

.modal .inner {
  width: 100%;
  height: 100%;
  background-color: rgba(255, 255, 255, 0.9);
  생략
}
```

■ JavaScript

148/main.js

```
// create-modal-button 클릭 시 처리
document
  .querySelector('#create-modal-button')
  .addEventListener('click', displayModalWindow);

/** 모달 윈도우 창 표시 */
function displayModalWindow() {
  // 모달 윈도우 창 생성
  const modalElement = document.createElement('div');
  // modal 클래스 부여
  modalElement.classList.add('modal');

  // 모달 윈도우 내부 요소 생성
  const innerElement = document.createElement('div');
  innerElement.classList.add('inner');
  innerElement.innerHTML = `
    <p>모달 윈도우 내용</p>
    <div class="character"></div>
  `;
  // 모달 윈도우 내부 요소 배치
  modalElement.appendChild(innerElement);
  // body 요소에 모달 윈도우 배치
  document.body.appendChild(modalElement);
```

```
  // 내부 요소 클릭 시 모달 윈도우 삭제 처리
  innerElement.addEventListener('click', () => {
    closeModalWindow(modalElement);
  });
}

/** 모달 윈도우 닫기 */
function closeModalWindow(modalElement) {
  document.body.removeChild(modalElement);
}
```

▼ 실행 결과

▼

버튼 클릭 시 모달 윈도우 창이 표시된다. 윈도우 창 클릭 시에는 화면이 닫힌다

속성을 생성하는 createAttribute( )나 주석을 생성하는 createComment( )도 사용할 수 있다.

CHAPTER 8
149

요소 복사하기

- 유저의 클릭에 따라 요소를 추가하고 싶을 때

■ Syntax

메소드	의미	반환
노드.cloneNode([진릿값※])	노드 복제	노드(Node)

※ 생략 가능

cloneNode( )는 요소를 복제한다. 인수에 true를 전달하면 자식 노드도 복제한다. 복제한 노드를 화면에 표시할 때는 appendChild( )를 사용한다. 화면 표시 후 3초 뒤 .box 요소를 복제하여 표시하는 샘플을 확인해 보자.

■ HTML 149/index.html

```
<div class="container">
  <div id="myBox">박스</div>
</div>
```

■ JavaScript 149/main.js

```
setTimeout(() => {
  // 자식 노드를 포함하여 #myBox 요소 복제
  const clonedBox = document.querySelector('#myBox').cloneNode(true);
  document.querySelector('.container').appendChild(clonedBox);
}, 3000);
```

▼ 실행 결과

▼

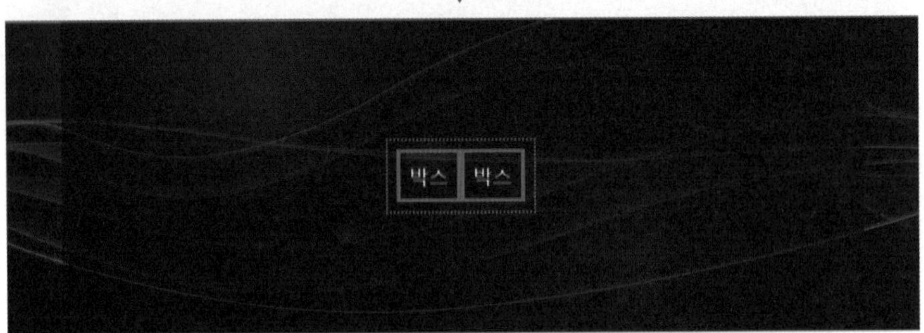

cloneNode( )의 인수를 생략하거나 false를 전달하면 자식 노드('박스' 텍스트)는 복제되지 않는다

150 요소 교체하기

- 부모 요소에서 자식 요소를 교체하고 싶을 때

■ **Syntax**

메소드	의미	반환
부모노드.replaceChild(새노드, 교체대상노드)	부모 노드의 자식 노드를 교체	교체된 노드

replaceChild( )는 부모 노드 내 자식 노드를 새로운 노드로 교체한다. 두 번째 인수를 첫 번째 인수로 변경하며, 변경된 노드는 DOM 트리에서 제거되고 replaceChild( )의 반환값이 된다. 대상 노드가 존재하지 않으면 에러가 발생하므로 주의하자.

화면 표시 3초 뒤 새 노드로 교체하는 샘플을 확인해 보자.

■ **HTML** 150/index.html

```
<div class="container">
  <div class="old-box box">교체 전 박스</div>
</div>
```

■ **JavaScript** 150/main.js

```
setTimeout(() => {
  // 컨테이너
  const container = document.querySelector('.container');
  // 교체 전 박스 요소
  const oldBox = document.querySelector('.old-box');
  // 새로운 박스 요소. div 요소 생성 후 '새로운 박스' 텍스트 노드를 추가
  const newBox = document.createElement('div');
  newBox.textContent = '새로운 박스';
  // new-box와 box CSS 클래스 추가
  newBox.classList.add('new-box', 'box');
  // 새로운 박스로 교체
  container.replaceChild(newBox, oldBox);
}, 3000);
```

▼ **실행 결과**

CHAPTER 8

151 노드 교체하기

- 요소를 다른 요소로 교체하고 싶을 때

■ **Syntax**

메소드	의미	반환
변경대상노드.replaceWith(새노드)	대상 노드를 새 노드로 교체	없음

replaceWith( )는 변경 대상 노드를 새로운 노드로 교체한다. 교체된 노드가 DOM 트리에서 제거되는 것은 replaceChild( )와 같지만, 반환값이 없다는 점이 다르다. 화면 표시 3초 뒤 새로운 노드로 교체하는 샘플을 확인해 보자.

■ **HTML** 151/index.html

```
<div class="container">
  <div class="old-box box">교체 전 박스</div>
</div>
```

■ **JavaScript** 151/main.js

```
setTimeout(() => {
  // 교체 전 박스 요소
  const oldBox = document.querySelector('.old-box');
  // 새로운 박스 요소. div 요소 생성 후 '새로운 박스' 텍스트 노드를 추가
  const newBox = document.createElement('div');
  newBox.textContent = '새로운 박스';
  // new-box와 box CSS 클래스 추가
  newBox.classList.add('new-box', 'box');
  // 새로운 박스로 교체
  oldBox.replaceWith(newBox);
}, 3000);
```

▼ 실행 결과

CHAPTER 8

152

텍스트 요소 다루기

- HTML 텍스트를 변경하고 싶을 때

■ **Syntax**

속성	의미	타입
노드.textContent	노드 내 텍스트	문자열

textContent는 요소 내 텍스트를 가져오거나 변경한다. 텍스트를 가져올 때 HTML 태그는 무시한다.

■ **HTML**

```
<h1>오늘의 날씨</h1>
<p id="weather-information">흐림 <span class="temperature">(23℃)
</span></p>
```

■ **JavaScript**

```
const weatherInformation =
document.querySelector('#weather-information');

// 다음의 문자열 출력
// 흐림(23℃)
console.log(weatherInformation.textContent);
```

화면 표시 3초 뒤 #weather-information 요소 내 텍스트를 변경하는 샘플을 확인해 보자.

■ **HTML** 152/index.html

```
<p id="weather">내일은 맑음</p>
```

■ **JavaScript** 152/main.js

```
const weatherElement = document.querySelector('#weather');

// 3초 뒤 #weather 내용 변경
setTimeout(() => {
  weatherElement.textContent = '기온은 24℃가 예상됩니다.';
}, 3000);
```

▼ **실행 결과**

textContent에 HTML 태그를 포함해도 태그가 아닌 문자열로 인식된다.

■ **JavaScript**

```
// 3초 뒤 #weather 내용 변경
setTimeout(() => {
  weatherElement.textContent = '기온은 <strong>24℃</strong>가 예상됩니다.';
}, 3000);
```

▼ **실행 결과**

요소 내부 HTML 다루기

- HTML 텍스트와 이미지의 태그를 변경하고 싶을 때

■ **Syntax**

속성	의미	타입
요소.innerHTML	요소 내부 HTML 문자열	문자열

innerHTML 속성으로 요소의 HTML을 변경하거나 속성을 가져올 수 있다. innerHTML은 Node 객체인 노드 .textContent와 다르게 Element 객체의 속성이다. 태그를 포함한 문자열 HTML을 가져오는 다음의 샘플을 확인해 보자.

■ **HTML**

```
<h1>오늘의 날씨</h1>
<p id="weather-information">비<span id="weather-information">(16℃)
</span></p>
```

■ **JavaScript**

```
const weatherInformation = document.querySelector(
'#weather-information');

// 다음의 문자열 출력
// 비<span id="weather-information">(16℃)
console.log(weatherInformation.innerHTML);
```

화면 표시 3초 뒤 #weather 요소 내 HTML을 변경하는 샘플을 확인해 보자.

■ **HTML** 153/index.html

```
<p id="weather">내일은 눈이 옵니다.</p>
```

■ **CSS** 153/style.css

```
#weather strong {
  color: #d03939;
}
```

■ **JavaScript** 153/main.js

```
const weatherElement = document.querySelector('#weather');

// 3초 뒤 #weather 내용 변경
setTimeout(() => {
  weatherElement.innerHTML = '기온은 <strong>-3℃</strong>가 예상됩니다.';
}, 3000);
```

▼ **실행 결과**

▼

3초 후 HTML 내용이 변경된다.
문자열이 아닌 HTML 코드이므로 CSS 스타일 설정이 가능하다

```
▼<p id="weather">
   "기온은 "
   <strong>-3℃</strong>
   "가 예상됩니다."
 </p>
```

개발자 도구에서 HTML 코드를 확인해 보면 #weather 요소의 내용이 변한 것을 확인할 수 있다

154 자신을 포함한 HTML 요소 다루기

- 자신을 포함한 HTML 텍스트와 이미지의 태그를 변경하고 싶을 때

■ **Syntax**

속성	의미	타입
요소.outerHTML	요소 HTML	문자열

outerHTML 속성은 innerHTML과 달리 자신도 대상이 될 수 있으며, 자신의 HTML을 가져오거나 변경할 수 있다.

■ **HTML**

```
<h1>오늘의 날씨</h1>
<p id="weather-information">비<span class="temperature">(16℃)
</span></p>
```

■ **JavaScript**

```
const weatherInformation =
document.querySelector('#weather-information');

// 다음의 문자열 출력
// <p id="weather-information">비<span class="temperature">(16℃)</span></p>
console.log(weatherInformation.outerHTML);

// <p id="weather-information"></p>부분을 img 요소로 변경
weatherInformation.outerHTML = '<img src="sample-image.png">';
```

CHAPTER 8

155 요소 속성 다루기

- 속성의 값을 변경하고 싶을 때

Syntax

메소드	의미	반환
요소.setAttribute(속성, 값)	요소 속성 설정	없음
요소.getAttribute(속성)	요소 속성 가져오기	없음
요소.hasAttribute(속성)	요소 속성 존재 여부 확인	진릿값

해당 메소드로 요소 속성을 다룰 수 있다.

HTML

```
<a id="anchor" href="example.com">링크</a>

<img id="image" src="foo.png"/>
```

JavaScript

```
const anchorElement = document.querySelector('#anchor');
// example.com 출력
console.log(anchorElement.getAttribute('href'));

const imageElement = document.querySelector('#image');
// img 요소 src 값을 bar.png로 변경
imageElement.setAttribute('src', 'bar.png');
```

CHAPTER 8

156

<a> 태그 _blank의 부모창 조작 제한하기

- 안전하게 _blank 속성을 사용하고 싶을 때

target="_blank" 속성을 가진 a 태그로 윈도우 창을 열었을 때, 해당 창에서 window.opener를 사용해 부모창의 제어가 가능하다. 하지만 어느 정도의 위험성을 내포하므로 rel="noopener"를 사용해 부모창의 제어를 제한할 수 있다.

_blank 속성의 a 태그를 자동으로 noopener 설정하는 샘플을 확인해 보자.

HTML 156/index.html

```html
<ul>
  <li><a href="dummypage1.html" target="_blank">링크1</a></li>
  <li><a href="dummypage2.html">링크2</a></li>
  <li><a href="dummypage3.html" target="_self">링크3</a></li>
  <li><a href="dummypage4.html" target="_blank">링크4</a></li>
</ul>

<p><a href="dummypage5.html">링크5</a></p>
```

JavaScript 156/main.js

```javascript
// a 요소 모두 가져오기
const aElementList = document.querySelectorAll('a');

// a 요소별 처리
aElementList.forEach((element) => {
  // a 태그에 target 속성이 없으면 return
  if (element.hasAttribute('target') === false) {
    return;
  }

  // target이 _blank 속성이 아니면 return
  if (element.getAttribute('target') !== '_blank') {
    return;
  }
```

```
  // rel 속성에 noopener 설정
  element.setAttribute('rel', 'noopener');
});
```

▼ 실행 결과

```
▼<ul>
  ▼<li>
     <a href="dummypage1.html" target="_blank" rel="noopener">링크1</a>
   </li>
  ▼<li>
     <a href="dummypage2.html">링크2</a>
   </li>
  ▼<li>
     <a href="dummypage3.html" target="_self">링크3</a>
   </li>
  ▼<li>
     <a href="dummypage4.html" target="_blank" rel="noopener">링크4</a>
   </li>
 </ul>
▼<p>
   <a href="dummypage5.html">링크5</a>
 </p>
```

개발자 도구에서 HTML 코드를 확인해 보면 _blank가 설정된 a 태그만 noopener가 설정되어 있다

CHAPTER 8

157 요소 클래스 속성 다루기

- 클래스를 추가하고 싶을 때
- 클래스를 제거하고 싶을 때
- 클래스의 존재 여부를 확인하고 싶을 때

■ **Syntax**

메소드	의미	반환
요소.classList.add(클래스1, 클래스2, ...)	클래스 추가	없음
요소.classList.remove(클래스1, 클래스2, ...)	클래스 제거	없음
요소.classList.contains(클래스)	존재 여부 확인	진릿값

이 메소드를 사용해 요소의 클래스 조작이 가능하다. 자바스크립트로 요소의 클래스를 조작하여 동적인 변화를 줄 수 있으며, 조작 반응과 상태 변화 표시에 유용하다. classList.add( )와 classList.remove( )는 클래스를 추가/제거하며, 여러 클래스를 한꺼번에 조작하는 것도 가능하다.

■ **JavaScript**

```
const box = document.querySelector('#box');

box.classList.add('blue'); // blue 클래스 추가
box.classList.remove('red'); // red 클래스 제거

// 한꺼번에 클래스 추가
box.classList.add('blue', 'yellow', 'pink');

// 한꺼번에 클래스 제거
box.classList.remove('blue', 'yellow');
```

classList.contains( )는 특정 클래스의 존재 여부를 확인한다.

■ **HTML**

```
<div id="box1" class="red"></div>
<div id="box2" class="blue"></div>
```

■ **JavaScript**

```
const box1 = document.querySelector('#box1');
const box2 = document.querySelector('#box2');

console.log(box1.classList.contains('red')); // 결과: true
console.log(box2.classList.contains('red')); // 결과: false
```

158 요소 클래스 유/무효화하기

- 요소의 클래스를 동적으로 다루고 싶을 때

■ **Syntax**

메소드	의미	반환
요소.classList.toggle(클래스)	클래스 전환	없음

classList.toggle( )은 설정된 클래스를 추가하거나 제거할 수 있다. 1초마다 클래스를 전환하는 샘플을 확인해 보자.

■ **JavaScript**

```
setInterval(() => {
  box.classList.toggle('red');
}, 1000);
```

버튼 클릭으로 표시 내용을 전환하는 샘플을 확인해 보자. .button 요소를 클릭하면 .content 요소의 show 클래스를 표시하거나 제거한다. show 클래스가 설정된 상태에서만 .content 요소가 표시된다.

■ **HTML** 158/index.html

```
<section>
  <button class="button">HTML</button>
  <div class="content">
    <p>HyperText Markup Language의 단축어. 웹에서 사용하는 마크업 언어</p>
    생략
  </div>
</section>
<section>
  <button class="button">CSS</button>
  <div class="content">
    생략
  </div>
</section>
```

```
<section>
  <button class="button">JavaScript</button>
  <div class="content">
    생략
  </div>
</section>
```

■ **CSS**

158/style.css

```
.button + .content {
  display: none;
  생략
  font-size: 20px;
}

.button + .content.show {
  display: block;
}
```

■ **JavaScript**

158/main.js

```
// 모든 .button 요소 처리
document.querySelectorAll('.button').forEach((button) => {
  // .button 요소 클릭 시 처리 설정
  button.addEventListener('click', () => {
    // .button 다음 요소의 클래스 전환
    button.nextElementSibling.classList.toggle('show');
  });
});
```

▼ **실행 결과**

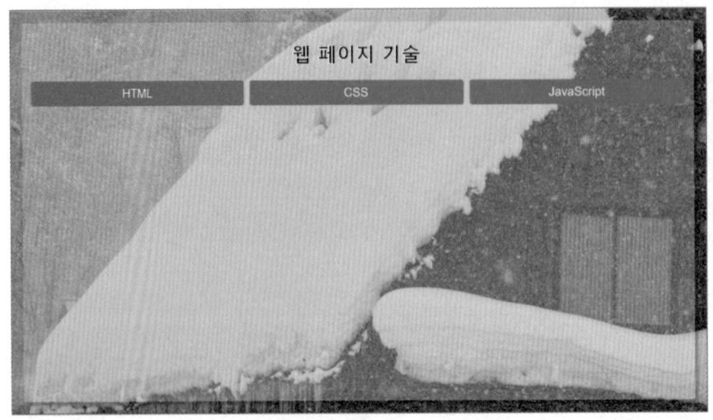

▼

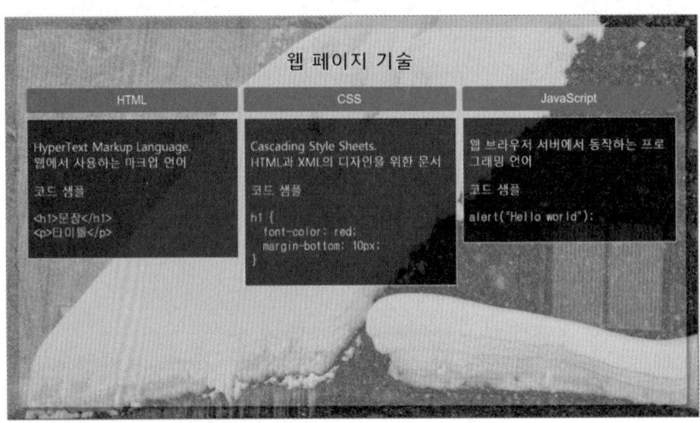

버튼에 따라 표시 내용이 전환된다

159 스타일 변경하기

- 자바스크립트 처리 결과에 따라 스타일을 변경하고 싶을 때

Syntax

속성	의미	타입
요소.style.속성	스타일 값	문자열

자바스크립트로 요소의 스타일 변경이 가능하며, 원하는 요소만을 지정하여 스타일에 변경을 주고 싶을 때 유용하다.

JavaScript

```
const box = document.querySelector('#box');
// 배경을 파란색으로 변경
box.style.backgroundColor = 'blue';
```

앞의 방법으로 CSS 코드의 스타일을 지정할 때의 속성 표기법은 케밥 케이스Kebab-Case(-(하이픈)으로 단어를 연결하는 방법)가 아닌 카멜 케이스CamelCase(첫 글자를 대문자로 하여 단어를 연결하는 방법)를 사용하므로 주의하자.

이어서 #information 요소 스타일을 변경하는 샘플을 확인해 보자.

HTML

159/index.html

```
<p id="information">Seoul Han River</p>
```

JavaScript

159/main.js

```
const information = document.querySelector('#information');

// color 속성 변경
information.style.color = 'white';
// font-size 속성 변경
information.style.fontSize = '70px';
```

```
// font-weight 속성 변경
information.style.fontWeight = '600';

const strokeColor = '#c52b84';
// -webkit-text-stroke 속성 변경
information.style.webkitTextStroke = `2px ${strokeColor}`;
// text-stroke 속성 변경
information.style.textStroke = `2px ${strokeColor}`;
// text-shadow 속성 변경
information.style.textShadow = `7px 7px 0 #bf3384`;
```

▼ **실행 결과**

설정은 스타일 시트의 우선도가 높은 인라인Inline 스타일과 같은 방식으로 지정된다.

```
<p id="information" style="color:
white; font-size: 70px; font-
weight: 600; -webkit-text-stroke:
2px rgb(197, 43, 132); text-shadow:
rgb(191, 51, 132) 7px 7px 0px;">
Seoul Han River</p>
```

구글 크롬 개발자 도구로 #information 요소의 스타일을 확인한 결과

스타일 확인하기

- 요소에 적용한 스타일을 확인하고 싶을 때

Syntax

속성	의미	타입
getComputedStyle(요소).속성	스타일 값 가져오기	문자열

getComputedStyle( )을 사용해 스타일 정보를 가져올 수 있다. 각 스타일 설정에 따라 최종적으로 계산된 값을 가져온다.

HTML

160/index.html

```
<div id="box" class="red"></div>
```

CSS

160/style.css

```
#box {
  width: 100px;
  height: 100px;
}

.red {
  background-color: #ff2bc2;
}
```

JavaScript

160/main.js

```
const box = document.querySelector('#box');

console.log(getComputedStyle(box).width);
// width 값 확인. 100px

console.log(getComputedStyle(box).backgroundColor);
// background-color 값 확인. rgb(255, 43, 194)
```

'요소.style.속성'을 통해 확인할 수 있는 값은 요소의 인라인 스타일에 한정된다. 또한, CSS에서 설정된 스타일 값은 '요소.style.속성'을 통해서는 확인이 불가능하다.

CHAPTER

9

CHAPTER 9
161

텍스트 박스 값 읽어 오기

input text

- HTML 폼의 데이터 값을 가져오고 싶을 때
- 텍스트 입력 폼의 데이터를 변경하고 싶을 때

Syntax

속성	의미	타입
input요소.value	입력 폼의 문자열	문자열

※ input 요소는 <input type="text" />

input 요소의 type 속성을 text로 설정하면 텍스트 입력 폼이 표시된다. 텍스트 입력 폼은 유저로부터 임의의 텍스트를 입력받는다. 자바스크립트는 value 속성으로 요소를 참조하여 데이터 값을 확인할 수 있으며, value 속성은 문자열String이다.

HTML

161/index.html

```
<input id="myText" type="text" value="안녕하세요. 여러분!" />
```

JavaScript

161/main.js

```
const element = document.querySelector('#myText');
const value = element.value;
console.log(value);
```

▼ 실행 결과

브라우저 표시

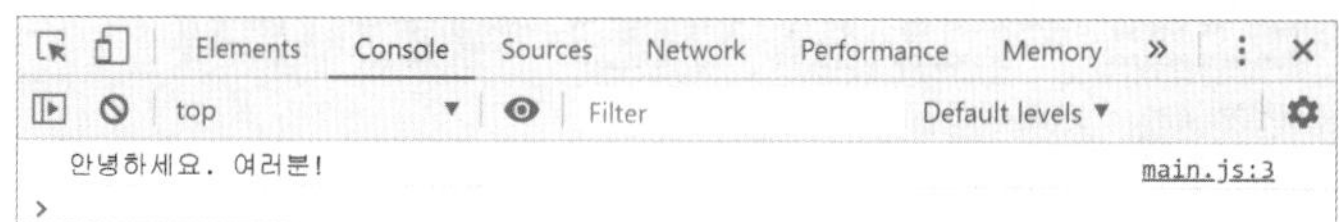

콘솔 로그

값의 대입은 value 속성을 사용해 문자열을 대입한다. 대입한 문자열이 화면의 텍스트 입력 폼에 표시된다.

■ JavaScript

```
const element = document.querySelector('#myText');
element.value = '안녕하세요. 여러분!';
```

COLUMN 전화번호와 E-mail 입력 폼의 표시

input 요소의 type 속성에 email과 tel 지정이 가능하다. text와 같은 입력 폼이지만 스마트폰에서 폼 형식에 맞는 키보드가 표시된다. tel은 번호 입력용 키보드가 표시되며, email은 영문 키보드가 표시된다.

<input type="email" /> 지정

<input type="tel" /> 지정

텍스트 박스 값 변경 확인하기

input text

- 텍스트 입력 폼의 변경을 감시하고 싶을 때

Syntax

이벤트	의미
change	input 요소 변경 시 이벤트
input	input 요소 키 입력 시 이벤트

텍스트 입력 폼의 데이터 변경 여부는 change와 input 이벤트로 감시가 가능하다. addEventListener( )를 사용해 이벤트 핸들러를 설정한다. 이벤트 핸들러 내부 함수는 앞서 기술한 텍스트 박스 값 읽어 오기 방법을 사용한다. ▸▸161

input 이벤트는 키 입력 발생과 함께 발생하지만 change 이벤트는 Enter 키 혹은 포커스가 벗어났을 때 발생한다.

HTML

162/index.html

```html
<input id="myText" type="text" />
<p class="log"></p>
```

JavaScript

162/main.js

```javascript
// input 요소 참조
const element = document.querySelector('#myText');
// 이벤트 등록
element.addEventListener('input', handleChange);

function handleChange(event) {
  // 값 가져오기
  const value = event.target.value;
  // 화면에 반영
  document.querySelector('.log').innerHTML = value;
}
```

▼ 실행 결과

▼

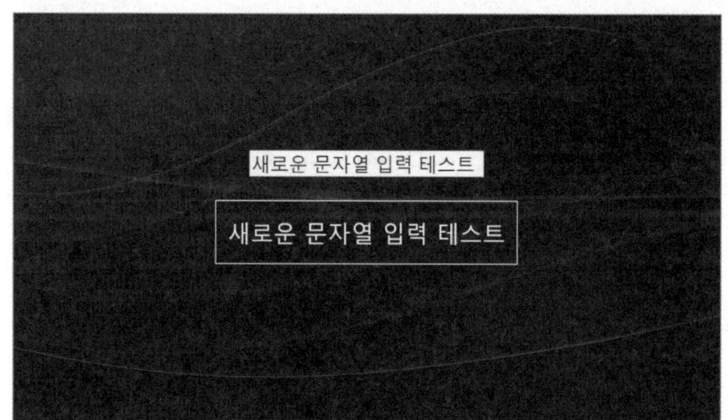

텍스트 입력 폼에 문자를 입력하는 즉시 아래의 상자에 같은 내용이 표시된다

CHAPTER 9

163

텍스트 영역Textarea 값 읽어 오기

- 텍스트 영역의 문자열을 확인하고 싶을 때
- 텍스트 영역의 문자열을 변환하고 싶을 때

■ Syntax

속성	의미	타입
텍스트영역요소.value	입력 폼의 문자열	문자열

textarea 요소는 여러 줄 입력이 가능한 텍스트 폼을 표시한다. 텍스트 영역은 줄바꿈을 포함해 자유로운 문자의 입력이 가능하다. 자바스크립트에서는 value 속성을 통해 요소에 접근할 수 있다. value 속성의 타입은 문자열String이다.

■ HTML　163/index.html

```
<textarea id="myText">
오늘의 날씨는
맑음
</textarea>
```

■ JavaScript　163/main.js

```
// textarea 참조
const element = document.querySelector('#myText');
// 데이터 값 가져오기
const value = element.value;
console.log(value); // 결과: '오늘의 날씨는 (줄바꿈)맑음'
```

▼ 실행 결과

브라우저 표시

콘솔 로그

값의 대입은 value 속성을 사용해 문자열을 대입한다. 대입한 문자열이 화면의 텍스트 입력 폼에 표시된다.

■ JavaScript

```
const element = document.querySelector('#myText');
element.value = '안녕하세요. 여러분!';
```

CHAPTER 9
164

텍스트 영역 값 변경 확인하기

- 텍스트 영역 변경 시 작업을 처리하고 싶을 때

Syntax

이벤트	의미
change	텍스트 영역 요소 변경 시 이벤트
input	텍스트 영역 요소 키 입력 시 이벤트

텍스트 영역 폼의 데이터 변경 여부는 change와 input 이벤트로 감시가 가능하다. addEventListener( )를 사용해 이벤트 핸들러를 설정한다. 이벤트 핸들러 내부 함수는 앞서 기술한 텍스트 영역 값 읽어 오기 방법을 사용한다. ▶▶163 input 이벤트는 키 입력 발생과 함께 발생하지만, change 이벤트는 일정 시간 지연 후 발생한다.

HTML

164/index.html

```
<textarea id="myText"></textarea>
<p class="log"></p>
```

JavaScript

164/main.js

```
// textarea 참조
const element = document.querySelector('#myText');
// 이벤트 등록
element.addEventListener('input', handleChange);

function handleChange(event) {
  // 데이터 값 가져오기
  const value = event.target.value;

  // 줄바꿈 코드를 태그로 변경
  const htmlStr = value.split('\n').join('<br />');
  document.querySelector('.log').innerHTML = htmlStr;
}
```

▼ 실행 결과

165 체크박스 상태 읽어 오기

- 체크박스 상태를 확인하고 싶을 때
- 체크박스 상태를 변경하고 싶을 때

■ Syntax

속성	의미	타입
input요소.checked	선택 상태 확인	진릿값

※ input 요소는 〈input type="checkbox" /〉

input 요소의 type 속성을 checkbox로 설정하면 체크박스가 표시된다. 체크박스는 유저가 on/off 상태를 전환할 수 있다. 자바스크립트에서 checked 속성을 사용해 요소에 접근이 가능하다. checked 속성 타입은 Boolean이다. 다음은 체크박스 B(#cbB)에 checked 속성을 부여해 true를 확인하는 샘플이다.

■ HTML 165/index.html

```
<label>
  <input type="checkbox" id="cbA" value="A"/>
  체크박스 A
</label>
<label>
  <input type="checkbox" id="cbB" value="B" checked/>
  체크박스 B
</label>
<label>
  <input type="checkbox" id="cbC" value="C"/>
  체크박스 C
</label>
```

■ JavaScript 165/main.js

```
const cbA = document.querySelector('#cbA');
const checkedA = cbA.checked; // 선택 상태 확인

const cbB = document.querySelector('#cbB');
const checkedB = cbB.checked; // 선택 상태 확인
```

```
const cbC = document.querySelector('#cbC');
const checkedC = cbC.checked; // 선택 상태 확인

console.log('checkedA 값', checkedA); // 결과: false
console.log('checkedB 값', checkedB); // 결과: true
console.log('checkedC 값', checkedC); // 결과: false
```

▼ 실행 결과

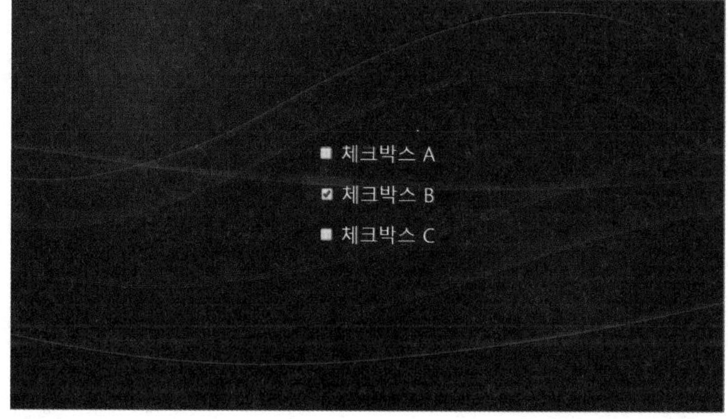

브라우저 표시

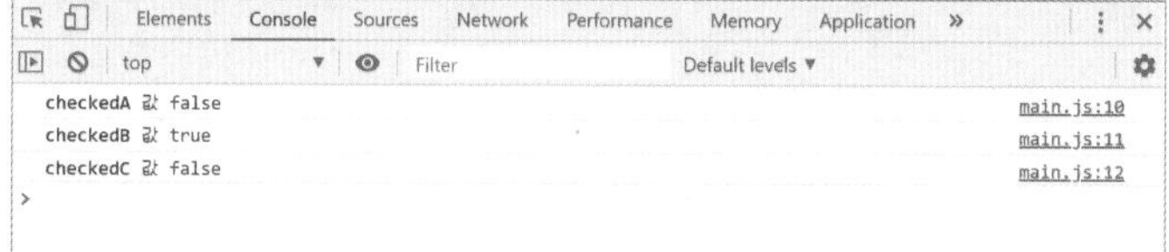

콘솔 로그

자바스크립트로 체크박스의 상태를 변경하기 위해서는 checked 속성에 진릿값을 대입한다. true는 체크 상태, false는 체크가 해제된 상태를 설정한다.

■ JavaScript

```
const element = document.querySelector('#cbA');
element.checked = true; // 체크 상태 설정
```

CHAPTER 9

166 체크박스 상태 변경 확인하기

적용

- 체크박스 변경 시 작업을 처리하고 싶을 때

■ **Syntax**

이벤트	의미
change	input 요소 변경 시 이벤트

체크박스 상태의 변경은 change 이벤트로 감시가 가능하다. addEventListener( )를 사용해 이벤트 핸들러를 설정한다. 이벤트 핸들러 내부 함수는 앞서 기술한 체크박스 상태 읽어오기 방법을 사용한다. ▶▶165

■ **HTML** 166/index.html

```
<label>
  <input type="checkbox" id="cbA" value="A"/>
  체크박스 A
</label>
<p class="log"></p>
```

■ **JavaScript** 166/main.js

```
// 체크박스 참조
const cb = document.querySelector('#cbA');
cb.addEventListener('change', (event) => {
  // 체크박스 상태 확인
  const value = event.target.checked;

  // 화면에 표시
  const log = `체크박스 A는 ${value}로 변경되었습니다.`;
  document.querySelector('.log').innerHTML = log;
});
```

▼ 실행 결과

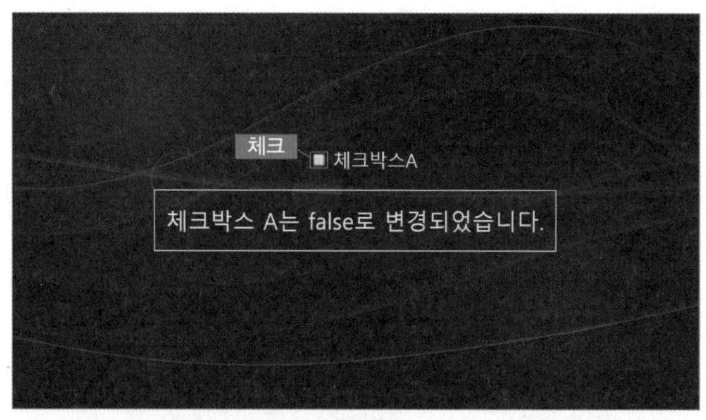
체크
체크박스A
체크박스 A는 false로 변경되었습니다.

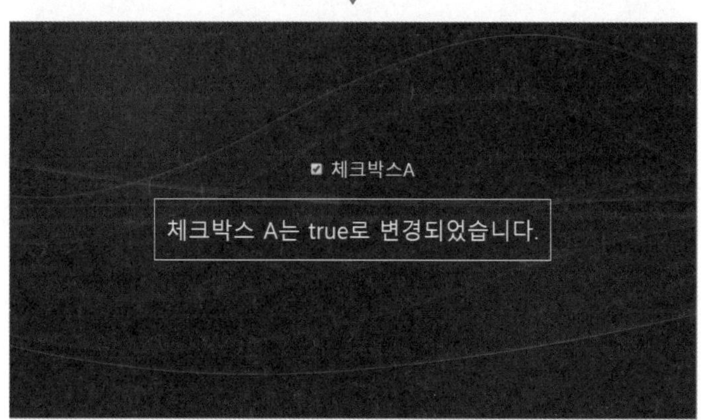
체크박스A
체크박스 A는 true로 변경되었습니다.

CHAPTER 9

167 파일 정보 읽어 오기

적용

- 파일 선택 기능을 표시하고 싶을 때

■ Syntax

속성	의미	타입
input요소.files	선택된 파일 배열	배열

※ input 요소는 <input type="file" />

input 요소의 type 속성을 file로 설정하면 파일 선택 폼이 표시된다. 파일 선택 폼을 사용하여 파일을 임의로 선택할 수 있다. 자바스크립트는 change 이벤트가 발생하면 event.target.files 속성을 참조하여 input 요소에 지정된 파일 리스트를 가져올 수 있다.

multiple 속성을 지정하면 하나가 아닌 여러 파일의 작업도 가능하며, files 속성의 배열도 여러 개의 요소를 가진다.

■ HTML

167/index.html

```
<input type="file" id="myFile" accept=".txt"/>
```

■ JavaScript

167/main.js

```
// input 요소 참조
const element = document.querySelector('#myFile');

// 파일 선택 기능
element.addEventListener('change', (event) => {
  const target = event.target;
  // 선택된 파일 참조
  const files = target.files;
  // 배열 타입이므로 0번째 파일 참조
  const file = files[0];

  // 유저가 선택한 파일명 표시
  alert(`${file.name} 파일이 선택되었습니다.`);
});
```

▼ **실행 결과**

▼

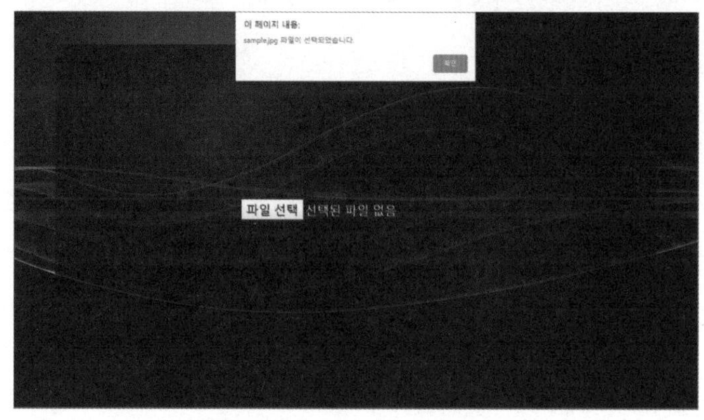

텍스트 형식으로 파일 읽어 오기

- 유저가 선택한 파일을 텍스트 형식으로 읽어 오고 싶을 때

■ **Syntax**

메소드	의미	반환
readAsText(파일)	텍스트로 읽어 오기	없음

FileReader 객체를 사용해 input 요소로 선택한 파일 데이터에 접근할 수 있다. FileReader 객체의 readAsText( )를 사용해 파일을 텍스트 형식으로 읽을 수 있다. 비동기 형식이므로 addEventListener( )를 사용해 읽기 작업 완료 이벤트인 load를 감시한다. load 이벤트 완료 후 데이터에 FileReader 객체의 result 속성으로 접근할 수 있다.

■ **HTML** 168/index.html

```
<input type="file" id="myFile" accept=".txt"/>
<p class="log"></p>
```

■ **JavaScript** 168/main.js

```
const element = document.querySelector('#myFile');
const pEl = document.querySelector('.log');

// 파일 선택 기능
element.addEventListener('input', (event) => {
  const target = event.target;
  // 선택된 파일 참조
  const files = target.files;
  // 배열 타입이므로 0번째 파일 참조
  const file = files[0];

  // FileReader 인스턴스 생성
  const reader = new FileReader();
  // 읽기 작업 완료
```

```
  reader.addEventListener('load', () => {
    // 요소에 결과 출력
    pEl.textContent = reader.result;
  });
  // 텍스트 파일 형식으로 읽어 오기
  reader.readAsText(file);
});
```

파일 선택 후 화면의 p 요소에 문자열을 표시한다.

▼ 실행 결과

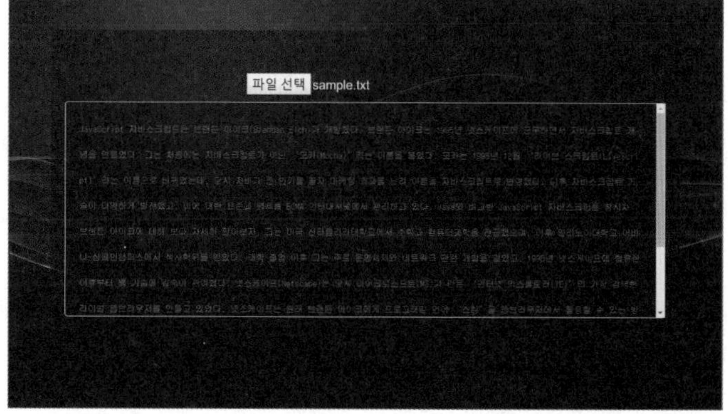

169 데이터 형식으로 파일 읽어 오기

- DataURL을 가져오고 싶을 때

Syntax

메소드	의미	반환
readAsDataURL(파일)	DataURL※ 읽어 오기	없음

※ MIME 타입 포맷을 가지는 데이터 문자열 옮긴이

FileReader 객체를 사용해서 input 요소로 선택한 파일 데이터에 접근할 수 있다. FileReader 객체의 readAsDataURL( )를 사용해 파일을 DataURL 형식으로 읽을 수 있다. 비동기 형식이므로 addEventListener( )를 사용해 읽기 작업 완료 이벤트인 load를 감시한다. load 이벤트 완료 후 데이터에 FileReader 객체의 result 속성으로 접근할 수 있다.

HTML

169/index.html

```
<input type="file" id="myFile" accept=".png, .jpg"/>
<p class="log"><img /></p>
```

JavaScript

169/main.js

```
const element = document.querySelector('#myFile');
const imgEl = document.querySelector('.log img');

// 파일 선택 기능
element.addEventListener('input', (event) => {
  const target = event.target;
  // 선택된 파일 참조
  const files = target.files;
  // 배열 타입이므로 0번째 파일 참조
  const file = files[0];

  // FileReader 인스턴스 생성
  const reader = new FileReader();
```

```
  // 읽기 작업 완료
  reader.addEventListener('load', () => {
    // 이미지 표시
    imgEl.src = reader.result;
  });
  // 텍스트 파일 형식으로 읽어 오기
  reader.readAsDataURL(file);
});
```

CHAPTER 9 폼

▼ 실행 결과

CHAPTER 9

170

라디오 버튼 상태 읽어 오기

적용

- 라디오 버튼의 상태를 확인하고 싶을 때

■ Syntax

속성	의미	타입
폼요소[키]	라디오 버튼 값	문자열

라디오 버튼은 여러 선택 항목 중 하나의 데이터를 선택하는 폼이다. 자바스크립트로 라디오 버튼을 다루는 것은 다른 폼 요소보다 조금 더 복잡하다. input 요소의 type 속성을 radio로 설정하고, name 속성으로 관련성을 설정한다.

다음은 form 요소에 포함된 라디오 버튼의 선택 값을 확인하는 샘플이다. 과일과 음료의 그룹을 만들기 위해 name 속성에 각각 fruit와 drink라는 이름의 속성을 지정한다.

■ HTML 170/index.html

```
<form id="radioGroup">
  <!-- 첫 번째 라디오 버튼 그룹 -->
  <label><input type="radio" name="fruit" value="apple" checked/>Apple
</label>
  <label><input type="radio" name="fruit" value="orange"/>Orange
</label>
  <label><input type="radio" name="fruit" value="grape"/>Grape
</label>

  <!-- 두 번째 라디오 버튼 그룹 -->
  <label><input type="radio" name="drink" value="coke" checked/>coke
</label>
  <label><input type="radio" name="drink" value="wine"/>wine</label>
  <label><input type="radio" name="drink" value="tea"/>tea</label>
</form>
```

자바스크립트로 form 요소를 참조한다. form 요소 내 name 속성으로 라디오 버튼의 그룹을 나눈다. value 값을 사용해 라디오 버튼 그룹의 값을 확인할 수 있다.

■ **JavaScript** 170/main.js

```
// form 요소 참조
const element = document.querySelector('form#radioGroup');

// 현재 선택 상태 확인
const drinkValue = element.drink.value;
const fruitValue = element.fruit.value;

console.log(`drink의 값은 ${drinkValue} 입니다.`);
console.log(`fruitValue의 값은 ${fruitValue} 입니다.`);
```

CHAPTER 9

171

라디오 버튼 상태 변경 확인하기

적용

- 라디오 버튼 상태 변경 시 작업을 처리하고 싶을 때

Syntax

이벤트	의미
change	form 요소 변경 시 이벤트

라디오 버튼 상태의 변경은 change 이벤트로 감시할 수 있다. addEventListener( )를 사용해 이벤트 핸들러를 설정한다. 이벤트 핸들러 내부 함수는 앞서 기술한 라디오 버튼 상태 읽어 오기 방법을 사용한다. ▸▸170

HTML

171/index.html

```
<form id="radioGroup">
  <!-- 첫 번째 라디오 버튼 그룹 -->
  <label><input type="radio" name="fruit" value="apple" checked/>Apple
</label>
  <label><input type="radio" name="fruit" value="orange"/>Orange
</label>
  <label><input type="radio" name="fruit" value="grape"/>Grape
</label>

  <!-- 두 번째 라디오 버튼 그룹 -->
  <label><input type="radio" name="drink" value="coke" checked/>coke
</label>
  <label><input type="radio" name="drink" value="wine"/>wine</label>
  <label><input type="radio" name="drink" value="tea"/>tea</label>
</form>
```

change 이벤트 핸들러를 사용해 form 값을 확인한다. 이벤트 발생은 form 요소이므로 event.target은 form 요소를 나타낸다.

■ **JavaScript** 171/main.js

```
// form 요소 참조
const element = document.querySelector('#radioGroup');
// 변경을 감시
element.addEventListener('change', handleChange);

function handleChange(event) {

  // 현재 선택 상태를 가져오기
  const drinkValue = element.drink.value;
  const fruitValue = element.fruit.value;

  console.log(`drink의 값은 ${drinkValue} 입니다.`);
  console.log(`fruitValue의 값은 ${fruitValue} 입니다.`);
}
```

드롭다운Drop-down 메뉴 값 읽어 오기

적용

- 드롭다운 메뉴의 선택된 항목을 확인하고 싶을 때

Syntax

속성	의미	타입
select요소.value	선택된 항목의 값	문자열

select 요소와 option 요소를 사용해 드롭다운 메뉴를 생성한다. 드롭다운 메뉴의 선택된 항목을 확인하기 위해서는 select 요소에 id 값을 할당하고 자바스크립트로 요소의 value 값을 확인한다.

HTML

172/index.html

```
<select id="mySelect">
  <option value="apple">apple</option>
  <option value="orange">orange</option>
  <option value="grape" selected>grape</option>
</select>
```

JavaScript

172/main.js

```
// select 요소 참조
const element = document.querySelector('#mySelect');

// 값 가져오기
const value = element.value;

// 상태를 화면에 표시
const log = `선택된 값은 ${value} 입니다.`;
document.querySelector('.log').innerHTML = log;
```

▼ 실행 결과

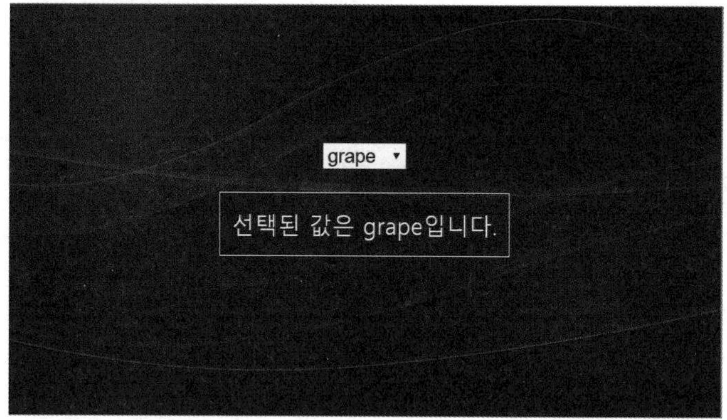

value 속성에 값을 대입하여 select 요소를 변경할 수 있으며, option으로 정의된 값 중의 하나를 대입한다.

■ JavaScript

```
const element = document.querySelector('#mySelect');
element.value = 'apple';
```

CHAPTER 9

173

드롭다운 메뉴 값 변경 확인하기

- 드롭다운 메뉴 상태 변경 시점에 작업을 처리하고 싶을 때

■ **Syntax**

이벤트	의미
change	select 요소 변경 시 이벤트

select 박스 요소의 상태 변경은 change 이벤트로 감시할 수 있다. addEventListener( )를 사용해 이벤트 핸들러를 설정한다. 이벤트 핸들러 내부 함수는 앞서 기술한 드롭다운 메뉴 값 읽어 오기 방법을 사용한다. ▶▶172

■ **HTML** 173/index.html

```
<select id="mySelect">
  <option value="apple">apple</option>
  <option value="orange">orange</option>
  <option value="grape">grape</option>
</select>

<p class="log"></p>
```

■ **JavaScript** 173/main.js

```
// select 요소 참조
const element = document.querySelector('#mySelect');
// 변경 이벤트 발생 감시
element.addEventListener('change', handleChange);

function handleChange(event) {
  // 값 가져오기
  const value = element.value;

  // 상태를 화면에 표시
  const log = `선택된 값은 ${value} 입니다.`;
  document.querySelector('.log').innerHTML = log;
}
```

▼ 실행 결과

CHAPTER 9

174

슬라이더 값 읽어 오기

적용

- 슬라이더의 값을 확인하고 싶을 때
- 슬라이더의 값을 변경하고 싶을 때

■ **Syntax**

속성	의미	타입
input요소.value	슬라이더의 현재 값	문자열

※ input 요소는 〈input type="range" /〉

input 요소의 type 속성을 range로 설정하면 슬라이더가 표시된다. 슬라이더는 최솟값(min 속성)과 최댓값(max 속성) 범위 내에서 값을 자유롭게 선택할 수 있다. 자바스크립트는 value 속성을 사용해 요소에 접근할 수 있으며, 타입은 숫자가 아닌 문자열이므로 주의하자.

■ **HTML** 174/index.html

```
<input type="range" id="myRange" min="0" max="100" value="50" />
<p class="log"></p>
```

■ **JavaScript** 174/main.js

```
// input 요소 참조
const element = document.querySelector('#myRange');

// 현재 값 가져오기
const value = element.value;

// 화면에 표시
document.querySelector('.log').innerHTML = `현재 값은 ${value} 입니다.`;
```

value 속성에 숫자를 대입하여 값을 변경할 수 있으며, 화면의 슬라이더 바가 변경된 값에 따라 움직인다.

■ JavaScript

```
const element = document.querySelector('#myText');
element.value = 50;
```

▼ 실행 결과

175 슬라이더 값 변경 확인하기

- 슬라이더 상태 변경 시 작업을 처리하고 싶을 때

■ Syntax

이벤트	의미
input	input 요소 변경 시 이벤트
change	input 요소 변경 시 이벤트

폼 요소 값의 변경은 input, change 이벤트로 감시할 수 있다. addEventListener( )를 사용해 이벤트 핸들러를 설정한다. input 이벤트는 슬라이더가 움직일 때마다 발생하지만, change 이벤트는 조작이 끝난 상태에서만 발생한다. 이벤트 핸들러 내부 함수는 앞서 기술한 슬라이더 값 읽어 오기 방법을 사용한다. ▶▶174

■ HTML

175/index.html

```
<input type="range" id="myRange" min="0" max="100" value="50" />
<p class="log"></p>
```

■ JavaScript

175/main.js

```
// input 요소 참조
const element = document.querySelector('#myRange');
// 변경 이벤트 감시
element.addEventListener('input', handleChange);

function handleChange(event) {
  // 현재 값 가져오기
  const value = event.target.value;

  // 화면에 표시
  document.querySelector('.log').innerHTML = `현재 값은 ${value} 입니다.`;
}
```

▼ 실행 결과

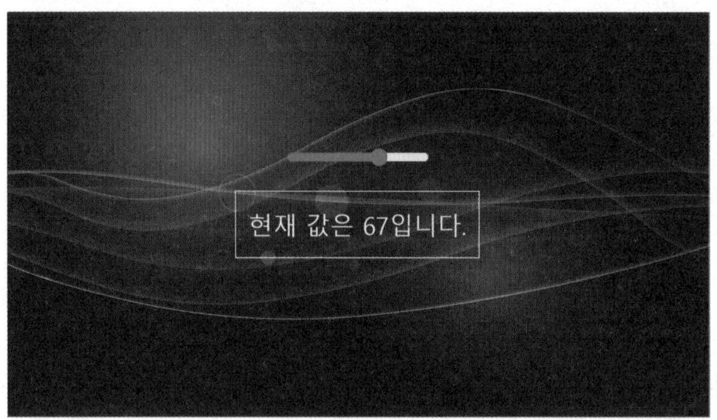

CHAPTER 9

176

색상 선택 정보 읽어 오기

적용

- 컬러 피커Color Picker의 선택된 색을 확인하고 싶을 때
- 컬러 피커의 선택된 색을 변경하고 싶을 때

■ Syntax

속성	의미	타입
input요소.value	컬러 피커의 선택된 색	문자열

※ input 요소는 <input type="color" />

input 요소의 type 속성을 color로 설정하면 컬러 피커Color Picker 폼이 표시된다. 컬러 피커 폼은 유저로부터 임의의 색상을 입력받는다. 자바스크립트는 value 속성으로 요소를 참조하여 데이터 값을 확인할 수 있으며, value 속성은 문자열String이다.

■ HTML

176/index.html

```
<input type="color" id="myColor" value="#ff0000"/>
```

■ JavaScript

176/main.js

```
const element = document.querySelector('#myColor');

const value = element.value;

console.log(value); // 결과: '#ff0000'
```

▼ 실행 결과

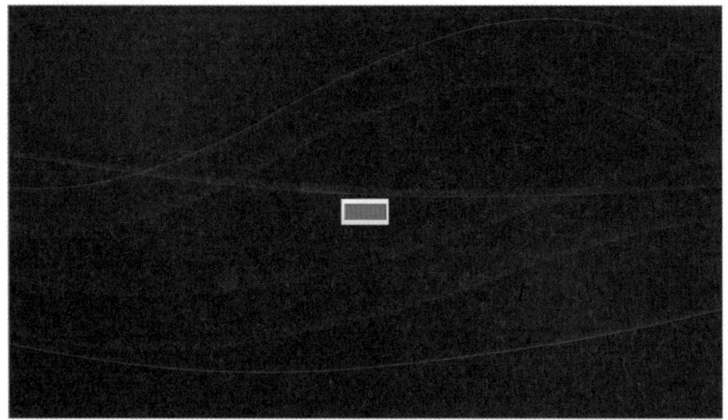

화면 중앙에 표시되는 컬러 피커. 자바스크립트로 지정한 빨간색이 선택된다

value 속성에 문자열을 대입하여 값을 변경하면 컬러 피커가 지정된 색으로 변경된다.

■ JavaScript

```
const element = document.querySelector('#myText');
element.value = '#00ff00';
```

▼ 실행 결과

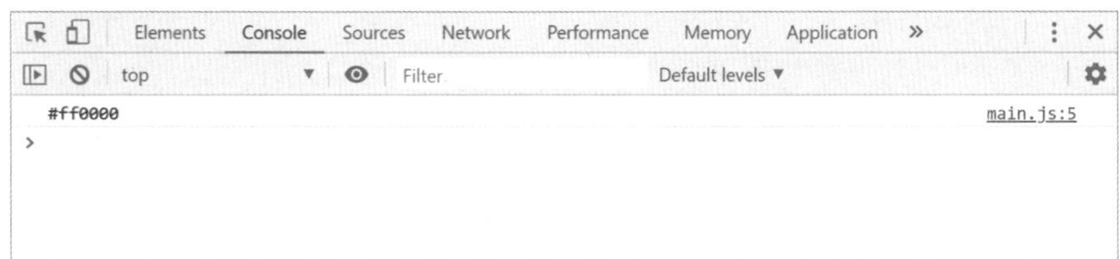

CHAPTER 9

177

색상 선택 정보 변경 확인하기

- 컬러 피커 상태 변경 시 작업을 처리하고 싶을 때

■ Syntax

이벤트	의미
change	input 요소 변경 시 이벤트

컬러 피커 요소의 상태 변경은 change 이벤트로 감시할 수 있다. addEventListener()를 사용해 이벤트 핸들러를 설정한다. 이벤트 핸들러 내부 함수는 앞서 기술한 색상 선택 정보 읽어 오기 방법을 사용한다. ▸▸176

■ HTML 177/index.html

```
<input type="color" id="myColor" />

<p class="log"></p>
```

■ JavaScript 177/main.js

```
const cbA = document.querySelector('#myColor');
cbA.addEventListener('change', (event) => {
  // 선택된 색상 확인하기
  const value = event.target.value;

  // 화면에 표시
  const log = `${value} 색상이 선택되었습니다.`;
  const logEl = document.querySelector('.log');
  logEl.innerHTML = log;
  logEl.style.backgroundColor = value;
});
```

▼ 실행 결과

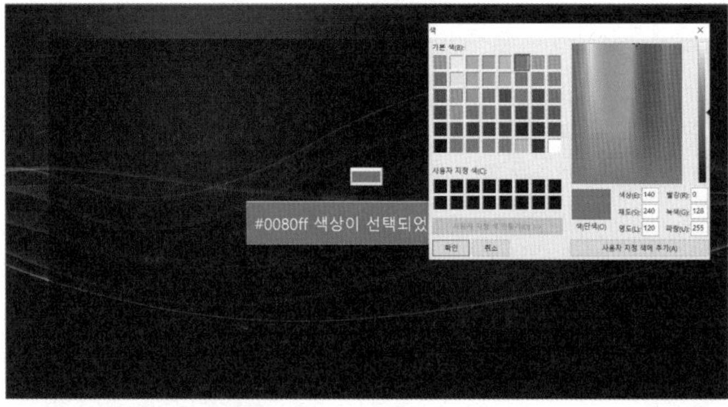

▼

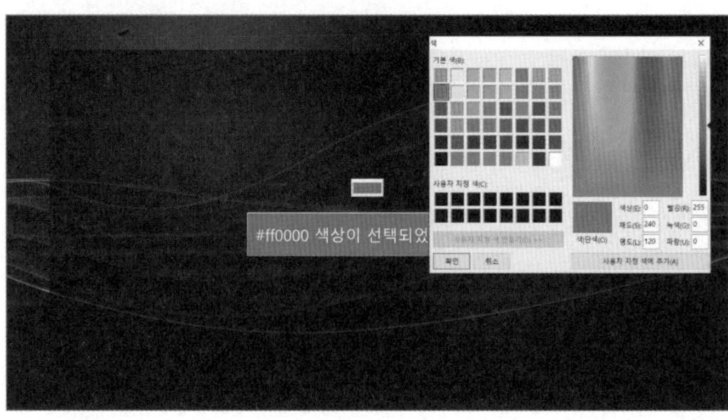

CHAPTER 9

178

풀다운Pull-down 메뉴 사용하기

- 시도별 행정 구역 입력 폼을 만들고 싶을 때
- 풀다운 메뉴를 동적으로 처리하고 싶을 때

지역마다 부여된 행정 표준 코드의 일부를 가져와 풀다운 입력 폼을 만들어 보자. 스크립트로 select 요소 내 option 요소를 동적으로 생성한다.

■ **HTML** 178/index.html

```
<select id="pref"></select>
<p class="log"></p>
```

■ **JavaScript** 178/main.js

```
// 행정 표준 코드에 따른 지역별 코드 배열
const PREF_LIST = [
  { value: 1, name: '서울' },
  { value: 2, name: '세종' },
  { value: 3, name: '부산' },
  { value: 4, name: '대구' },
  { value: 5, name: '인천' },
  { value: 6, name: '광주' },
  { value: 7, name: '대전' },
  { value: 8, name: '울산' },
  { value: 9, name: '제주' },
  { value: 10, name: '서귀포' },
  { value: 11, name: '수원' },
  { value: 12, name: '고양' },
  { value: 13, name: '성남' },
  { value: 14, name: '용인' },
  { value: 15, name: '부천' },
  { value: 16, name: '안산' },
  { value: 17, name: '평택' },
  { value: 18, name: '의정부' },
  { value: 19, name: '김포' },
  { value: 20, name: '광명' },
  { value: 21, name: '하남' },
  { value: 22, name: '과천' },
```

```
  { value: 23, name: '춘천' },
  { value: 24, name: '원주' },
  { value: 25, name: '강릉' },
  { value: 26, name: '속초' },
  { value: 27, name: '충주' },
  { value: 28, name: '아산' },
  { value: 29, name: '전주' },
  { value: 30, name: '군산' },
  { value: 31, name: '남원' },
  { value: 32, name: '목포' },
  { value: 33, name: '여수' },
  { value: 34, name: '순천' },
  { value: 35, name: '광양' },
  { value: 36, name: '포항' },
  { value: 37, name: '경주' },
  { value: 38, name: '김천' },
  { value: 39, name: '안동' },
  { value: 40, name: '구미' },
  { value: 41, name: '상주' },
  { value: 42, name: '창원' },
  { value: 43, name: '진주' },
  { value: 44, name: '통영' },
  { value: 45, name: '사천' },
  { value: 46, name: '김해' },
  { value: 47, name: '거제' }
];

// select 요소 참조
const selectElement = document.querySelector('#pref');

// option 요소 초기 표시 작성
let optionString = '<option value="">선택하세요</option>';
// option 요소를 배열에서 가져오기
PREF_LIST.forEach((item) => {
  // 시도별 value와 name 반영
  optionString +=
    `<option value="${item.value}">${item.name}</option>`;
});
```

CHAPTER 9 폼

```
// option 요소를 select 요소에 추가
selectElement.innerHTML = optionString;

// 변경 시 이벤트
selectElement.addEventListener('change', (event) => {
  // 현재 값 가져오기
  const value = event.target.value;

  // 메시지 작성
  const message =
    value === '' ? '지역이 선택되지 않았습니다.' : `선택된 지역은 ${value} 입니다.`;

  // 화면에 표시
  document.querySelector('.log').innerHTML = message;
});
```

※ 메시지 작성에서 사용한 삼항 연산자는 "진릿값 ? 값1 : 값2"의 방식으로 기술하며, 진릿값이 true인 경우 값1, false인 경우 값2를 반환한다.

▼ 실행 결과

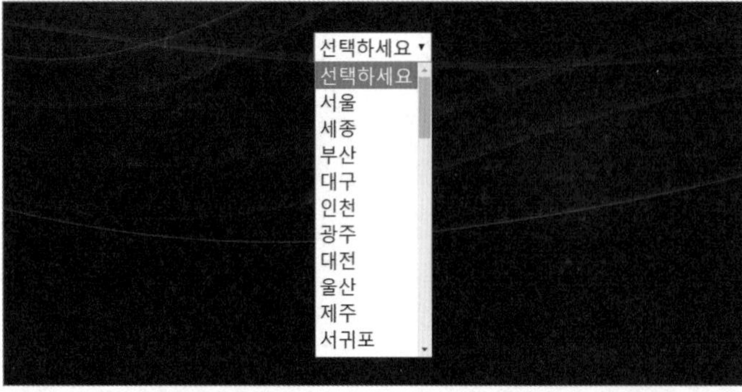

▼

CHAPTER 9
179

폼 전송하기

- 폼 전송 전 추가 작업을 처리하고 싶을 때
- 폼 전송 전 확인 작업을 하고 싶을 때

■ Syntax

이벤트	의미
submit	폼 전송 시 이벤트

폼 요소의 submit 이벤트를 감시하여 폼 전송 전 추가 작업을 처리할 수 있다. 해당 이벤트로 폼 전송 전의 데이터를 가공하거나 데이터 전송 여부를 확인할 수 있다. 전송 취소 후 재입력을 요구하고 싶을 때는 event.preventDefault( )를 사용해 이벤트를 해제한다.

■ HTML 179/index.html

```
<form>
  <label for="myText">텍스트를 입력해 주세요.</label>
  <input type="text" name="myText" id="myText">
  <button>전송하기</button>
</form>
```

■ JavaScript 179/main.js

```
// form 요소 참조
const formElement = document.querySelector('form');
// 전송 이벤트 감시
formElement.addEventListener('submit', handleSubmit);

// 전송 이벤트 발생 시
function handleSubmit(event) {
  // confirm으로 전송 확인
  const isYes = confirm('이 내용으로 전송하시겠습니까?');

  // '취소'를 선택한 경우
  if (isYes === false) {
    // 이벤트 해제
    event.preventDefault();
  }
}
```

▼ **실행 결과**

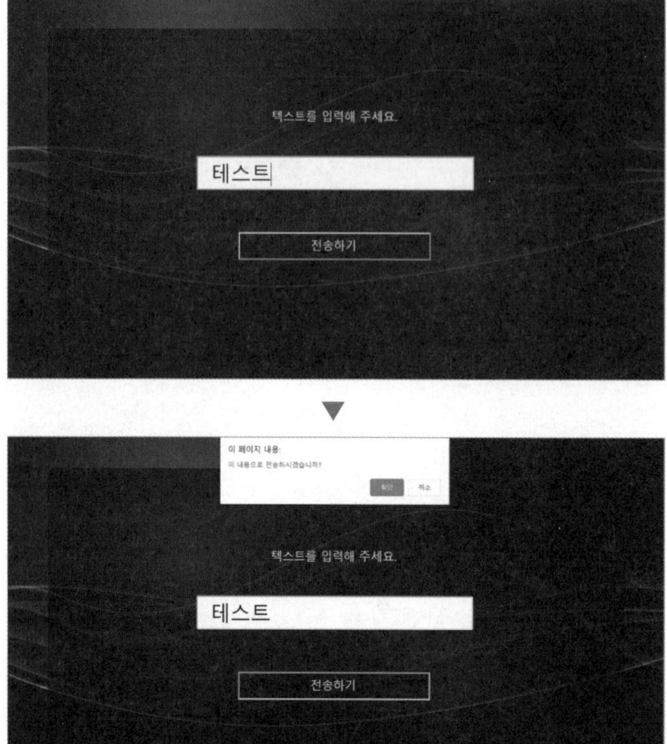

전송하기를 누르면 확인창이 표시된다. 취소를 선택하면 데이터 재입력이 가능하며, 확인을 선택하면 폼이 전송된다

애니메이션 효과

CHAPTER

10

CHAPTER 10 180 CSS Transitions · CSS Animations 사용하기

- CSS 애니메이션 타이밍에 맞춰 작업을 처리하고 싶을 때

CSS Transitions와 CSS Animations는 기본적으로 셀렉터의 상태 변화에 따라 발생한다. 예를 들어, 요소에 클래스를 추가하거나 제거하면 상태가 변한다. 그러므로 자바스크립트는 요소의 클래스를 조작하여 CSS Transitions과 CSS Animations를 사용할 수 있다.

■ **JavaScript (부분)** 180/main.js

```
const button = document.querySelector('button');
button.addEventListener('click', handleClick);

function handleClick() {
  const element = document.querySelector('.target');
  if (element.classList.contains('state-show') === false) {
    element.classList.add('state-show');
  } else {
    element.classList.remove('state-show');
  }
}
생략
```

버튼을 클릭하면 요소의 state-show 클래스 포함 여부를 확인한다. false의 경우 해당 클래스를 추가하며, true의 경우 해당 클래스를 제거함으로써 요소의 상태를 전환한다.

▼ 실행 결과

```
<!doctype html>
<html lang="ko">
▶<head>…</head>
▼<body class="chapter-10">
   ::before
  ▼<main class="centering">
...    <div class="target state-show"></div> == $0
    ▼<div class="ui">
       <button>
               Transition 확인
             </button>
       <div class="log">transitionend 발생 : 오후 10:13:17</div>
     </div>
   </main>
 </body>
</html>
```

▼

```
<!doctype html>
<html lang="ko">
▶<head>…</head>
▼<body class="chapter-10">
   ::before
  ▼<main class="centering">
...    <div class="target"></div> == $0
    ▼<div class="ui">
       <button>
               Transition 확인
             </button>
       <div class="log">transitionend 발생 : 오후 10:14:06</div>
     </div>
   </main>
 </body>
</html>
```

CHAPTER 10
181

CSS Transitions 종료 시 작업 처리하기

- 모션 실행 후 처리를 추가하고 싶을 때

Syntax

이벤트	의미
transitionend	transition 완료 시 이벤트

요소의 다음 이벤트를 감시하면 애니메이션 종료를 확인할 수 있다. transitionend 이벤트는 CSS Transitions를 감시하며, 해당 이벤트가 완료되면 transitionend 이벤트가 발생한다.

CSS

181/style.css

```
.rect {
  생략
  width: 100px;
  transition: all 2s;
}

.rect.state-show {
  width: 400px;
}
```

JavaScript (부분)

181/main.js

```
const element = document.querySelector('.rect');
element.addEventListener('transitionend', (event) => {
  // 애니메이션 완료 시점의 처리 코드
});
```

▼ 실행 결과

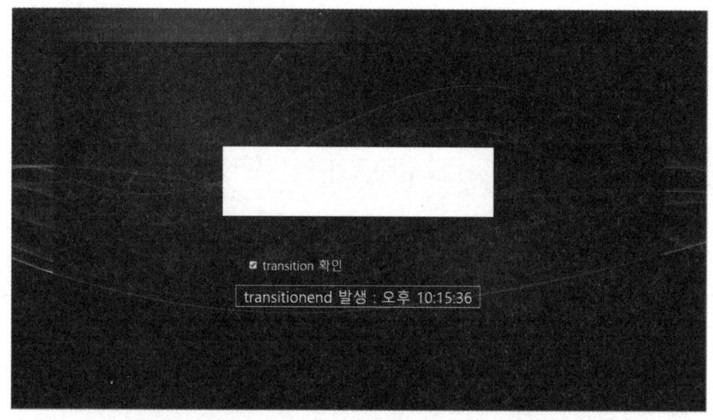
transition 확인
transitionend 발생 : 오후 10:15:36

▼

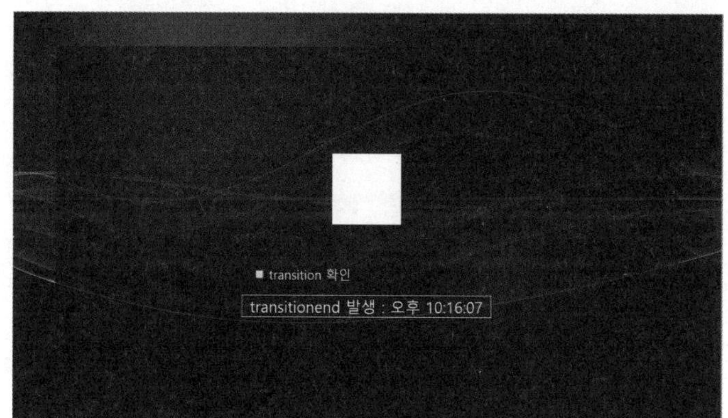
transition 확인
transitionend 발생 : 오후 10:16:07

CHAPTER 10
182

CSS Animations 종료 시 작업 처리하기

- 모션 실행 후 처리를 추가하고 싶을 때

■ Syntax

이벤트	의미
animationstart	애니메이션 시작 시 이벤트
animationiteration	애니메이션 반복 발생 시 이벤트
animationend	애니메이션 종료 시 이벤트

요소의 다음 이벤트를 감시하면 애니메이션 종료를 확인할 수 있다. animationstart, animationiteration, animationend 이벤트는 CSS Animations을 감시하며, 해당 이벤트가 완료되면 animationstart 이벤트가 발생한다.

■ CSS

182/style.css

```
.rect {
  생략
  width: 100px;
  height: 100px;
  background: url('images/loading.svg');
}

.rect.state-show {
  animation: infinite 1s rotate linear;
}

@keyframes rotate {
  0% {
    transform: rotate(0deg);
  }
  100% {
    transform: rotate(360deg);
  }
}
```

■ **JavaScript(부분)** 182/main.js

```
const targetEl = document.querySelector('.rect');
targetEl.addEventListener('animationstart', (event) => {
  // 애니메이션 시작 시 발생 이벤트
});
targetEl.addEventListener('animationiteration', (event) => {
  // 애니메이션 반복 발생 시 이벤트
  // 반복 미지정 시 발생하지 않음
});
targetEl.addEventListener('animationend', (event) => {
  // 애니메이션 종료 시 발생 이벤트
  // 반복 지정 시 발생하지 않음
});
```

▼ **실행 결과**

CHAPTER 10
183

Web Animations API 사용하기

- 자유도가 높은 모션을 생성하고 싶을 때
- 자바스크립트를 메인으로 모션을 생성하고 싶을 때

Syntax

메소드	의미	반환
요소.animate(객체, 객체)	애니메이션 처리	없음

Web Animations API※는 자바스크립트에서 애니메이션을 사용하기 위한 하나의 수단이다. CSS Transitions와 CSS Animations는 CSS에 모션을 미리 등록해 놓아야 한다. 하지만 Web Animations API는 자바스크립트만으로 처리할 수 있어 종료 시점을 판단하기 쉽다는 장점이 있다. 첫 번째 인수는 시작과 종료 값을 포함하는 객체, 두 번째 인수는 애니메이션 속성을 포함하는 객체를 지정한다.

※ Web Animations API는 W3C에서 정의한 표준 사양이다. 집필 시점에는 구글 크롬, 모질라 파이어폭스, 사파리를 지원하고, 마이크로소프트 에지는 지원되지 않아 Polyfill을 사용하였으나 현재는 모두 지원된다(2020년 8월 17일 기준).

JavaScript

183/main.js

```
// 요소 가져오기
const element = document.querySelector('.rect');
element.animate(
  {
    transform: [
      'translateX(0px) rotate(0deg)', // 시작 값
      'translateX(800px) rotate(360deg)' // 종료 값
    ]
  },
  {
    duration: 3000, // 밀리초 지정
    iterations: Infinity, // 반복 횟수
    direction: 'normal', // 반복 작업 방식
    easing: 'ease' // 가속도 종류
  }
);
```

▼ 실행 결과

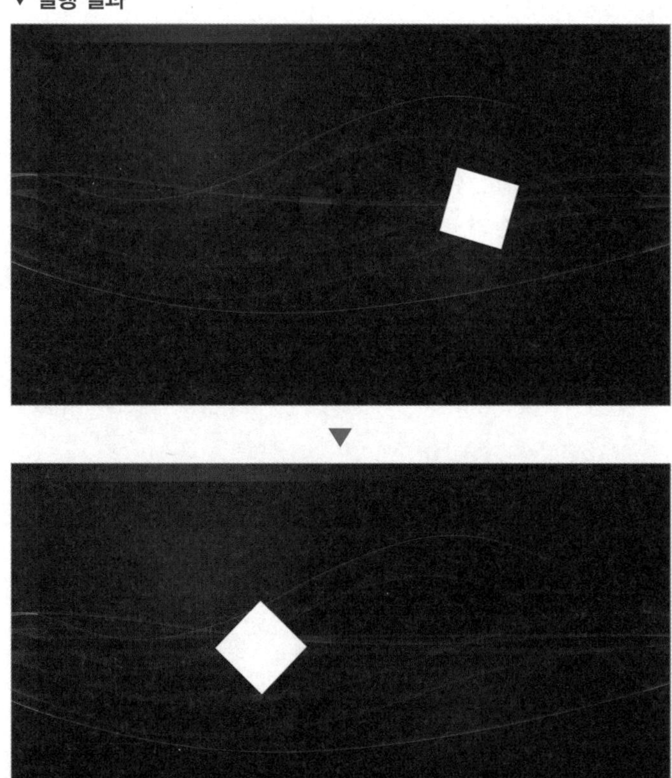

CHAPTER 10

184 요소 크기 변경하기

- 버튼에 마우스 반응을 설정하고 싶을 때
- 특정 요소에 눈에 띄는 효과를 주고 싶을 때

요소의 크기 변경은 CSS의 transform 속성과 scale( ) 메소드를 사용한다. scale( )의 인수가 1이면 원래 상태의 크기를 나타내며, 인수가 1보다 크면 확대, 작으면 축소한다. 예를 들면 2는 두 배의 비율, 0.5는 절반의 비율을 나타낸다. CSS Transitions와 Web Animations API의 샘플을 확인해 보자.

CSS Transitions를 사용한 샘플

■ **CSS(부분)** 184/CSSTransitions/style.css

```
.rect {
  생략

  transition: all 0.5s;
}

.rect.state-show {
  transform: scale(4);
}
```

■ **JavaScript(부분)** 184/CSSTrajsitions/main.js

```
const element = document.querySelector('.rect');
if (element.classList.contains('state-show') === true) {
  element.classList.remove('state-show');
} else {
  element.classList.add('state-show');
}
```

Web Animations API를 사용한 샘플

■ **JavaScript(부분)** 184/WebAnimations/main.js

```
const element = document.querySelector('.rect');
element.animate(
  {
    transform: [
      'scale(1)', // 시작 값
      'scale(5)' // 종료 값
    ]
  },
  {
    duration: 500, // 밀리초 지정
    fill: 'forwards', // 종료 시 속성을 지님
    easing: 'ease' // 가속도 종류
  }
);
```

▼ **실행 결과**

▼

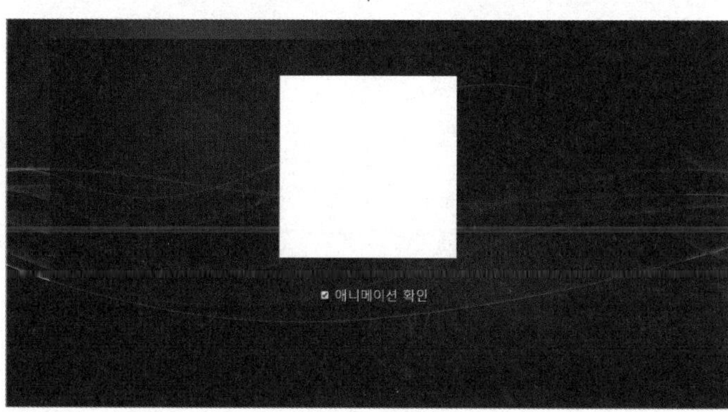

CHAPTER 10

185

요소 이동하기

- 요소의 이동 모션으로 주의를 환기하고 싶을 때

좌표의 변경은 CSS의 transform 속성에 translate( ) 메소드를 사용한다. translate( )를 사용해 요소의 수직과 수평 이동이 가능하다. CSS Transitions와 Web Animations API의 샘플을 확인해 보자.

CSS Transitions를 사용한 샘플

■ **CSS** 185/CSSTransitions/style.css

```
.rect {
  width: 100px;
  height: 100px;
  display: block;
  position: absolute;
  background: white;
  top: 150px;

  transition: all 3s;
}

.rect.state-show {
  transform: translate(300px, 0px);
}
```

■ **JavaScript (부분)** 185/CSSTransitions/main.js

```
const element = document.querySelector('.rect');
if (element.classList.contains('state-show') === true) {
  element.classList.remove('state-show');
} else {
  element.classList.add('state-show');
}
```

Web Animations API를 사용한 샘플

■ **JavaScript(부분)** 185/WebAnimations/main.js

```
const element = document.querySelector('.rect');
element.animate(
  {
    transform: [
      'translateX(0px)', // 시작 값
      'translateX(300px)' // 종료 값
    ]
  },
  {
    duration: 3000, // 밀리초 지정
    fill: 'forwards', // 종료 시 속성을 지님
    easing: 'ease' // 가속도 종류
  }
);
```

▼ **실행 결과**

▼

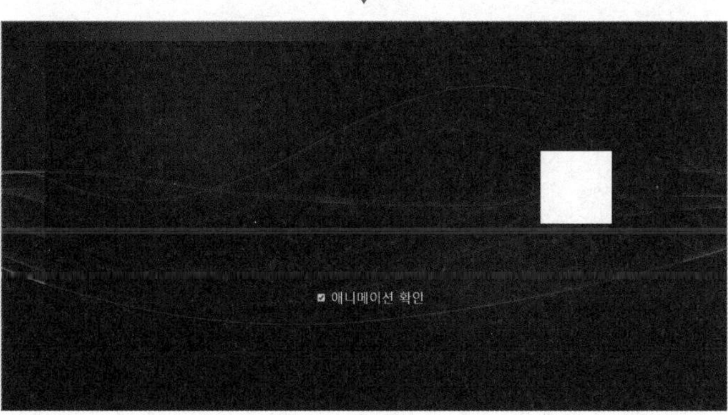

186 요소 투명도 조절하기

- 비표시 상태가 되는 요소 효과를 주고 싶을 때

CSS의 opacity 속성을 사용해 요소의 불투명도를 조절한다. opacity가 1일 때는 완전 불투명 상태이며, 0일 때는 완전 투명 상태, 0.5는 반투명 상태다. CSS Transitions와 Web Animations API의 샘플을 확인해 보자.

CSS Transitions를 사용한 샘플

■ **CSS** 186/CSSTransitions/style.css

```
.rect {
  width: 200px;
  height: 200px;
  display: block;
  position: absolute;
  background: white;
  top: 100px;

  transition: all 0.5s;
}

.rect.state-show {
  opacity: 0.5;
}
```

■ **JavaScript(부분)** 186/CSSTransitions/main.js

```
const element = document.querySelector('.rect');
if (element.classList.contains('state-show') === true) {
  element.classList.remove('state-show');
} else {
  element.classList.add('state-show');
}
```

Web Animations API를 사용한 샘플

■ JavaScript(부분) 186/WebAnimations/main.js

```
const element = document.querySelector('.rect');
element.animate(
  {
    opacity: [
      1.0, // 시작 값
      0.5 // 종료 값
    ]
  },
  {
    duration: 500, // 밀리초 지정
    fill: 'forwards', // 종료 시 속성을 지님
    easing: 'ease' // 가속도 종류
  }
);
```

▼ 실행 결과

▼

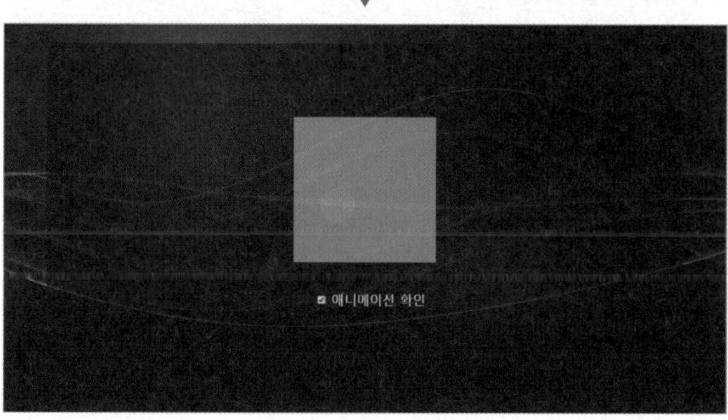

요소 밝기 조절하기

- 밝기를 조절하여 요소를 눈에 띄게 만들고 싶을 때
- 포커스 상태 효과를 주고 싶을 때

밝기 조절은 CSS의 filter 속성에 brightness( ) 메소드를 사용하며, brightness(100%)가 기본 상태다. 인수가 100%보다 크면 밝아지고 작으면 어두워진다. CSS Transitions와 Web Animations API의 샘플을 확인해 보자.

CSS Transitions를 사용한 샘플

■ **CSS** 187/CSSTransitions/style.css

```
.rect {
  생략

  filter: brightness(100%);
  transition: all 0.5s;
}

.rect.state-show {
  filter: brightness(300%);
}
```

■ **JavaScript (부분)** 187/CSSTransitions/main.js

```
const element = document.querySelector('.rect');
if (element.classList.contains('state-show') === true) {
  element.classList.remove('state-show');
} else {
  element.classList.add('state-show');
}
```

Web Animations API를 사용한 샘플

■ **JavaScript(부분)** 187/WebAnimations/main.js

```
const element = document.querySelector('.rect');
element.animate(
  {
    filter: [
      'brightness(100%)', // 시작 값
      'brightness(300%)' // 종료 값
    ]
  },
  {
    duration: 500, // 밀리초 지정
    fill: 'forwards', // 종료 시 속성을 지님
    easing: 'ease' // 가속도 종류
  }
);
```

▼ **실행 결과**

▼

188 요소 채도 조절하기

- 요소에 모노크롬 효과를 주고 싶을 때

채도의 조절은 CSS의 filter 속성에 grayscale( ) 메소드를 사용한다. 기본 상태는 grayscale (0%)이며, 인수의 값이 100%이면 모노크롬 효과를 낸다. CSS Transitions와 Web Animations API 두 가지의 샘플을 확인해 보자.

CSS Transitions를 사용한 샘플

■ **CSS** 188/CSSTransitions/style.css

```
.rect {
  생략

  filter: grayscale(0%);
  transition: all 0.5s;
}

.rect.state-show {
  filter: grayscale(100%);
}
```

■ **JavaScript (부분)** 188/CSSTransitions/main.js

```
const element = document.querySelector('.rect');
if (element.classList.contains('state-show') === true) {
  element.classList.remove('state-show');
} else {
  element.classList.add('state-show');
}
```

Web Animations API를 사용한 샘플

■ JavaScript(부분) 188/WebAnimations/main.js

```
const element = document.querySelector('.rect');
element.animate(
  {
    filter: [
      'grayscale(0%)', // 시작 값
      'grayscale(100%)' // 종료 값
    ]
  },
  {
    duration: 500, // 밀리초 지정
    fill: 'forwards', // 종료 시 속성을 지님
    easing: 'ease' // 가속도 종류
  }
);
```

▼ 실행 결과

▼

189 requestAnimationFrame 사용하기

- WebGL과 HTML 캔버스에서 애니메이션을 처리하고 싶을 때
- 요소에 3D 효과를 주고 싶을 때

■ **Syntax**

메소드	의미	반환
requestAnimationFrame(함수)	시간 경과에 따른 실행 함수 등록	숫자

requestAnimationFrame( )은 화면에 각 프레임이 표시되기 전에 함수를 불러내는 명령으로, 이 메소드를 사용하면 시간 경과에 따른 지속적인 변화를 줄 수 있다. 일반적인 디스플레이는 초당 60프레임이 표시되며, 이는 한 프레임당 약 16밀리초의 시간이다. 만약 setTimeout( )과 setInterval( )을 사용해 16밀리초 이하의 시간을 설정한다면, 화면에는 표시되지 않으므로 불필요한 처리가 발생한다. 그러나 requestAnimationFrame( )을 사용하면 웹에서 불필요한 처리 없이 프레임 표시에 맞춰 애니메이션 효과를 줄 수 있다.

requestAnimationFrame( )은 한 번만 호출되나, 애니메이션을 생성하기 위해서는 함수의 연속 호출이 필요하다. 함수 내에서 자신을 다시 불러내도록 하여 tick 함수를 지속적으로 실행할 수 있다.

■ **JavaScript**

```
tick();
function tick() {
  requestAnimationFrame(tick);
  // 애니메이션 작업 처리 내용
}
```

requestAnimationFrame( )은 주로 WebGL과 HTML 캔버스에서 사용한다.

함수의 실행을 멈추고 싶을 때는 다음과 같은 방법을 사용한다.

- **requestAnimationFrame( )의 호출을 멈춤**
- **cancelAnimationFrame( )을 사용해 멈춤**

■ JavaScript

```
tick();
function tick() {
  if (조건문) {
    requestAnimationFrame(tick);
  }

  // 애니메이션 작업 처리 내용
}
```

requestAnimationFrame()은 숫자 값의 requestID를 반환한다. 임의의 시점에 requestID를 cancelAnimationFrame()의 인수로 전달하면 해당 함수의 실행을 취소한다.

■ JavaScript

```
tick();
let requestID;
function tick() {
  requestID = requestAnimationFrame(tick);

  // 애니메이션 작업 처리 내용
}

cancelAnimationFrame(requestID);
```

190 requestAnimationFrame 사용하기 HTML

- 마우스 커서를 따라다니는 애니메이션을 생성하고 싶을 때

requestAnimationFrame( )은 애니메이션의 모션을 세세하게 조절할 수 있다는 장점을 가졌다.

HTML 요소에 애니메이션 효과를 주기 위해서는 style 속성값을 조절한다. 앞서 사용한 tick 함수를 다시 사용하여 확인해 보자. ▸▸189 tick 함수 내에서 style 속성값을 조절해 애니메이션 효과를 부여한다. style 속성의 대부분은 단위 표기가 필수이므로 단위 넣는 것을 잊지 않도록 주의하자.※

※ 예 px, % 등 옮긴이

■ **HTML** 190/index.html

```
<div class="followAnimation">
  🐝
</div>
```

■ **CSS** 190/style.css

```
.followAnimation {
  position: fixed;
  top: 0;
  left: 0;
  will-change: transform;
  font-size: 5rem;
}
```

■ **JavaScript** 190/main.js

```
// 커서를 따라다니는 요소 가져오기
const el = document.querySelector('.followAnimation');

// 마우스 좌표
let mouseX = 0;
let mouseY = 0;
```

```
// 커서를 따라다니는 요소의 좌표
let currentX = 0;
let currentY = 0;
// 마우스 이동 시
document.body.addEventListener('mousemove', (event) => {
  // 마우스 좌표 저장
  mouseX = event.clientX;
  mouseY = event.clientY;
});

tick();
function tick() {
  // 애니메이션 프레임 지정
  requestAnimationFrame(tick);

  // 따라오는 요소 좌표에 마우스 좌표를 지연시켜 반영
  currentX += (mouseX - currentX) * 0.1;
  currentY += (mouseY - currentY) * 0.1;

  // 지연된 좌표를 위치에 반영
  el.style.transform = `translate(${currentX}px, ${currentY}px)`;
}
```

▼ 실행 결과

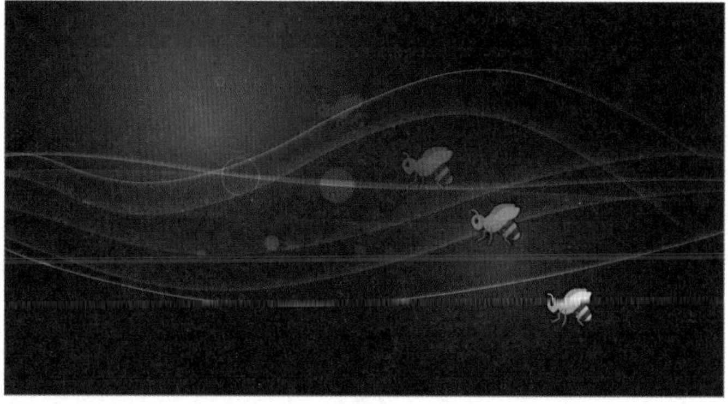

마우스 커서를 따라 애니메이션이 천천히 따라온다

개발자 도구를 사용해 요소의 style 속성이 실시간으로 변하는 것을 확인할 수 있다.

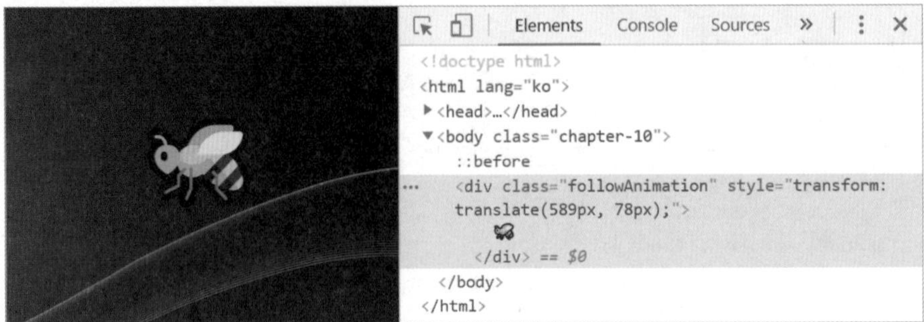

style 속성 내 transform 속성의 값이 계속 변하고 있다

그림/사운드/영상

CHAPTER

11

CHAPTER 11

191

스크립트로 이미지 로딩하기

적용

- 이미지를 로딩하여 사용하고 싶을 때

■ Syntax

속성	의미	타입
src	리소스 지정	문자열

스크립트의 이미지 표시는 HTML 내 img 요소를 배치하고 src 속성에 문자열을 대입한다. document.querySelector( )로 요소를 참조하기 위해서는 해당 요소에 id 속성을 할당한다. HTML 내 src 속성은 공백으로 처리할 수 있다.

img 요소는 기본적으로 페이지를 읽어 오는 시점에 자동으로 로딩되지만, 스크립트를 사용해 임의의 시점에 이미지를 표시할 수 있다. HTML의 src 속성을 공백으로 설정해 두고 필요할 때 설정하여 사용하는 방법이다.

■ HTML 191/index.html

```
<img id="myImageA" />
<img id="myImageB" />
```

■ JavaScript 191/main.js

```
const imgA = document.querySelector
('#myImageA');
imgA.src = 'images/photo_a.jpg';

const imgB = document.querySelector
('#myImageB');
imgB.src = 'images/photo_b.jpg';
```

▼ 실행 결과

이미지 로딩 후 작업하기

- 이미지 로딩을 지연시키고 싶을 때

Syntax

구문	의미
onload	로딩 완료 시점의 처리 작업 지정

onload 이벤트를 사용해 이미지 로딩 완료 시점의 처리 작업을 지정할 수 있다. 예를 들어, 로딩 중인 상황에서는 '로딩 중'을 표시하고 로딩이 완료되면 완료 표시로 변경하는 작업이 가능하다. 기능 구현을 위해 HTML의 src 속성 초깃값은 설정하지 않고 공백으로 둔다.

HTML

192/index.html

```html
<img id="myImage" width="640" height="426"/>
```

JavaScript

192/main.js

```javascript
const img = document.querySelector('#myImage');
img.onload = () => {
  // 이미지 로딩 완료 후 처리 작업
  img.classList.remove('loading');
};
img.src = 'images/photo.jpg';
img.classList.add('loading');
```

▼ 실행 결과

▼

CHAPTER 11

193 이미지 로딩 지연시키기

- 이미지 로딩 중인 상태를 표시하고 싶을 때
- 이미지 로딩 후 이미지 데이터에 액세스하고 싶을 때

웹 페이지 내 이미지 로딩을 지연시키기 위해서는 DomContentLoaded 이벤트에서 img 요소 data-src 속성의 값을 Map에 보관한 뒤 요소의 속성값을 비운다. src가 아닌 data-src를 사용하는 이유는 src 속성에 공백 값이 들어가면 네트워크 통신이 발생하기 때문이다. 로딩하고 싶은 시점에 Map에 보관한 값을 src 속성에 넣어 작업을 처리한다. 해당 작업을 사용하여 버튼 클릭 시 이미지를 로딩하는 샘플을 확인해 보자.

■ **HTML** 193/index.html

```
<p>
  <img data-src="images/photo_a.jpg"
       width="320"
       height="214"/>
  <img data-src="images/photo_b.jpg"
       width="320"
       height="214"/>
</p>
<button class="btn">그림 로딩하기</button>
```

■ **JavaScript** 193/main.js

```
// 데이터 보관을 위한 Map
const srcMap = new Map();
window.addEventListener('DOMContentLoaded', () => {
  // 모든 img 요소 참조
  const imgs = document.querySelectorAll('img');
  imgs.forEach((img) => {
    // 각 img 요소 data-src 속성을 Map에 보관
    srcMap.set(img, img.dataset.src);
    // 로딩을 지연시키기 위해 요소의 속성 제거
    img.removeAttribute('src');
  });
});
```

```
const btn = document.querySelector('.btn');
btn.addEventListener('click', () => {
  // 모든 img 요소 참조
  const imgs = document.querySelectorAll('img');
  imgs.forEach((img) => {
    // Map에 보관한 값을 src 속성에 대입
    const source = srcMap.get(img);
    img.src = source;
  });
});
```

▼ 실행 결과

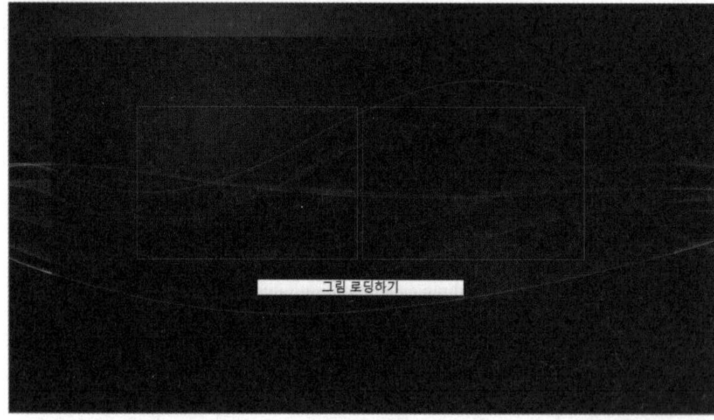

▼

194 Base64 형식 이미지 표시하기

- 프로그램으로 생성한 이미지 데이터를 표시하고 싶을 때

JPEG와 PNG 파일은 바이너리Binary 파일이므로 텍스트 에디터로 열 수 없지만, Base64를 사용하면 이미지를 문자열 상태로 관리할 수 있다. 자바스크립트는 Base64 문자열을 사용해 src 속성에 해당 문자열을 대입하여 이미지를 표시할 수 있다. Base64의 시작 문자열은 'data:image/jpeg;base64' 또는 'data:image/png;base64'다.

■ **HTML** 194/index.html

```
<img id="myImage" />
```

■ **JavaScript** 194/main.js

```
const img = document.querySelector('#myImage');
img.src = 'data:image/jpeg;base64,/9j/4 생략 MD8+5//2Q ==';
```

Base64는 다음 상황에서 사용할 수 있다.

- 자바스크립트만으로 자료를 관리하고 싶을 때
- 데이터베이스에 문자열 형태로 이미지가 보관되어 있을 때
- 서버의 자료를 문자열 형태로 받았을 때
- 캔버스 요소를 문자열로 보관했을 때

▼ **실행 결과**

CHAPTER 11

195 스크립트로 이미지 요소 추가하기

- 동적으로 이미지를 배치하고 싶을 때
- 대량의 이미지를 효율적으로 배치하고 싶을 때

■ Syntax

메소드	의미	반환
new Image()	img 요소 인스턴스 생성	img 요소

img 요소의 인스턴스는 Image 객체를 사용해 생성하며, new Image() 대신 document.createElement('img')를 사용할 수도 있다. 작성한 요소는 DOM 트리에 추가가 필요하며, body 요소 내 표시하고자 할 때는 document.body.appendChild()를 사용한다.

■ HTML 195/index.html

```
<div class="container"></div>
```

■ JavaScript 195/main.js

```
// 삽입하고 싶은 요소를 참조
const container = document.querySelector('.container');
for (let i = 0; i < 6; i++) {
  // Image 객체 생성
  const img = new Image();
  // src 속성에 파일 주소 지정
  img.src = `images/photo-${i}.jpg`;
  // 요소에 삽입
  container.appendChild(img);
}
```

▼ 실행 결과

CHAPTER 11

196

사운드 사용하기

- 사운드를 HTML 태그로 조절하고 싶을 때
- 사운드를 반복 재생하고 싶을 때
- 사운드 컨트롤 UI를 표시하고 싶을 때

■ **Syntax**

속성	의미	타입
src	리소스 지정	문자열
controls	컨트롤 바 표시	없음
loop	루프 지정	없음
preload	미리 불러오기	문자열

audio 태그는 사운드 파일 재생 멀티미디어 관련 태그다. HTML 내 audio 요소를 배치하고 src 속성에 사운드 파일을 지정한다.

■ **HTML** 196/index.html

```
<audio src="music.mp3"></audio>
```

재생이나 일시정지 등의 버튼 사용할 수 있으며, controls를 사용하지 않으면 화면에는 버튼이 표시되지 않는다. 컨트롤 바는 브라우저에 따라 독자적인 디자인을 가진다.

■ **HTML** 196/index.html

```
<audio src="music.mp3" controls></audio>
```

audio 요소의 사운드 반복 재생은 loop 속성을 지정한다.

■ **HTML** 196/index.html

```
<audio src="music.mp3" controls loop></audio>
```

페이지를 표시할 때 사운드 데이터를 함께 로드하고 싶은 경우 preload 속성을 설정한다. 지정 가능한 값은 auto(미리 로드), metadata(메타 데이터만 로드), none(재생 시 로드)이 있다.

■ HTML

196/index.html

```
<audio src="music.mp3" controls preload="none"></audio>
```

▼ 실행 결과

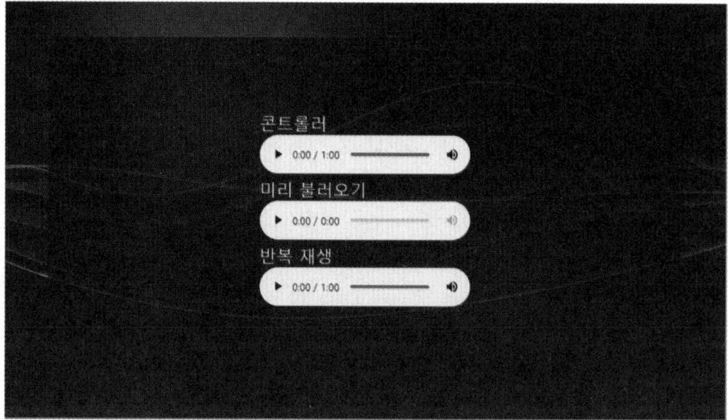

스크립트로 사운드 제어하기

• 스크립트로 사운드 재생 상태를 관리하고 싶을 때

■ Syntax

메소드	의미	반환
play( )	재생	Promise
pause( )	일시정지	없음

audio 요소의 play( )와 pause( )를 사용해 사운드를 재생하거나 정지할 수 있다.

■ HTML 197/index.html

```
<div>
  <audio id="myAudio" src="assets/music.mp3" controls></audio>
</div>
<div>
  <button id="btnPlay">재생</button>
  <button id="btnPause">정지</button>
</div>
```

■ JavaScript (부분) 197/main.js

```
const audio = document.querySelector('#myAudio');
```

재생은 play( )를 사용한다.

```
audio.play();
```

일시정지는 pause( )를 사용한다. 사운드 재생 바가 해당 위치에서 멈춘다.

```
audio.pause();
```

198 사운드 재생 조절하기

- 사운드 재생 시간을 조절하고 싶을 때

■ **Syntax**

속성	의미	타입
currentTime	재생 헤드 값(second). 읽기/쓰기 가능	숫자
duration	사운드의 길이(second). 읽기 가능	숫자

audio 요소의 currentTime 속성을 사용해 현재 재생 위치(초 단위) 확인이나 설정이 가능하며, 스크립트로 스킵 기능을 사용할 때도 유용하다. 사운드의 길이Duration보다 작은 값을 설정하지 않도록 주의하자.

■ **JavaScript**

```
const audio = document.querySelector('#myAudio');
audio.currentTime = 1.0;
```

duration 속성은 사운드의 길이를 확인할 수 있다. 사운드 데이터의 메타 정보를 모두 가져오기 전까지는 길이를 확인할 수 없으므로 loadedmetadata 이벤트 사용이 필요하다. 해당 이벤트 발생 확인 후 duration 속성으로 사운드 데이터의 길이를 확인할 수 있다.

■ **JavaScript**

```
const audio = document.querySelector('#myAudio');
audio.addEventListener('loadedmetadata', () => {
  console.log(audio.duration); // 사운드 길이(초 단위)
});
```

CHAPTER 11

199 사운드 볼륨 조절하기

적용

- 스크립트로 사운드의 볼륨을 조절하고 싶을 때
- 음소거 기능을 사용하고 싶을 때

■ **Syntax**

속성	의미	타입
volume	볼륨 값	숫자
muted	음소거 상태 여부	진릿값

volume 속성을 사용해 사운드의 볼륨을 확인하거나 설정을 조정할 수 있는데, 그 범위는 0.0(음소거) ~ 1.0(최대 볼륨) 내에서 설정이 가능하다. muted 속성은 음소거 상태의 확인과 설정이 가능하다. volume 속성은 볼륨 크기의 세세한 조절이 가능하지만, muted 속성은 음소거 기능만 작동한다.

■ **JavaScript**

```
const audio = document.querySelector('#myAudio');
audio.volume = 1.0;
```

■ **JavaScript**

```
const audio = document.querySelector('#myAudio');
audio.muted = true;
```

CHAPTER 11

200

Web Audio API 사용하기

적용

- 모바일 웹 사이트에서 사운드를 동시에 재생하고 싶을 때
- 오디오 파형으로 사운드 비주얼라이저를 만들고 싶을 때
- 오디오 데이터를 서버에 전송하고 싶을 때

Web Audio API는 사운드를 다루는 고급 기능이다. audio 요소에 비해 기능이 많고 제약이 적다. 예를 들면 사운드 파형의 데이터를 가져와 비주얼라이저를 만들거나, 모바일 브라우저에서 여러 BGM과 효과음을 동시에 재생할 수 있다. 다만 고급 기능이므로 난이도가 있고 코드가 길어진다. 사운드 파일을 로딩하여 재생하는 샘플을 확인해 보자. loadAndPlay() 함수를 사용해 사운드를 재생한다.

■ **HTML** 200/index.html

```
<button onclick="loadAndPlay()">재생</button>
<button onclick="stop()">정지</button>
```

■ **JavaScript** 200/main.js

```
loadAndPlay();

let source;

// 재생 처리
async function loadAndPlay() {
  const context = new AudioContext();

  // 사운드 파일 로딩
  const data = await fetch('assets/music.mp3');
  // ArrayBuffer로 사용
  const buffer = await data.arrayBuffer();
  // 오디오 데이터로 변환
  const decodedBuffer = await context.decodeAudioData(buffer);

  // 소스 작성
  source = context.createBufferSource();
  // 소스에 오디오 데이터 할당
  source.buffer = decodedBuffer;
```

```
  // 스피커 연결
  source.connect(context.destination);
  // 재생 시작
  source.start(0);
}

// 정지 기능
function stop() {
  // 재생 정지
  source.stop();
}
```

▼ **실행 결과**

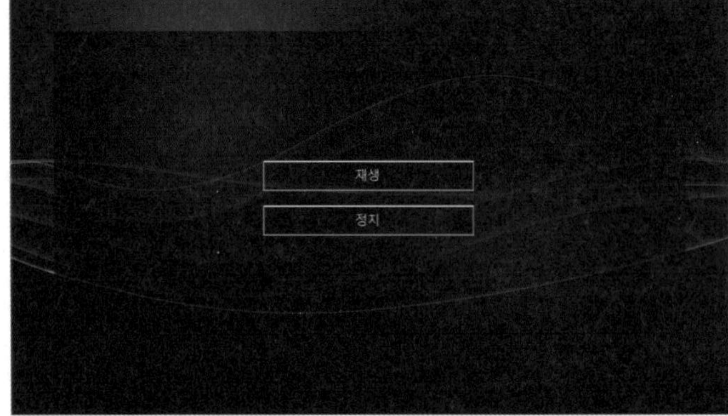

영상 로딩하기

- 웹 사이트에 영상을 넣고 싶을 때
- 웹 사이트에 영상으로 효과를 넣고 싶을 때

■ **Syntax**

속성	의미	타입
src	리소스 지정	문자열
controls	컨트롤 바 표시	없음
autoplay	자동 재생	없음
loop	반복	없음
preload	영상 미리 불러오기	문자열
playsinline	인라인 재생 지정	없음

video 태그를 사용해 영상을 로딩할 수 있다. HTML에 video 요소를 배치하고, src 속성에 파일의 주소를 지정한다. width와 height 속성으로 비디오의 가로, 세로 길이를 지정하며, 길이 지정이 없으면 영상의 사이즈에 맞춰 표시된다.

■ **HTML**

```
<video src="영상 파일 " width="가로" height="세로"></video>
```

controls 속성을 사용하여 비디오 재생, 정지 버튼을 사용할 수 있다.

■ **HTML**

```
<video src="sample.mp4" width="320" height="240" controls></video>
```

영상의 자동 재생은 autoplay 속성을 사용한다.

■ **HTML**

```
<video src="sample.mp4" autoplay></video>
```

영상 재생 전까지 섬네일 화면을 표시하고 싶을 때 포스터 프레임을 지정한다. poster 속성에 이미지 파일을 지정해 사용할 수 있으며, 영상이 재생되면 포스터 프레임은 표시되지 않는다.

■ **HTML**

```
<video src="sample.mp4" poster="imgs/poster.jpg" controls></video>
```

표시 화면 로딩 시점에 영상도 함께 불러오기 위해서는 preload 속성을 사용한다. 지정 가능한 값은 auto(자동), metadata(메타 데이터), none(자동 해제)이 있다. video 태그는 width, height 속성이 지정되지 않으면 영상의 사이즈에 맞춰지며, preload 속성이 metadata나 auto 중 하나라면 자동으로 사이즈를 가져온다. 속성이 none이면 재생 시작 시점에 사이즈를 가져온다.

■ **HTML**

```
<video src="sample.mp4" preload="none"></video>
```

▼ **실행 결과**

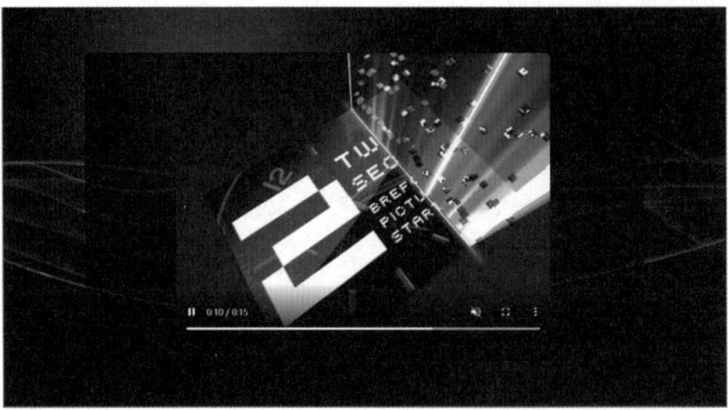

스마트폰 브라우저에서 영상의 자동 재생을 설정하고 싶을 때는 playsinline 속성과 muted 속성을 사용한다.

■ **HTML**

```
<video src="sample.mp4" autoplay playsinline muted></video>
```

202 스크립트로 영상 제어하기

- 영상의 재생을 관리하고 싶을 때

■ Syntax

메소드	의미	반환
play( )	재생	Promise
pause( )	일시정지	없음

video 요소의 play( )와 pause( )로 영상의 재생과 정지가 가능하다.

■ HTML 202/index.html

```
<div>
  <video id="myVideo"
         width="480"
         height="320"
         src="assets/sample.mp4">
  </video>
</div>
<div>
  <button id="btnPlay">재생</button>
  <button id="btnPause">정지</button>
</div>
```

자바스크립트로 HTML의 video 요소를 참조한다.

■ JavaScript 202/main.js

```
const video = document.querySelector('#myVideo');
```

play( )를 사용해 영상을 재생한다.

■ JavaScript 202/main.js

```
video.play();
```

일시정지는 pause( )를 사용하며, 영상 재생 바가 해당 위치에서 멈춘다. 추후 해당 위치에서 다시 재생이 가능하다.

■ **JavaScript** 202/main.js

```
video.pause();
```

▼ **실행 결과**

CHAPTER 11
203

카메라 기능 사용하기

적용

- 웹 카메라를 사용해 사이트 내 유저의 카메라 화면을 표시하고 싶을 때

웹 카메라로 영상과 사운드의 사용이 가능하며, 반응형 콘텐츠와 실시간 비디오챗 등에 이용한다.

웹 카메라는 getUserMedia()를 사용한다. video 요소 srcObject 속성에 웹 카메라 스트림을 지정하고, video 요소에는 autoplay 속성을 지정한다. autoplay 속성을 지정하지 않으면 브라우저에 따라 화면의 표시가 지연되는 경우가 있다.

■ **HTML** 203/index.html

```
<video id="myVideo" width="640" height="480" autoplay></video>
```

■ **JavaScript** 203/main.js

```
let stream;

async function loadAndPlay() {
  const video = document.getElementById('myVideo');
  stream = await getDeviceStream({
    video: { width: 640, height: 320 },
    audio: false
  });
  video.srcObject = stream;
}

function stop() {
  const video = document.getElementById('myVideo');
  const tracks = stream.getTracks();

  tracks.forEach((track) => {
    track.stop();
  });
```

```
  video.srcObject = null;
}

function getDeviceStream(option) {
  if ('getUserMedia' in navigator.mediaDevices) {
    return navigator.mediaDevices.getUserMedia(option);
  } else {
    return new Promise(function(resolve, reject) {
      navigator.getUserMedia(option, resolve, reject);
    });
  }
}
```

▼ **실행 결과**

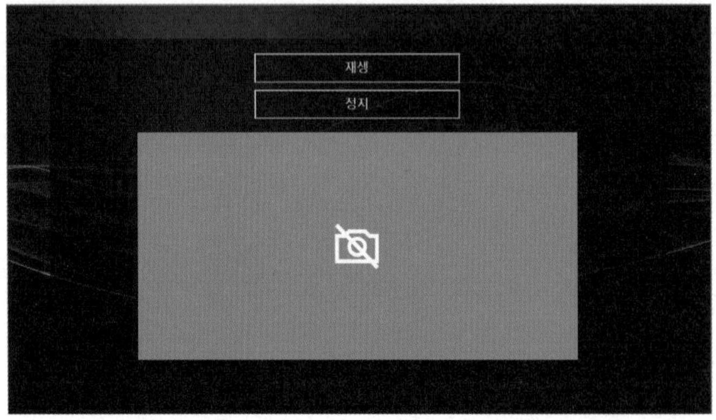

현재는 정지 상태의 캡쳐 화면이며, 재생 시 웹 카메라 화면이 재생된다

SVG/캔버스

CHAPTER

12

SVG 사용하기

- 확대와 축소 시에도 화질이 유지되는 이미지를 사용하고 싶을 때
- 다양한 스마트 기기에서 반응형 그래픽을 사용하고 싶을 때

SVG는 Scalable Vector Graphics의 약자로 벡터 이미지를 표현한다. 이미지 확대와 축소에 강해 반응형 웹 사이트 대응에 유리하다. SVG는 DOM으로 조작이 가능하므로 자바스크립트와 함께 사용하여 인터랙션 디자인Interaction Design에도 사용할 수 있다.

웹에서 사용하는 이미지를 크게 나누면 래스터Raster와 벡터Vector가 있다. 래스터는 점의 집합체로 구성되어 있으며, 대표적인 포맷은 JPEG, PNG, GIF다. 래스터 이미지의 넓이와 폭이 기존 사이즈 이상으로 커지면 화질이 떨어진다. 벡터는 꼭짓점, 색, 선으로 이루어져 있으며, 대표적인 포맷은 SVG다. 벡터는 이미지의 넓이와 폭이 기존 사이즈 이상으로 커져도 선명하게 표시된다.

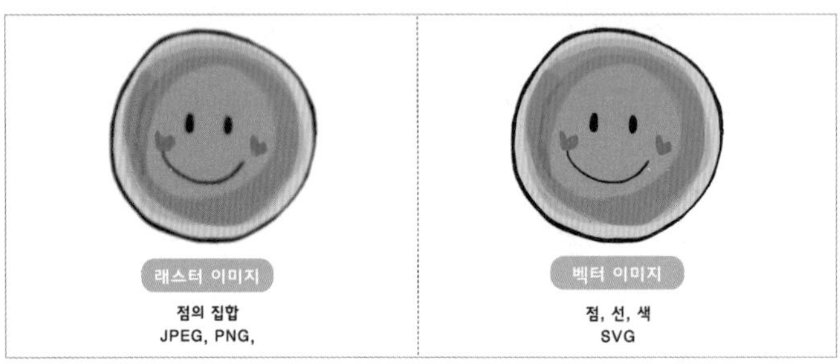

래스터 이미지와 벡터 이미지

SVG는 2차원 그래픽을 XML로 기술하며, 벡터이므로 해상도에 구애되지 않는 장점을 가졌다. 또한, 다채로운 그래픽을 표현하는 기능도 있다.

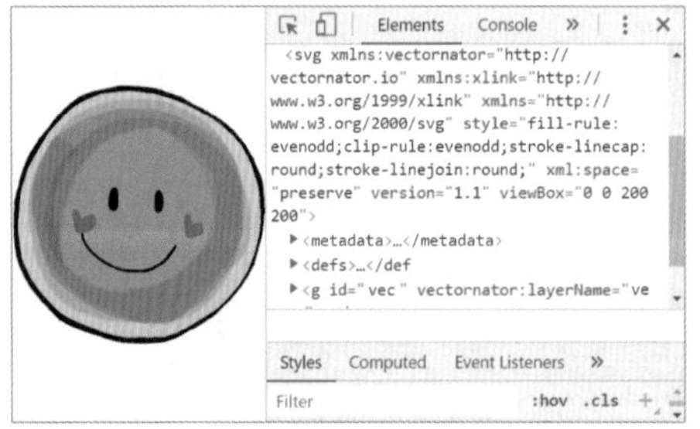

SVG

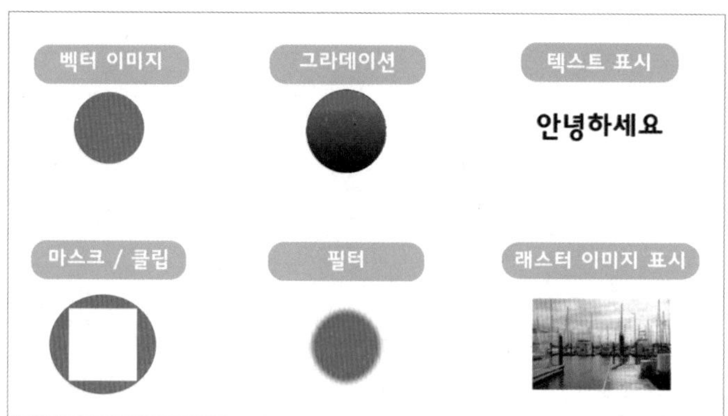

SVG로 가능한 작업

SVG 샘플 파일을 만들어 보자. 텍스트 에디터로 '파일명.svg'의 파일을 생성하여 HTML이나 XML과 같은 태그를 사용한다.

■ SVG

```
<svg xmlns="http://www.w3.org/2000/svg" viewBox="0 0 200 200">
  (도형 생성 코드를 삽입)
</svg>
```

viewBox 속성은 SVG의 표시 영역을 정의한다. X 좌표, Y 좌표, 폭, 높이라는 네 가지 값으로 직사각형의 영역을 정의한다. 예를 들어, viewBox="0 0 200 200"으로 정의하고 반지름이 50인 원을 그리면 다음과 같은 모양이 된다.

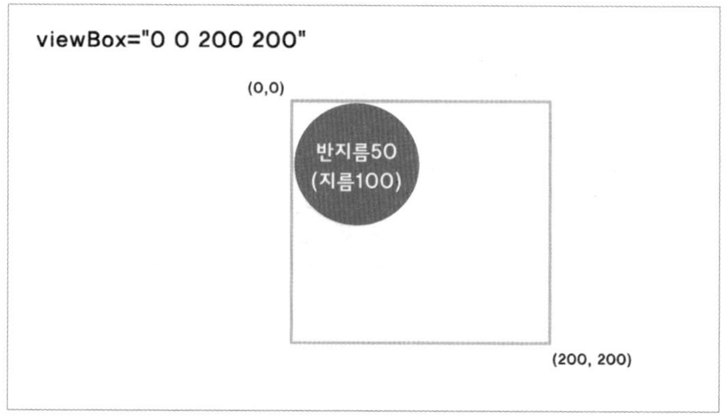

SVG viewBox

SVG 코드를 HTML 코드에 직접 넣어 인라인 SVG로 기술할 수도 있다.

■ HTML

```
<!DOCTYPE html>
<head>
  <meta charset="utf-8">
  <title>타이틀</title>
</head>
<body>
<!-- SVG 코드 기술 -->
<svg xmlns="http://www.w3.org/2000/svg"
  viewBox="0 0 540 540" width="500" height="500">
  <path
    fill-opacity="0"
    stroke="#999999"
    d="M25,349
        c57,-84,138,-176,228,-166
        c111,11,120,200,260,81"
  >
</svg>
</body>
```

img 요소, 인라인 SVG와 함께 SVG의 표시 크기를 width, height 속성으로 설정한다. 앞서 기술한 viewBox 속성은 SVG 내부 그래픽 좌표를 지정한다. 다음에서는 viewBox="0 0 200 200" 속성과 함께 반지름이 50(지름 100)인 원을 그리고 width와 height 속성을 변경한다. 왼쪽은 반지름이 50px(지름 100px)인 상태가 되었지만, 오른쪽은 width와 height 속성에 따라 반지름이 25px(지름 50px)이 되었다. 이와 같이 SVG 이미지의 크기를 결정할 때는 width, height 속성과 viewBox 속성의 관계도 주의해야 한다.

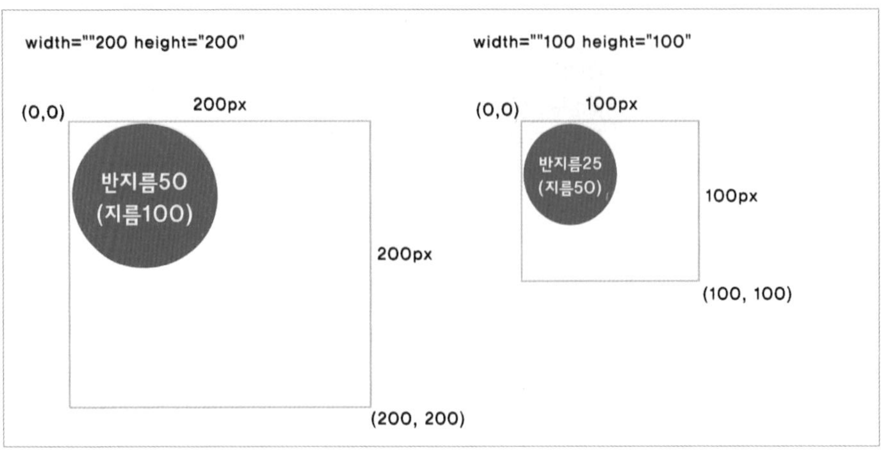

SVG로 width와 height를 지정한다

SVG 요소를 동적으로 추가하기

- 자바스크립트로 외부의 데이터를 참조하여 그래픽 작업을 하고 싶을 때

Syntax

메소드	의미	반환
document.createElementNS('http://www.w3.org/2000/svg', SVG요소명)	SVG 요소 생성	SVG 요소

HTML

205/index.html

```
<svg
  viewBox="0 0 200 200"
  width="200" height="200"
  id="mySvg">
</svg>
```

document.createElement( )가 아닌 document.createElementNS( )를 사용해 SVG 요소를 자바스크립트로 생성할 수 있다. 비슷한 메소드의 이름이지만, SVG 요소는 끝에 NS(이름공간, NameSpace)가 붙어 있다. HTML과 SVG는 엄밀히 이름공간이 다르므로 'http://www.w3.org/2000/svg'를 지정하지 않으면 HTML에서 SVG 액세스가 불가능하다.

JavaScript

205/main.js

```
const myCircle = document.createElementNS(
'http://www.w3.org/2000/svg', 'circle');

myCircle.setAttribute('cx', '100');
myCircle.setAttribute('cy', '100');
myCircle.setAttribute('r', '100');
myCircle.setAttribute('fill', '#FFFF8D');

const mySvg = document.querySelector('#mySvg');
mySvg.appendChild(myCircle);
```

▼ 실행 결과

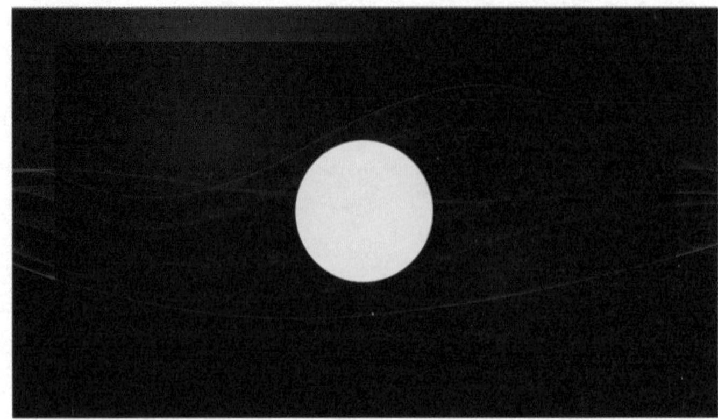

CHAPTER 12

206

SVG 요소 스타일 변경하기

- 유저 조작에 반응하는 그래픽을 넣고 싶을 때

■ Syntax

메소드	의미	반환
요소.setAttribute(속성, 값)	요소의 속성 설정	없음

SVG 요소는 document.querySelector() 등을 사용한 참조와 setAttribute()의 속성값 변경을 통해 스타일을 변경할 수 있다. SVG는 HTML의 DOM과 같은 방식으로 사용할 수 있다.

■ HTML 206/index.html

```
<svg viewBox="0 0 200 200"
     width="200" height="200">
  <circle id="myCircle1"
          cx="100" cy="100"
          stroke-width="2"
          stroke="#FFFFFF"
  />
</svg>
```

■ JavaScript 206/main.js

```
const circle1 = document.querySelector('#myCircle1');
circle1.setAttribute('r', '100'); // 반지름 지정
circle1.setAttribute('fill', '#FFFF8D'); // 색상 지정
circle1.setAttribute('fill-opacity', '0.5'); // 색상 투명도 지정
```

속성값을 변경하는 setAttribute()의 첫 번째 인수는 속성명을, 두 번째 인수는 변경하고 싶은 값을 전달한다.

▼ 실행 결과

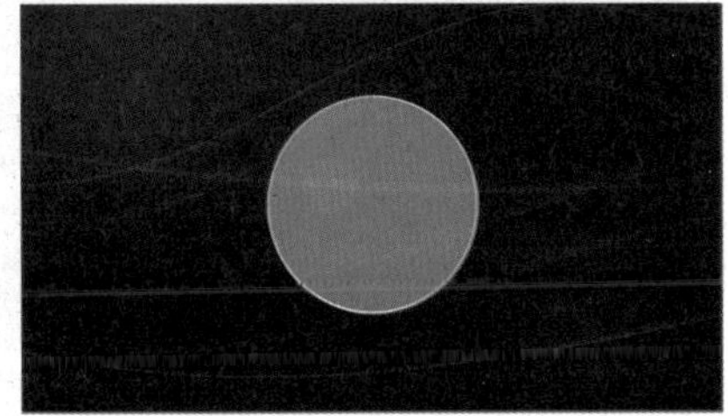

SVG 요소 마우스로 다루기

- SVG 요소의 스타일을 변경하고 싶을 때

마우스에 반응하는 SVG 요소의 생성은 DOM에 대한 이벤트 설정을 통해 가능하다. 예를 들어 클릭 이벤트의 확인은 document.querySelector( )로 SVG 요소를 참조하고, addEventListener( )로 클릭 이벤트를 감시한다.

■ **HTML** 207/index.html

```
<svg viewBox="0 0 200 200" width="200" height="200">
  <circle id="myCircle" cx="100" cy="100" r="95" fill="#BBDEFB"/>
</svg>
```

■ **JavaScript** 207/main.js

```
const circle = document.querySelector('#myCircle');

circle.addEventListener('click', (event) => {
  alert('클릭 이벤트가 발생하였습니다.');
});
```

▼ **실행 결과**

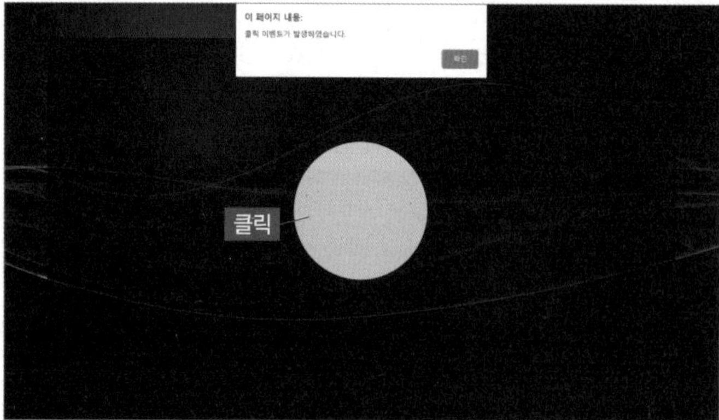

원을 클릭하면 알림창이 표시된다

208 SVG 요소 애니메이션 효과 주기

- 시간 변화에 따라 SVG 요소에 변화를 주고 싶을 때

SVG는 DOM의 형식과 구조를 따르므로 일정 시간마다 자바스크립트로 DOM을 조작하면 애니메이션 효과를 줄 수 있다. 예를 들어, 원의 색상을 서서히 빨간색으로 변하게 하는 효과는 SVG 요소의 속성값을 가져와 조금씩 변경하면 된다. 이때는 requestAnimationFrame()을 사용한다.

■ **HTML** 208/index.html

```
<svg viewBox="0 0 200 200" width="200" height="200">
  <circle id="myCircle" cx="100" cy="100" r="95" fill="#BBDEFB"/>
</svg>
```

■ **JavaScript** 208/main.js

```
const myCircle = document.querySelector('#myCircle');
let time = 0;

animate();

function animate() {
  // 시간 변화
  time += 0.1;
  // 색상 변화
  myCircle.style.fill = `hsl(0, 100%, ${time}%)`;

  // 목푯값까지 반복
  if (time < 50) {
    requestAnimationFrame(animate);
  }
}
```

▼ **실행 결과**

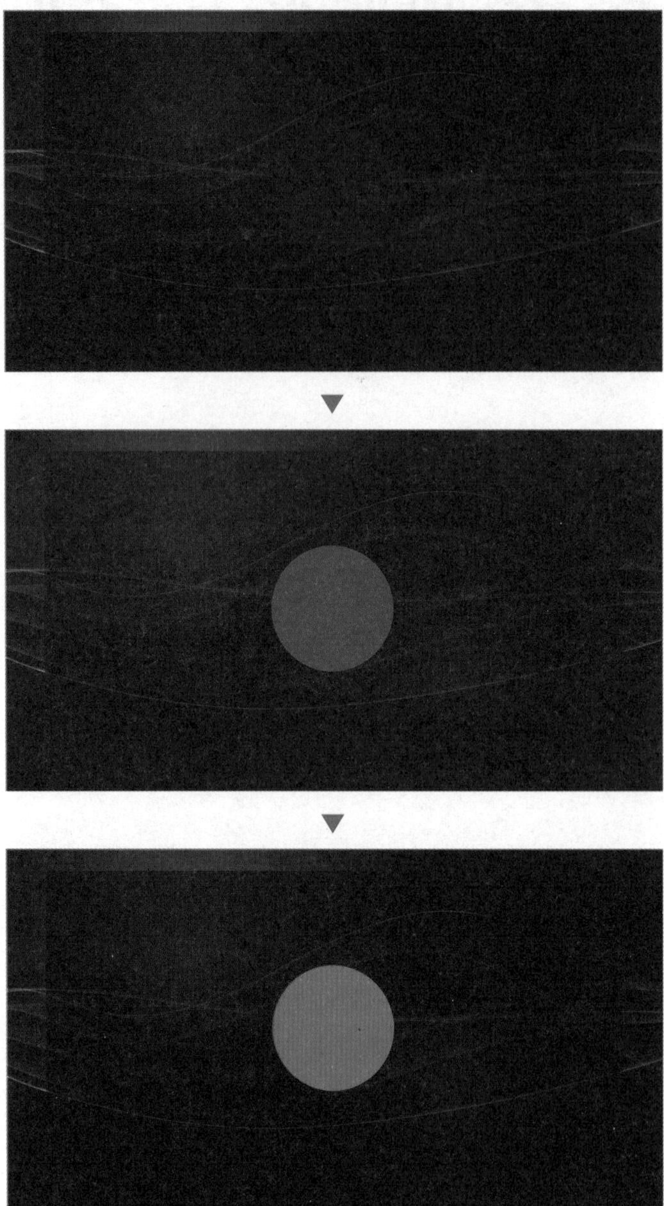

자바스크립트의 장점은 좋은 표현력이다. 색상과 선의 변화, 확대, 축소, 회전, 이동, 왜곡과 변형, 후속 효과 등 많은 애니메이션 효과가 가능하다. 다만 CSS에 비해 SVG의 코드가 복잡하고 난이도가 비교적 높다.

209 SVG 그래픽 다운로드하기

• SVG로 작성한 그래픽을 다운로드하고 싶을 때

SVG 요소는 자바스크립트를 사용해 파일로 다운받을 수 있으며, 이미지 생성 서비스 등에 활용할 수 있다.

document.querySelector( )로 SVG 요소를 참조하고 outerHTML 속성으로 문자열을 가져온다. 브라우저에 따라 다운로드 방법이 다르므로 각각 적절한 데이터 형식으로 변환한다. 샘플을 통해 SVG 요소의 다운로드 방법을 확인해 보자.

■ **HTML** 209/index.html

```
<svg viewBox="0 0 200 200"
     width="200" height="200"
     id="mySvg">
  <circle cx="100" cy="100" r="100" fill="#FFFF8D"/>
</svg>
<br />
<button id="btnSave">다운로드</button>
```

■ **JavaScript** 209/main.js

```
// 다운로드 버튼 클릭 시 작업
document.querySelector('#btnSave').addEventListener('click', saveFile);

// 파일로 저장
function saveFile() {
  // 파일명
  const fileName = `mySvg.svg`;
  // SVG 요소 가져오기
  const content = document.querySelector('#mySvg').outerHTML;
  // 데이터 준비
  const dataUrl = 'data:image/svg+xml,\n' + encodeURIComponent(content);
```

```
  // BOM의 문자 깨짐 방지
  const bom = new Uint8Array([0xef, 0xbb, 0xbf]);
  const blob = new Blob([bom, content], { type: 'text/plain' });

  if (window.navigator.msSaveBlob) {
    // IE용
    window.navigator.msSaveBlob(blob, fileName);
  } else if (window.URL && window.URL.createObjectURL) {
    // 파이어 폭스, 크롬, 사파리용
    const a = document.createElement('a');
    a.download = fileName;
    a.href = window.URL.createObjectURL(blob);
    document.body.appendChild(a);
    a.click();
    document.body.removeChild(a);
  } else {
    // 기타
    window.open(dataUrl, '_blank');
  }
}
```

210 캔버스 사용하기

- 비트맵 기반의 도형을 스크립트에서 사용하고 싶을 때

■ Syntax

메소드	의미	반환
canvas.getContext('2d')	캔버스에서 명령 가져오기	콘텍스트
context.fillRect(x, y, 폭, 높이)	직사각형 영역 칠하기	없음

캔버스Canvas 요소는 그래픽 관련 기능을 한다. SVG는 벡터 그래픽을 다루지만, 캔버스 요소는 비트맵 그래픽을 다룬다. 비트맵은 SVG와 달리 확대, 축소 시 사이즈를 적절히 조절하지 않으면 화질 저하가 발생한다.

SVG는 일러스트 등에 적합하지만, 이미지 가공 등의 작업은 캔버스 요소가 유용하다.

캔버스 요소 사용을 위해서는 HTML에 캔버스 요소를 배치한 뒤, 자바스크립트로 요소의 id 값을 참조하고 그림 관련 명령을 다루는 객체인 콘텍스트를 가져온다. 텍스트의 fillRect( )를 사용해 직사각형을 생성한다.

■ HTML　　210/index.html

```
<canvas id="my-canvas"
        width="400"
        height="400">
</canvas>
```

■ JavaScript　　210/main.js

```
// 캔버스 요소 참조
const canvas = document.querySelector('#my-canvas');
// 콘텍스트 가져오기
const context = canvas.getContext('2d');
// 도형 생성
context.fillRect(0, 0, 100, 100);
```

▼ 실행 결과

CHAPTER 12

211

캔버스 요소 색칠하기/선 그리기

적용

- 캔버스에 도형을 생성하고 싶을 때

■ Syntax

메소드	의미	반환
context.fillStyle	색상과 스타일	문자열

■ Syntax

메소드	의미	반환
context.strokeRect(x, y, 폭, 높이)	직사각형 영역 경계 그리기	없음
context.fillRect(x, y, 폭, 높이)	직사각형 영역 색칠하기	없음

색칠되는 부분은 도형을 둘러싼 영역이다. fillStyle 속성으로 색상을 지정하고 fillRect( )로 색이 들어간 직사각형을 생성한다. fillRect( )를 실행하기 전 fillStyle 속성의 설정이 먼저 필요하므로 순서에 주의하자.

■ HTML　　211/fill/index.html

```
<canvas id="my-canvas"
        width="100"
        height="100">
</canvas>
```

■ JavaScript　　211/fill/main.js

```
// 캔버스 요소 참조
const canvas = document.querySelector('#my-canvas');
// 콘텍스트 가져오기
const context = canvas.getContext('2d');
// 색상 지정
context.fillStyle = 'red';
// 정사각형 생성
context.fillRect(0, 0, 100, 100);
```

▼ 실행 결과

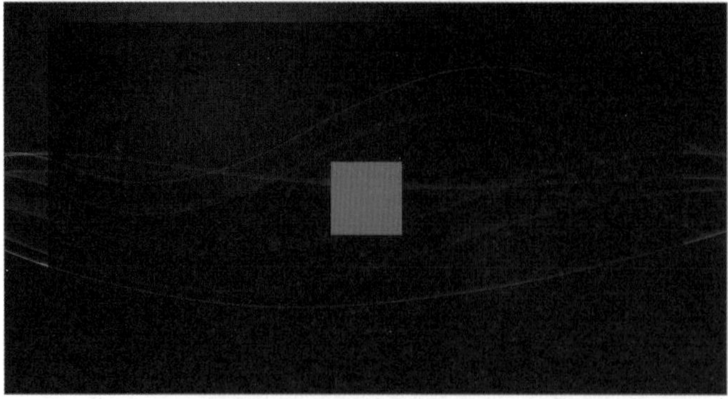

선은 도형의 경계선을 나타낸다. lineWidth 속성으로 선의 굵기를 조절하며, strokeStyle 속성으로 선의 색을 설정한다. strokeRect( )를 사용하면 선분만으로 이루어진 직사각형을 생성한다.

■ **JavaScript** 211/stroke/main.js

```
// 캔버스 요소 참조
const canvas = document.querySelector('#my-canvas');
// 콘텍스트 가져오기
const context = canvas.getContext('2d');
// 선의 굵기 지정
context.lineWidth = 3;
// 선의 색상 지정
context.strokeStyle = 'red';
// 정사각형 생성
context.strokeRect(0, 0, 100, 100);
```

▼ 실행 결과

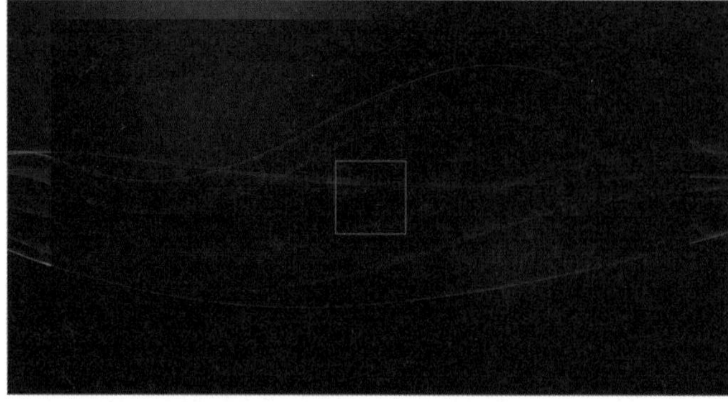

212 캔버스에 이미지 붙여넣기

- 외부의 이미지를 캔버스에 표시하고 싶을 때

■ Syntax

속성	의미	타입
context.drawImage(image, x, y);	캔버스 요소에 이미지 그리기	없음

Image 객체와 drawImage( )를 사용해 캔버스 요소에 이미지를 표시한다. Image 객체의 로딩이 완료되지 않으면 캔버스에 이미지를 그릴 수 없으므로 onload를 사용해 미리 로딩 작업을 처리한다. drawImage( )의 두 번째와 세 번째 인수는 좌표 위치를 전달한다.

■ JavaScript 212/main.js

```
// 캔버스 요소 참조
const canvas = document.querySelector('#my-canvas');
// 콘텍스트 가져오기
const context = canvas.getContext('2d');

// Image 인스턴스 생성
const img = new Image();
// 이미지 로딩 후 처리
img.onload = () => {
  // 콘텍스트로 캔버스에 그리기
  context.drawImage(img, 0, 0);
};
// 이미지 로딩 시작
img.src = 'sample.jpg';
```

▼ 실행 결과

213 캔버스 화소 정보 다루기

- 화소 정보를 확인하고 싶을 때
- 이미지 가공을 위한 화소의 정보를 가져오고 싶을 때

Syntax

메소드	의미	반환
context.getImageData(x, y, width, height)	지정 영역 화소 정보 가져오기	ImageData 객체

getImageData( )를 사용해 캔버스 콘텍스트의 화소 정보를 가져오며, 반환값은 ImageData 객체다.

JavaScript (부분)

213/main.js

```
// 화소 정보 가져오기
const imageData = context.getImageData(0, 0, 100, 100);
console.log(imageData.data); // 화소 배열
```

배열에는 숫자가 연속으로 저장되며, 연속된 숫자에는 규칙이 있다. 연속된 4개의 요소를 하나의 세트로 하며, 모든 값은 화소 수의 값이다. 하나의 화소당 RGBA(빨, 녹, 파, 알파)의 순서로 값을 가진다. 읽어 오는 화소의 값은 요소 왼쪽 위의 좌표를 기점으로 우측으로 진행되며, 끝까지 도착하면 아래로 1화소 내려가서 다시 같은 방식으로 진행된다.

```
[
 // 빨, 녹, 파, 알파
 255,
 0,
 0,
 255, // 0번째 요소
 255,
 0,
 0,
 255, // 첫 번째 요소
 255,
 0,
 0,
```

```
  255, // 두 번째 요소
  255,
  0,
  0,
  255, // 세 번째 요소
  255,
  0,
  0,
  255 // 네 번째 요소
  // 모든 화소 반복
];
```

▼ **실행 결과**

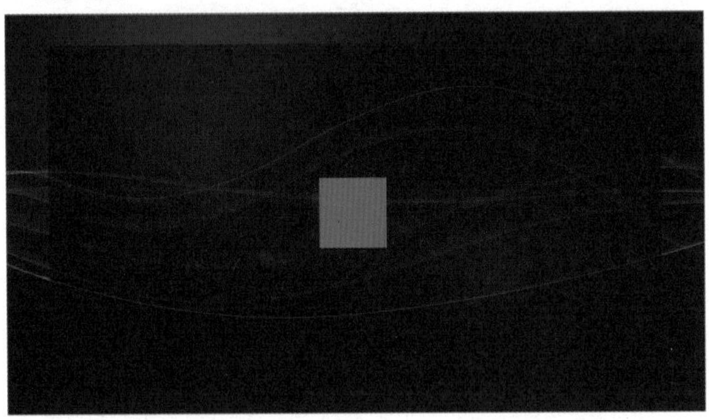

```
Elements  Console  Sources  Network  Performance  Memory  Application  Security  Audits
top  ▼  Filter  All levels ▼
▼Uint8ClampedArray(40000)
  ▼[0 … 9999]
    ▼[0 … 99]
      0: 255
      1: 0
      2: 0
      3: 255
      4: 255
      5: 0
      6: 0
      7: 255
      8: 255
      9: 0
      10: 0
      11: 255
      12: 255
      13: 0
      14: 0
      15: 255
      16: 255
      17: 0
      18: 0
      19: 255
      20: 255
      21: 0
```

빨간 직사각형을 생성한 캔버스 요소의 화소 정보를 getImageData( )로 확인한다. 콘솔 패널에는 화소 정보가 배열로 출력된다

이미지의 RGBA 값 확인하기

- 마우스가 가리키는 이미지의 화소 정보를 확인하고 싶을 때
- 이미지에 포함된 색 정보를 확인하고 싶을 때

getImageData( )를 사용해 마우스 커서가 가리키는 위치의 색 정보를 구할 수 있다. 캔버스 요소를 mousemove 이벤트로 감시하여 마우스 커서의 좌표를 layerX와 layerY로 가져온다. getImagedata( )의 첫 번째와 두 번째 인수에 해당 좌표를 할당하여 화소의 배열을 가져올 수 있다. 화소 정보는 CSS의 rgba( )를 통해 표시한다.

■ HTML 214/index.html

```
<canvas id="my-canvas"
        width="100"
        height="100">
</canvas>
<p class="log"></p>
```

■ JavaScript 214/main.js

```
// 캔버스 요소 참조
const canvas = document.querySelector('#my-canvas');
// 콘텍스트 가져오기
const context = canvas.getContext('2d');
// Image 인스턴스 생성
const img = new Image();
// 이미지 로딩 후 처리
img.onload = () => {
  // 콘텍스트로 캔버스에 그리기
  context.drawImage(img, 0, 0);
};
// 이미지 로딩 시작
img.src = 'sample.jpg';

// 마우스 이동 시
canvas.addEventListener('mousemove', (event) => {
  // 마우스 좌표 가져오기
  const x = event.layerX;
```

```
  const y = event.layerY;
  // ImageData 가져오기
  const imageData = context.getImageData(x, y, 1, 1);
  // 화소 배열 가져오기
  const data = imageData.data;
  const r = data[0]; // 빨
  const g = data[1]; // 녹
  const b = data[2]; // 파
  const a = data[3]; // 알파
  // 문자열로 색 정보 다루기
  const color = `rgba(${r}, ${g}, ${b}, ${a})`;

  const el = document.querySelector('.log');
  // 배경색 지정
  el.style.background = color;
  // 정보를 문자로 표시
  el.textContent = color;
});
```

▼ **실행 결과**

CHAPTER 12

215 캔버스의 이미지 가공하기

- 로딩한 이미지에 효과를 넣고 싶을 때

■ Syntax

메소드	의미	반환
context.putImageData(이미지)	이미지 데이터 입력	없음

putImageData()는 이미지를 콘텍스트에 대입하는 메소드로, 이미지를 가져오는 getImageData()와 반대의 기능을 가진다. 다음 샘플은 첫 번째 캔버스 요소에 이미지를 배치하고 getImageData()로 화소 배열을 가져온다. 모노크롬 값을 계산하여 새로 작성한 ImageData 객체에 값을 할당하고 두 번째 캔버스 요소에 putImageData()를 사용해 값을 대입한 모노크롬 사진을 표시한다.

■ JavaScript (부분)

215/main.js

```
// 캔버스 요소 참조
const canvas1 = document.querySelector('#canvas-original');
// 콘텍스트 가져오기
const context1 = canvas1.getContext('2d');
// Image 인스턴스 생성
const img = new Image();
// 이미지 로딩 후 처리
img.onload = () => {
  // 콘텍스트로 캔버스에 그리기
  context1.drawImage(img, 0, 0);

  // 화소 정보 가져오기
  const imageData = context1.getImageData(0, 0, 150, 150);
  const data = imageData.data;

  const monoImageData = new ImageData(150, 150);
  const monoArr = monoImageData.data;
  for (let i = 0; i < data.length / 4; i += 1) {
```

```
    // 화소 정보 가져오기
    const r = data[i * 4 + 0];
    const g = data[i * 4 + 1];
    const b = data[i * 4 + 2];
    const a = data[i * 4 + 3];

    // 평균값 구하기(연산 간략화를 위함)
    const color = (r + g + b) / 3;

    // 새로운 배열에 색 지정
    monoArr[i * 4 + 0] = color;
    monoArr[i * 4 + 1] = color;
    monoArr[i * 4 + 2] = color;
    monoArr[i * 4 + 3] = a;
  }

  // 캔버스 요소 참조
  const canvas2 = document.querySelector('#canvas-effected');
  // 콘텍스트 가져오기
  const context2 = canvas2.getContext('2d');
  // 콘텍스트에 새로운 화소 정보 할당
  context2.putImageData(monoImageData, 0, 0);
};
// 이미지 로딩 시작
img.src = 'sample.jpg';
```

▼ 실행 결과

CHAPTER 12
216

DataURL로 캔버스에 이미지 표시하기

- 캔버스 작업 결과를 문자열로 가져오고 싶을 때
- 문자열 타입으로 서버에 보관하고 싶을 때
- 캔버스의 작업 결과를 img 요소로 복제하고 싶을 때

Syntax

메소드	의미	반환
canvas.toDataURL( )	DataURL 형식 출력	문자열

toDataURL( )을 사용해 캔버스 요소로 작업한 그래픽을 DataURL 형식으로 출력할 수 있다. DataURL 형식은 문자열이므로 유연한 작업이 가능하다. 예를 들어 변환한 데이터를 데이터베이스에 문자열 타입으로 보관할 수 있다. 다음은 캔버스 요소에 생성한 도형을 복제하고 표시 결과를 문자열로 변환해 img 요소의 src 속성에 대입하는 샘플이다.

HTML

216/index.html

```
<canvas id="my-canvas"
        width="100"
        height="100">
</canvas>
<br />
<img id="my-img" />
```

JavaScript

216/main.js

```
// 캔버스 요소 참조
const canvas = document.querySelector('#my-canvas');
// 콘텍스트 가져오기
const context = canvas.getContext('2d');
context.fillStyle = 'red';
context.fillRect(0, 0, 100, 100);
context.fillStyle = 'green';
context.fillRect(25, 25, 50, 50);

// Base64 문자열 가져오기
const data = canvas.toDataURL();
console.log(data);
```

```
// img 요소 대입
const img = document.querySelector('#my-img');
img.src = data;
```

▼ **실행 결과**

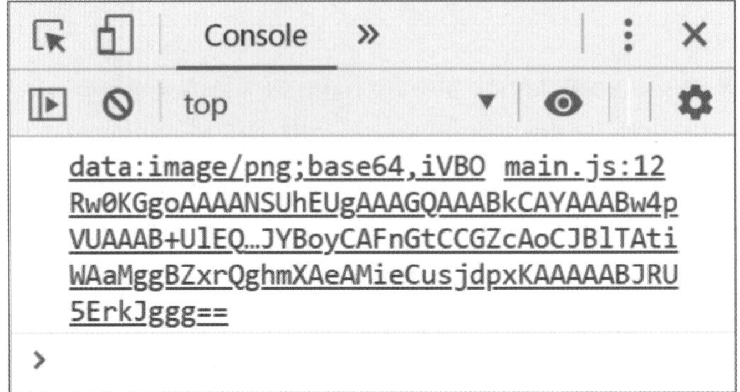

console.log()로 출력한 Base64 문자열 정보

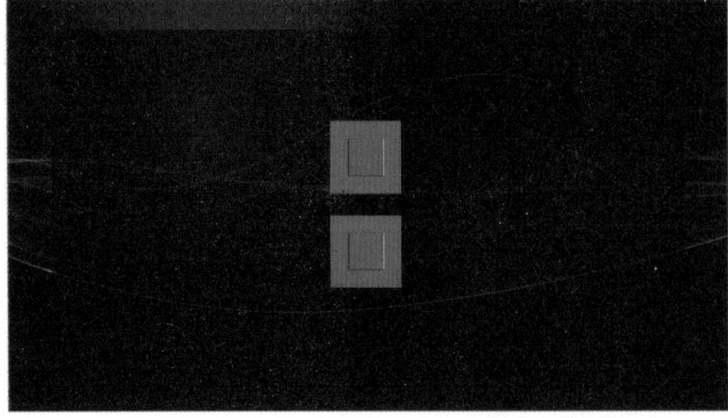

위 도형이 기존 캔버스 요소이며, 아래의 도형은 toDataURL()을 사용해 복제한 요소다

CHAPTER 12

217

PNG/JPEG DataURL로 불러오기

적용

- DataURL로 PNG 형식의 데이터를 가져오고 싶을 때
- DataURL로 JPEG 형식의 데이터를 가져오고 싶을 때

■ Syntax

메소드	의미	반환
canvas.toDataURL([형식※])	지정한 형식의 DataURL 가져오기	문자열

※ 생략 가능

canvas.toDataURL( )에 인수를 전달하여 형식이 다른 데이터의 DataURL을 가져올 수 있다.

JPEG 이미지로 변환

toDataURL( )의 인수에 변환하고 싶은 데이터 형식인 image/jpeg을 지정하면 JPEG 형식의 DataURL 문자열이 반환된다. JPEG 이미지는 배경이 검은색이므로 이미지 아래에 놓인 요소는 표시되지 않는다는 점에 주의하자.

■ JavaScript

```
const data = canvas.toDataURL('image/jpeg');
```

▼ 실행 결과

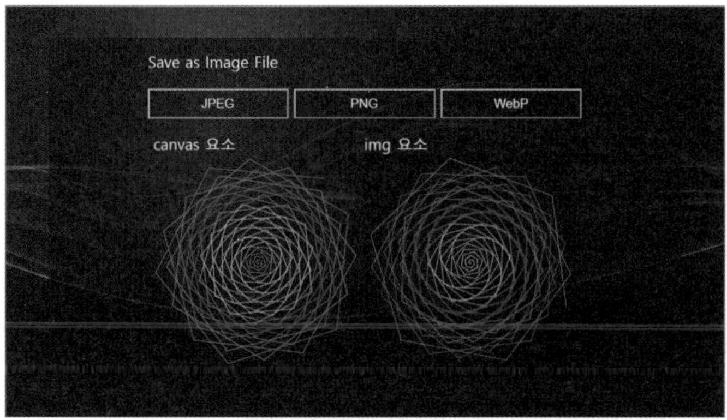

PNG 이미지로 변환

toDataURL()의 인수에 변환하고 싶은 데이터 형식인 image/png를 지정하면 PNG 형식의 DataURL 문자열이 반환된다. JPEG와 달리 배경이 투명하므로 이미지 아래에 놓인 요소도 표시되며, 가역압축可逆圧縮(비손실 압축 방법)의 방식을 사용하므로 화질 저하가 없다.

▼ 실행 결과

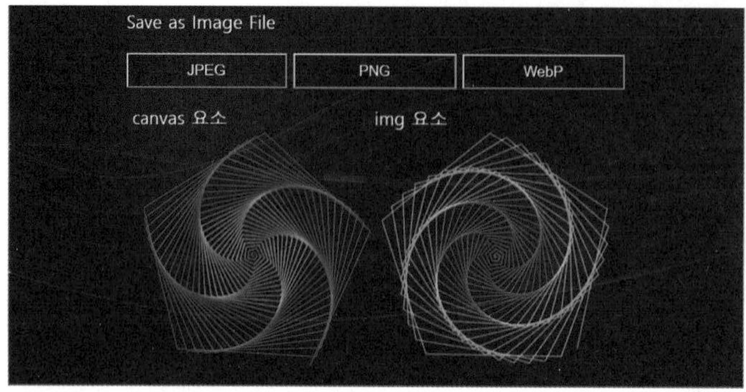

WebP 이미지로 변환

WebP 형식의 변환도 지원된다. WebP는 새로운 이미지 형식으로 JPEG, PNG와 비교해 용량이 작고 투명한 배경으로 저장할 수 있다. WebP의 변환은 구글 크롬과 마이크로소프트 에지에서만 지원되었으나, 현재는 사파리, 파이어폭스, 오페라에서도 지원된다.※

※ 책의 내용은 2018년 12월 당시 크롬과 에지만 지원되었으나, 지금은 지원 범위가 확대되어 원서 내용을 수정하였다. 참고: https://bit.ly/3jLPfiM 옮긴이

■ JavaScript

```
const data = canvas.toDataURL('image/png');
```

▼ 실행 결과

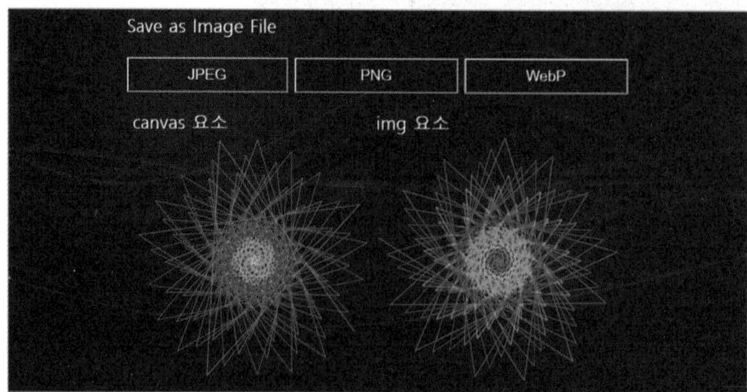

CHAPTER 12

218 캔버스 그래픽 다운로드하기

- 브라우저에서 생성한 도형을 유저의 시스템에 다운로드하고 싶을 때
- 브라우저에서 가공한 이미지를 유저의 시스템에 다운로드하고 싶을 때

Syntax

메소드	의미	반환
new Blob(배열, 옵션)	Blob 객체 생성	Blob 객체

a 요소를 사용해 캔버스 요소에서 작업한 그래픽을 다운로드할 수 있다. 이미지 데이터는 toDataURL()을 사용해 Base64 문자열로 가져오며, 바이너리이므로 Blob 객체로 변환한다.

JavaScript (부분)

218/main.js

```
// 캔버스 요소 참조
const canvas2 = document.querySelector('#canvas-effected');

// 파일 형식과 파일명 지정
const mimeType = 'image/png';
const fileName = 'download.png';

// Base64 문자열 가져오기
const base64 = canvas2.toDataURL(mimeType);

// Base64 문자열을 Uint8Array로 변환
const bin = atob(base64.replace(/^.*,/, ''));
const buffer = new Uint8Array(bin.length);
for (let i = 0; i < bin.length; i++) {
  buffer[i] = bin.charCodeAt(i);
}

// Blob 생성
const blob = new Blob([buffer.buffer], {
  type: mimeType
});
```

```
// 이미지 다운로드
if (window.navigator.msSaveBlob) {
  // IE용
  window.navigator.msSaveBlob(blob, fileName);
} else if (window.URL && window.URL.createObjectURL) {
  // 파이어폭스, 크롬, 사파리용
  const a = document.createElement('a');
  a.download = fileName;
  a.href = window.URL.createObjectURL(blob);
  document.body.appendChild(a);
  a.click();
  document.body.removeChild(a);
} else {
  // 기타
  window.open(base64, '_blank');
}
```

▼ **실행 결과**

타이밍 제어

CHAPTER

13

CHAPTER 13

219

지정 시간 후 작업 실행하기

- 작업의 처리를 지연시키고 싶을 때
- 비표시 요소를 지정 시간 경과 후 표시하고 싶을 때

■ **Syntax**

메소드	의미	반환
setTimeout(함수, 밀리초)	지정 시간에 함수 호출	숫자

setTimeout( )을 사용해 지정 시간(밀리초 단위) 후 함수를 실행할 수 있다. 자바스크립트는 스크립트의 코드를 위에서부터 순서대로 실행하지만, setTimeout( )을 사용해 실행 타이밍과 순서의 지정이 가능하다. setTimeout( )은 한 번만 호출되며, 첫 번째 인수는 함수, 두 번째 인수는 지연 시간을 밀리초(1/1000초) 단위로 전달한다.

■ **JavaScript**

```
setTimeout(timer1, 1000); // 1000밀리초 후 실행
function timer1() {
  // 처리 작업
}
```

setTimeout( )의 첫 번째 인수에는 익명 함수Anonymous Function를 사용한다.

■ **JavaScript**

```
setTimeout(function() {
  // 처리 작업
  console.log(this); // window 객체
}, 1000); // 1000밀리초 후 실행
```

setTimeout( )과 function( )을 함께 사용하면 this의 스코프가 변하는 경우 의도하지 않은 곳을 참조하는 경우가 발생한다. 해당 문제를 피하기 위해서는 화살표 함수Arrow Function를 사용하는 것이 좋다.

■ JavaScript

```
setTimeout(() => {
  // 처리 작업
  console.log(this); // 해당 객체
}, 1000); // 1000밀리초 후 실행
```

현재 시간을 표시하는 샘플을 확인해 보자. console.log( )로 시간을 표시하고 있으나 setTimeout( )을 사용해 호출하는 코드는 실행 시작 후 1초 뒤 작업이 처리되는 것을 확인할 수 있다.

■ JavaScript 219/main.js

```
console.log('실행 시작 시간', new Date().toLocaleTimeString());

setTimeout(() => {
  // 처리 작업
  console.log('setTimeout 실행 후 시간', new Date().toLocaleTimeString());
}, 1000); // 1000밀리초 후 실행
```

▼ 실행 결과

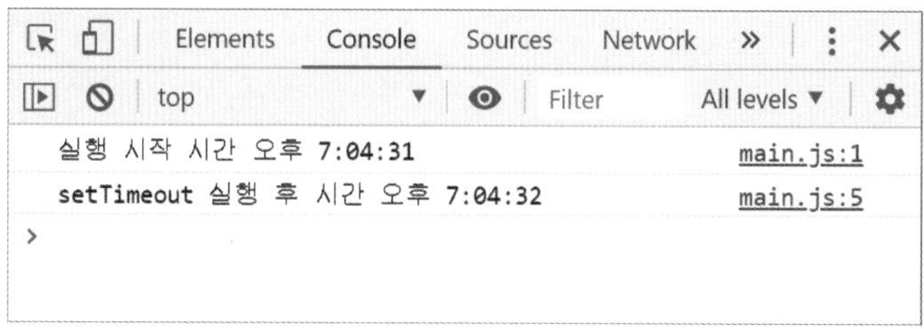

220 지정 시간 후 작업 실행 해제하기

- setTimeout() 처리를 해제하고 싶을 때

■ **Syntax**

메소드	의미	반환
clearTimeout(타이머ID)	setTimeout( ) 호출 해제	없음

clearTimeout( )을 사용해 setTimeout( )으로 지정한 함수의 실행을 취소할 수 있다. 해제하고 싶은 타이밍에 맞춰 setTimeout( )의 반환값인 타이머 ID(숫자 타입)를 clear Timeout( )의 인수로 전달하면 지정한 함수의 호출이 해제된다.

■ **JavaScript**

```
const timerId = setTimeout(timer1, 1000); // 1000밀리초 후 실행
function timer1() {
  // 처리 작업
}

clearTimeout(timerId); // 실행 해제
```

221 시간 주기 작업하기

- 주기적으로 작업을 처리하고 싶을 때
- 애니메이션 관련 함수를 호출하고 싶을 때

■ **Syntax**

메소드	의미	반환
setInterval(함수, 밀리초)	지정 시간 간격으로 연속 함수 호출	숫자

setInterval( )을 사용해 지정 밀리초 간격으로 함수를 실행할 수 있다. setTimeout( )은 함수를 한 번만 호출하지만, setInterval( )은 지정 시간 간격으로 연속 실행한다.

■ **JavaScript**

```
setInterval(timer1, 1000); // 1000밀리초 간격으로 실행
function timer1() {
  // 처리 작업
}
```

첫 번째 인수는 함수, 두 번째 인수는 반복 간격(밀리초 단위)을 전달하며, 함수는 익명 함수Anonymous Function를 사용할 수 있다. 처리 중 this의 스코프가 변해 의도하지 않은 곳을 참조하는 경우가 발생하므로 문제 해결을 위해서는 화살표 함수Arrow Function를 사용하는 것이 좋다.

■ **JavaScript**

```
setInterval(() => {
  // 처리 작업
}, 1000); // 1000밀리초 간격으로 실행
```

현재 시간을 표시하는 샘플을 확인해 보자. console.log( )로 시간을 표시하고 있으며, setInterval( )을 사용해 호출하는 코드는 실행 시작 후 1초 간격으로 처리되는 것을 확인할 수 있다.

■ JavaScript

```
console.log('실행 시작 시간', new Date().toLocaleTimeString());

setInterval(() => {
  // 처리 작업
  console.log('setInterval 실행 시간', new Date().toLocaleTimeString());
}, 1000); // 1000밀리초 후 실행
```

▼ 실행 결과

```
Elements  Console  Sources  Network  »
top ▼  Filter  All levels ▼
실행 시작 시간 오후 7:07:04            main.js:1
setInterval 실행 시간 오후 7:07:05     main.js:5
setInterval 실행 시간 오후 7:07:06     main.js:5
setInterval 실행 시간 오후 7:07:07     main.js:5
setInterval 실행 시간 오후 7:07:08     main.js:5
setInterval 실행 시간 오후 7:07:09     main.js:5
setInterval 실행 시간 오후 7:07:10     main.js:5
setInterval 실행 시간 오후 7:07:11     main.js:5
setInterval 실행 시간 오후 7:07:12     main.js:5
setInterval 실행 시간 오후 7:07:13     main.js:5
setInterval 실행 시간 오후 7:07:14     main.js:5
setInterval 실행 시간 오후 7:07:15     main.js:5
setInterval 실행 시간 오후 7:07:16     main.js:5
setInterval 실행 시간 오후 7:07:17     main.js:5
setInterval 실행 시간 오후 7:07:18     main.js:5
setInterval 실행 시간 오후 7:07:19     main.js:5
setInterval 실행 시간 오후 7:07:20     main.js:5
>
```

222 시간 주기 작업 해제하기

- setInterval( ) 처리를 해제하고 싶을 때

■ Syntax

메소드	의미	반환
clearInterval(IntervalID)	setInterval( ) 호출 해제	없음

clearInterval( )을 사용해 setInterval( )로 지정한 함수의 실행을 취소할 수 있다.

setInterval( )의 숫자 타입 반환값을 보관한 뒤 해제하고 싶은 타이밍에 맞춰 clearInterval( )의 인수로 전달한다.

■ JavaScript

```
const intervalId = setInterval(timer1, 1000); // 1000밀리초 간격으로 실행
function timer1() {
  // 처리 작업
}

clearInterval(intervalId); // 해제
```

1초 간격의 반복 실행을 3회만 호출하고 싶을 때는 다음과 같이 작성할 수 있다.

■ JavaScript

```
const intervalId = setInterval(timer1, 1000);
let count = 0;
// 1000밀리초 간격으로 실행
function timer1() {
  count += 1;
  console.log(count, new Date().toLocaleTimeString()); // 값 출력
  if (count === 3) {
    clearInterval(intervalId); // 해제
  }
}
```

▼ 실행 결과

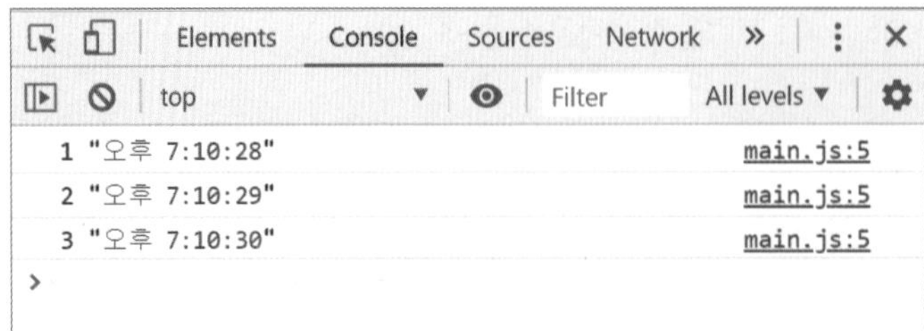
Elements
Console
Sources
Network
top
Filter
All levels
1 "오후 7:10:28"
main.js:5
2 "오후 7:10:29"
main.js:5
3 "오후 7:10:30"
main.js:5

223 비동기화 Promise 사용하기

- 비동기 처리를 다루고 싶을 때

■ Syntax

메소드	의미	반환
new Promise(함수)	Promise 생성	Promise 인스턴스
Promise인스턴스.then(함수)	성공 시 콜백 함수 호출	Promise

비동기 처리 작업 기능을 하는 Promise 객체를 사용하면 작업이 용이해질 뿐만 아니라 코드의 가독성도 좋아진다. fetch()를 시작으로 브라우저의 표준 기능에도 Promise 사용이 증가하고 있으며, await나 async와 같은 기능도 기본적으로 알아 두면 좋다.

Promise 생성자의 인수는 비동기 처리 작업을 하는 함수를 지정하며, 함수 내부에서 비동기 처리 완료 메소드인 resolve()를 호출한다. Promise 인스턴스의 then()을 사용해 resolve() 실행 후의 작업을 처리한다. 다음은 1초 후의 작업을 Promise를 사용해 처리하는 코드다.

■ JavaScript

```
const promise = new Promise((resolve) => {
  setTimeout(() => {
    // resolve()호출 시 Promise 처리 완료
    resolve();
  }, 1000);
});

// then()으로 다음 작업 처리
promise.then(() => {
  console.log('다음 작업'); // 1초 후 실행
});
```

resolve()의 인수에는 임의의 값 지정이 가능하다. 다음은 설정한 resolve()의 인수가 then() 내부 처리에 사용되는 샘플이다.

■ JavaScript

```
const promise = new Promise((resolve) => {
  setTimeout(() => {
    resolve('orange');
  }, 1000);
});

promise.then((value) => {
  console.log(value); // 결과: 'orange'
});
```

Promise 성공/실패 처리하기

- 실패할 가능성이 있는 비동기 작업을 처리하고 싶을 때

■ **Syntax**

메소드	의미	반환
Promise인스턴스.catch(함수)	실패 시 콜백 함수 호출	Promise

Promise로 실패한 작업을 처리하고 싶은 경우 생성자 인수에 reject를 포함하는 함수를 지정한다. reject는 처리의 실패를 나타내는 작업을 할당하며, reject가 실행되면 catch( )가 호출된다.

■ **JavaScript**

```
const promise = new Promise((resolve, reject) => {
  if (flag === true) {
    resolve('orange');
  } else {
    reject('apple');
  }
});

promise.then((value) => {
  console.log(value); // 결과: 'orange'
});

promise.catch((value) => {
  console.log(value); // 결과: 'apple'
});
```

메소드 체인(각 메소드를 연결하는 것)의 방법으로도 기술이 가능하다. 메소드 체인을 사용하면 코드가 가벼워지는 이점이 있다.

■ JavaScript

```
new Promise((resolve, reject) => {
  if (flag === true) {
    resolve('orange');
  } else {
    reject('apple');
  }
})
  .then((value) => {
    console.log(value); // 결과: 'orange'
  })
  .catch((value) => {
    console.log(value); // 결과: 'apple'
  });
```

Promise 병렬 처리하기

- 비동기 처리 일괄 시작 후 모든 처리가 끝나면 다음 작업을 시작하고 싶을 때

■ **Syntax**

메소드	의미	반환
Promise.all(배열)	다수의 Promise 병렬 실행	Promise

Promise.all( )을 사용하면 동시에 실행한 처리를 모두 끝내고 다음 작업을 시작하도록 지정할 수 있다.

Promise 인스턴스를 포함한 배열을 생성하여 Promise.all( )의 인수로 전달한다. 모든 처리가 끝난 뒤 then( )으로 지정한 함수를 호출한다. 병렬 처리는 배열의 순서대로 작업이 완료되지는 않는다.

■ **JavaScript** 225/main.js

```
// 배열 작성
const arrFunc = [];
for (let i = 0; i < 5; i++) {
  const func = (resolve) => {
    console.log(`처리 ${i} 시작`, new Date().toLocaleTimeString());
    // 0~2초 지연
    const delayMsec = 2000 * Math.random();

    // 지연 처리
    setTimeout(() => {
      console.log(`처리 ${i} 시작`, new Date().toLocaleTimeString());
      resolve();
    }, delayMsec);
  };
  // 배열 저장
  arrFunc.push(func);
}

console.log(arrFunc);
```

```
// 함수를 포함한 배열을 Promise 배열로 변환
const arrPromise = arrFunc.map((func) => new Promise(func));

console.log(arrPromise);

// 병렬 처리 실행
Promise.all(arrPromise).then(() => {
  console.log('모든 작업이 완료되었습니다.');
});
```

▼ 실행 결과

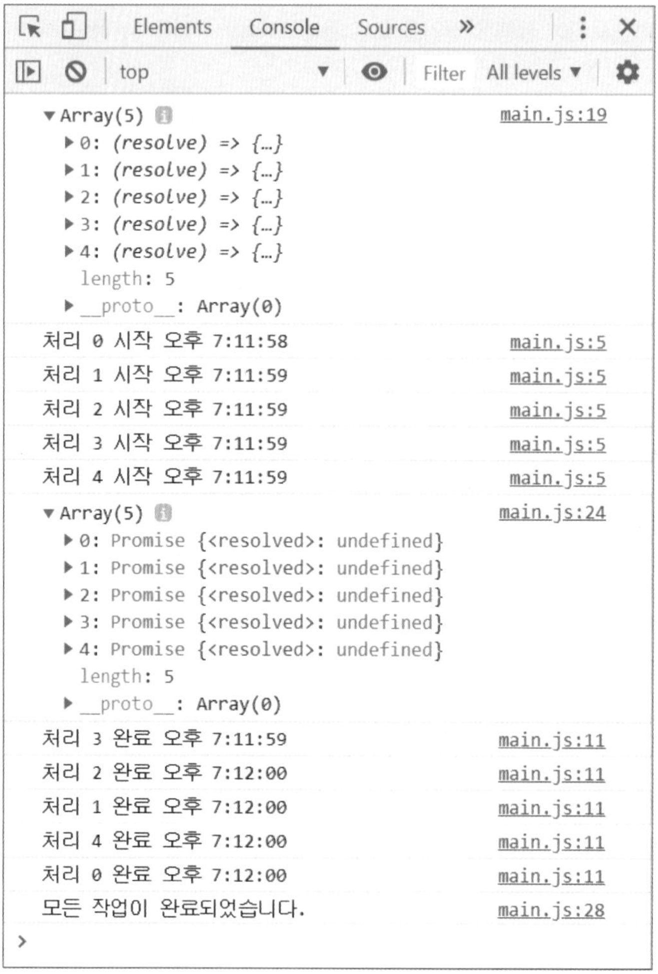

```
Elements  Console  Sources  »
top  Filter  All levels ▼

▼Array(5)                                   main.js:19
  ▶0: (resolve) => {…}
  ▶1: (resolve) => {…}
  ▶2: (resolve) => {…}
  ▶3: (resolve) => {…}
  ▶4: (resolve) => {…}
   length: 5
  ▶__proto__: Array(0)
처리 0 시작 오후 7:11:58                       main.js:5
처리 1 시작 오후 7:11:59                       main.js:5
처리 2 시작 오후 7:11:59                       main.js:5
처리 3 시작 오후 7:11:59                       main.js:5
처리 4 시작 오후 7:11:59                       main.js:5
▼Array(5)                                   main.js:24
  ▶0: Promise {<resolved>: undefined}
  ▶1: Promise {<resolved>: undefined}
  ▶2: Promise {<resolved>: undefined}
  ▶3: Promise {<resolved>: undefined}
  ▶4: Promise {<resolved>: undefined}
   length: 5
  ▶__proto__: Array(0)
처리 3 완료 오후 7:11:59                       main.js:11
처리 2 완료 오후 7:12:00                       main.js:11
처리 1 완료 오후 7:12:00                       main.js:11
처리 4 완료 오후 7:12:00                       main.js:11
처리 0 완료 오후 7:12:00                       main.js:11
모든 작업이 완료되었습니다.                     main.js:28
>
```

Promise 직렬 처리하기

- 외부 데이터를 가져와 후속 처리 작업에 사용하고 싶을 때

처리가 끝난 데이터를 다음 작업에 이어서 사용하는 방법을 알아보자. 외부 데이터를 가져와 다음 처리에 연결할 때 유용하다. Promise를 사용하는 방법과 await나 async를 사용해 처리하는 방법을 알아보자. 직렬 처리는 await와 async를 사용하는 것이 더 간단하다.

Promise를 사용하는 방법

■ JavaScript 226/sample1/main.js

```
Promise.resolve()
  .then(
    () =>
      new Promise((resolve) => {
        setTimeout(() => {
          console.log('첫 번째 Promise', new Date().toLocaleTimeString());
          resolve();
        }, 1000);
      })
  )
  .then(
    () =>
      new Promise((resolve) => {
        setTimeout(() => {
          console.log('두 번째 Promise', new Date().toLocaleTimeString());
          resolve();
        }, 1000);
      })
  );
```

Await와 async를 사용하는 방법

■ JavaScript　　　　226/sample2/main.js

```
start();

async function start() {
  await new Promise((resolve) => {
    setTimeout(() => {
      console.log('첫 번째 Promise', new Date().toLocaleTimeString());
      resolve();
    }, 1000);
  });

  await new Promise((resolve) => {
    setTimeout(() => {
      console.log('두 번째 Promise', new Date().toLocaleTimeString());
      resolve();
    }, 1000);
  });
}
```

▼ 실행 결과

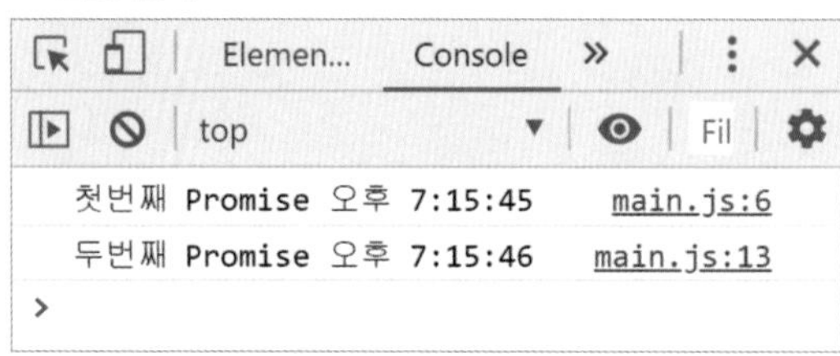

227 Promise 동적 직렬 처리하기

- 비동기 처리를 순서대로 시작 후 모든 처리가 완료될 때까지 대기하고 싶을 때

코드를 작성하면서 Promise의 실행 여부를 미리 알 수 있으면 앞에서 기술한 방식으로 코드를 사용할 수 있다. ▸▸268 하지만 동적으로 Promise의 수가 변하는 경우 해당 방식으로는 사용할 수 없다. 이 경우는 비동기 처리 실행의 함수를 배열에 보관하고, 루프문을 사용해 Promise와 await로 처리를 연결한다. Promise는 인스턴스화한 순간 함수가 실행되므로, 실행 직전까지 인스턴스화하지 않는 것이 핵심이다. 루프문에서 await는 Promise의 완료를 기다리므로 배열에 보관된 비동기 처리를 순서대로 실행한다.

■ JavaScript 227/main.js

```
// 배열 생성
const listFunctions = [];

// 동적으로 함수 추가
for (let i = 0; i < 5; i++) {
  // 1초 후 처리하는 비동기 함수 생성
  const func = (resolve) => {
    // setTimeout으로 지연 작업 처리
    setTimeout(() => {
      console.log(`함수 ${i}가 완료되었습니다.`, new Date().toLocaleTimeString());
      resolve(); // Promise 완료
    }, 1000);
  };
  // 배열에 보관
  listFunctions.push(func);
}
// 배열 내용 출력
console.log(listFunctions); // 결과: [ [Function: func], ...

execute();

async function execute() {
  // 비동기 처리 순서대로 실행
  for (let i = 0; i < listFunctions.length; i++) {
```

```
    const func = listFunctions[i];
    await new Promise(func);
  }
}
```

▼ **실행 결과**

데이터 송수신

CHAPTER

14

CHAPTER 14

228

JSON 알아보기

- 네트워크로 데이터를 송수신하고 싶을 때
- 데이터를 정의하고 싶을 때

JSON은 범용적인 데이터 형식이다. 서버와의 통신이나 데이터의 외부 파일 저장 등에 사용한다. JSON은 자바스크립트뿐만 아니라 PHP나 자바Java 등 다른 언어에서도 사용된다. JSON은 텍스트 에디터로 편집이 가능하며, 자바스크립트로 불러오기가 쉽고 다양한 구조의 데이터도 유연하게 사용할 수 있는 게 장점이다.

JSON 파일의 구조를 확인하기 위해 다음과 같이 각 학급 정보를 JSON 데이터로 정의한다고 가정해 보자. 학생이 40명인 4학년 C반의 정보는 다음과 같이 정의한다.

■ **JSON** JSON의 구조와 데이터의 예

```
{
  "students": 40,
  "grade": 4,
  "name": "C반"
}
```

JSON 데이터는 키와 값을 조합하여 정의한다. 위의 코드에서는 students가 키, 40이 값이다. 키는 문자열만 가능하며, 반드시 큰따옴표(" ")와 함께 표기한다. 기본적으로 자바스크립트의 문법을 그대로 사용할 수 있고 값에 숫자, 문자열, 진릿값, 배열, 객체가 올 수 있다.

배열과 객체는 구조화된 정보의 정의가 가능하다. 40명의 4학년 C반과 20명의 2학년 B반이 있는 'A학교'를 정의하는 샘플을 확인해 보자. JSON은 객체 내부에 객체를 넣을 수 있으므로 깊은 계층의 데이터를 정의할 수 있다.

■ **JSON**

```
{
  "name" : "A학교",
  "classes" : [
    {
      "students": 40,
      "grade": 4,
      "name": "C반"
```

```
    },
    {
      "students": 20,
      "grade": 2,
      "name": "B반"
    },
  ]
}
```

자바스크립트의 객체와 배열은 요소의 마지막에 콤마(,)를 허용하지만, JSON은 에러가 발생한다.

■ **JSON** OK

```
{
  "name" : [1, 2, 3, 4]
}
```

■ **JSON** ERROR

```
{
  "name" : [1, 2, 3, 4,]
}
```

문자열의 정의는 큰따옴표(" ")를 사용한다. 큰따옴표가 없거나 작은따옴표(' ')를 사용하면 에러가 발생한다.

■ **JSON** ERROR

```
{
  "name" : [1, 2, 3, 4]
}
```

■ **JSON** ERROR

```
{
  name: [1, 2, 3, 4];
}
```

■ **JSON** ERROR

```
{
  'name' : [1, 2, 3, 4]
}
```

JSON 문자열 객체로 변환하기

- JSON의 문자열을 자바스크립트의 객체에서 사용하고 싶을 때
- 네트워크에서 받은 JSON 문자열을 사용하고 싶을 때

■ **Syntax**

메소드	의미	반환
JSON.parse(문자열)	JSON 형식의 문자열을 JSON 객체로 변환	객체

JSON.parse( )를 사용해 JSON 문자열을 해석하고 자바스크립트의 값과 객체로 변환한다. JSON.parse( )로 변환한 문자열은 자바스크립트의 객체로 처리되므로 마침표(.)를 사용해 참조할 수 있다.

■ **JavaScript**

```
// JSON 문자열
const jsonString = `{ "students": 40, "grade": 4, "name": "C반" }`;

// 문자열을 자바스크립트의 객체로 변환
const data = JSON.parse(jsonString);

console.log(data); // 결과 그림 참고

console.log(data.students); // 결과: 40
console.log(data.grade); // 결과: 4
console.log(data.name); // 결과: "C반"
```

▼ **실행 결과**

```
                                    main.js:3
 ▼{students: 40, grade: 4, name: "C반"}
    students: 40
    grade: 4
    name: "C반"
  ▶ __proto__: Object
 40                                 main.js:4
 4                                  main.js:5
 C반                                main.js:6
>
```

객체를 JSON 변환하기

- 자바스크립트의 객체를 JSON 문자열로 변환하고 싶을 때

■ **Syntax**

메소드	의미	반환
JSON.stringify(obj)	자바스크립트 객체를 JSON 문자열로 변환	문자열

JSON.stringify( )를 사용해 자바스크립트의 객체를 JSON 문자열로 변환할 수 있으며, 인수에는 객체를 전달한다.

■ **JavaScript**

```
const data = {a: 1000, b:'여러분 안녕하세요.'};
const str = JSON.stringify(data);

console.log(str); // 결과: { "a": 1000, "b": "여러분 안녕하세요." }
```

▼ **실행 결과**

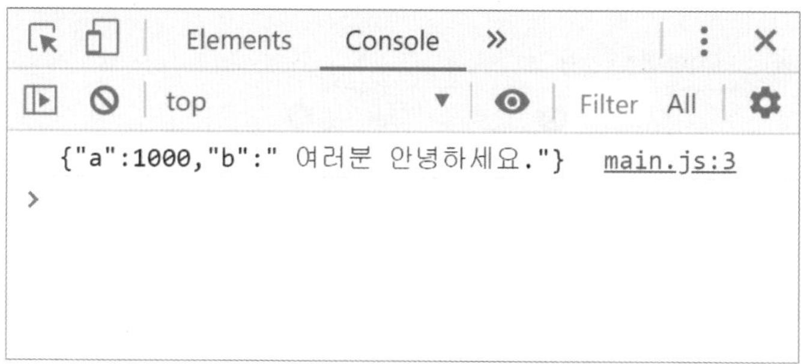

CHAPTER 14

231

JSON 변환에 들여쓰기 적용하기

- 자바스크립트 객체를 JSON 문자열로 변환하고 싶을 때
- 가독성을 위해 JSON에 들여쓰기를 적용하고 싶을 때

■ **Syntax**

메소드	의미	반환
JSON.stringify(obj, null, ' ')	들여쓰기를 적용해 객체를 JSON 문자열로 변환	문자열

JSON.stringify( )의 세 번째 인수는 JSON 문자열의 줄바꿈과 들여쓰기 삽입을 위해 사용한다. 들여쓰기 삽입을 위한 문자열을 지정하거나 숫자를 전달하면 숫자만큼의 공백이 삽입된다. 다음 샘플을 확인해 보자.

■ **JavaScript**

```
const data = {a: 1000, b:'여러분 안녕하세요.'};
const str = JSON.stringify(data, null, '  ');
console.log(str);
```

▼ **실행 결과**

```
Elements  Console  »
top  Filter  All
  {                                    main.js:3
   "a": 1000,
   "b": " 여러분 안녕하세요."
  }
>
```

232 JSON 변환 기능 커스터마이징

- 일부 데이터만 JSON 변환 작업을 하고 싶을 때

■ Syntax

메소드	의미	반환
JSON.stringify(obj, replacer, space※)	일부 데이터를 JSON 문자열로 변환	문자열

※ 생략 가능. 세 번째 파라미터를 통해 공백 삽입이 가능하다. 옮긴이

JSON.stringify( )의 두 번째 인수는 replacer 함수를 호출하며, 이 함수는 JSON 데이터 변환 룰을 설정할 수 있다. 예를 들어, 숫자인 경우 작업을 무효화하고 문자열인 경우에만 변환 작업을 실행하도록 지정할 수 있다.

■ JavaScript

```
const replacer = (key, value) => {
  // 숫자 형식은 처리 제외
  if (typeof value === 'number') {
    return undefined;
  }
  return value;
};

const obj = {
  pref: 'seoul',
  orange: 100,
  flag: true,
  apple: 100
};
const str = JSON.stringify(obj, replacer, '  ');
console.log(str);
```

▼ 실행 결과

```
{                          main.js:5
  "pref": "seoul",
  "flag": true
}
>
```

fetch()로 텍스트 데이터 읽어 오기

- 데이터를 가져오고 싶을 때

■ **Syntax**

메소드	의미	반환
fetch(URL)	URL로 데이터 가져오기	Promise

fetch( )를 사용하면 간단하게 외부 파일을 가져올 수 있다. 프로그램에서는 데이터 다운로드의 시간 예측이 불가능하므로 Promise의 then( )을 사용해 비동기로 처리한다. fetch( )로 데이터를 가져온 뒤 then( )을 호출한다. 이것이 데이터를 읽어 오는 첫 번째 단계로, 샘플 코드의 ①과 같다.

네트워크에서 가져온 데이터는 다양한 형식이 있으므로 데이터를 프로그램의 목적에 맞게 해석해야 한다. 샘플에서는 텍스트 형식의 데이터를 사용하므로 ①에서 가져온 데이터를 text( )를 사용해 해석하고 이 결과를 이어지는 then( )에서 처리하는 것이 두 번째 단계로, 샘플 코드의 ②와 ③에 해당한다.

Promise를 사용하는 방법

■ **JavaScript**

```
fetch('sample.txt') // ①
  .then((data) => data.text()) // ②
  .then((text) => {
    console.log(text);
  }); // ③
```

await와 async를 사용하는 방법

await와 async는 다음과 같이 사용하며, Promise에 의한 비동기 처리를 동기 처리와 같이 알기 쉽게 표기할 수 있는 것이 장점이다.

■ JavaScript(부분) 233/main.js

```
async function load() {
  const data = await fetch('sample.txt'); // ①
  const text = await data.text(); // ②
  console.log(text); // ③
  // 텍스트 출력
  document.querySelector('#log').innerHTML = text;
}

load();
```

▼ 실행 결과

▼

CHAPTER 14 데이터 송수신

CHAPTER 14

234

fetch()로 JSON 데이터 읽어 오기

적용

- JSON 형식의 텍스트 파일을 불러오고 싶을 때

JSON을 다루기 위해서는 데이터를 가져오는 fetch()와 JSON 포맷으로 해석하는 json()의 2단계 작업이 필요하며, 이렇게 하면 JSON 객체를 다룰 수 있다.

Promise를 사용하는 방법

■ JavaScript

```
fetch('sample.json')
  .then((data) => data.json())
  .then((obj) => {
    console.log(obj);
  });
```

await와 async를 사용하는 방법

■ JavaScript (부분) 234/main.js

```
async function load() {
  // 파일 읽어 오기
  const data = await fetch('sample.json');
  // JSON으로 해석
  const obj = await data.json();
  console.log(obj); // 결과: {name: "A학교", classes: Array(2)}
  // 텍스트 출력
  document.querySelector('#log').innerHTML =
JSON.stringify(obj, null, '  ');
}

load();
```

▼ **실행 결과**

Elements Console Sources »

top Filter All levels

main.js:9

```
▼Object
   name: "A학교"
  ▼classes: Array(2)
    ▶0: {students: 40, grade: 4, name: "C반"}
    ▶1: {students: 20, grade: 2, name: "B반"}
     length: 2
    ▶__proto__: Array(0)
  ▶__proto__: Object
> |
```

▼

불러오기
"name": "A학교",
"classes": [
{
"students": 40,
"grade": 4,
"name": "C반"
},
{
"students": 20,
"grade": 2,
"name": "B반"
}

fetch()로 XML 데이터 읽어 오기

- XML 형식의 텍스트 파일을 가져오고 싶을 때

XML은 데이터를 표현하는 마크업 언어의 하나로, 주로 서버 간의 데이터 통신에 사용되며, 알기 쉬운 표기 형식이 특징이다. HTML과 같이 시작 태그와 종료 태그로 값을 정의하고 속성값으로 추가 정보를 부여한다. 복잡한 정보를 표현할 수 있으므로 다양한 목적으로 사용된다.

XML은 데이터를 가져오고 참조하는 것이 약간 복잡한 반면, JSON은 데이터를 가져오는 시점에서 자바스크립트 데이터 타입으로 변환되므로 필요한 코드의 양이 적다는 장점이 있다.

■ XML　　　　XML 포맷과 데이터의 예

```
<data version="1">
  <orange>1</orange>
  <apple>2</apple>
</data>
```

Promise를 사용하는 방법

■ JavaScript

```
fetch('sample.xml')
  .then((response) => response.text())
  .then((str) => new DOMParser().parseFromString(str, 'application/xml'))
  .then((xml) => {
    console.log(xml);
    console.log(xml.querySelector('orange').innerHTML);
  });
```

await와 async를 사용하는 방법

■ **JavaScript(부분)** 235/main.js

```
async function load() {
  // 파일 가져오기
  const response = await fetch('sample.xml');
  // 텍스트 형식으로 해석
  const text = await response.text();
  // XML 형식으로 해석
  const xml = new DOMParser().parseFromString(text, 'application/xml');

  console.log(xml); // 결과: #document
  // 텍스트 출력
  document.querySelector('#log').textContent = text;
}

load();
```

▼ **실행 결과**

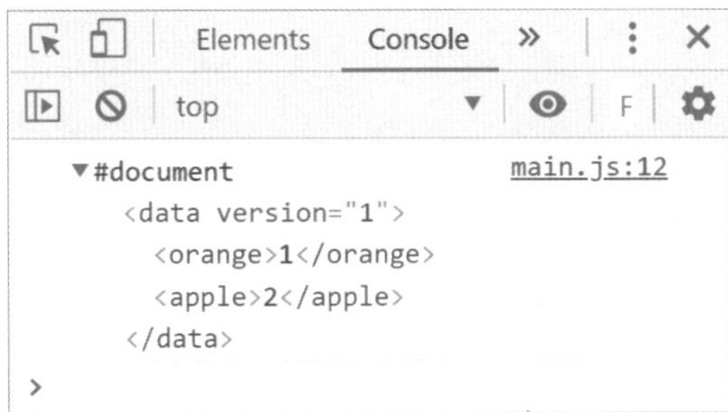

▼

fetch()로 바이너리 데이터 읽어 오기

- 바이너리 파일을 읽어 오고 싶을 때
- 텍스트 파일이 아닌 형식을 다루고 싶을 때

이미지와 3D 데이터의 대부분은 텍스트 파일이 아닌 포맷을 가지고 있으며, 이를 바이너리 형식이라고 한다. 바이너리 형식은 blob( )을 사용해서 처리하며, 웹의 경우 3D 데이터와 이미지 해석 분야 등에 사용된다.

Promise를 사용하는 방법

■ JavaScript

```
const btn = document.querySelector('button');
btn.addEventListener('click', () => {
  fetch('./sample.jpg')
    .then((res) => res.blob())
    .then((blob) => {
      const image = new Image();
      image.src = URL.createObjectURL(blob);
      document.body.appendChild(image);
    });
});
```

await와 async를 사용하는 방법

■ JavaScript (부분)　　236/main.js

```
async function load() {
  // 데이터 가져오기
  const res = await fetch('./sample.jpg');
  // blob으로 해석
  const blob = await res.blob();

  // img 요소 생성
  const image = new Image();
  // blob을 src 속성에 대입
  image.src = URL.createObjectURL(blob);
```

```
  // 화면에 표시
  document.querySelector('#log').appendChild(image);
}

load();
```

▼ **실행 결과**

fetch()로 데이터 보내기

- 웹 서버에 데이터를 전달하고 싶을 때
- 웹 서버 연동 프로그램을 만들고 싶을 때

웹 서버에 데이터를 전달할 때도 fetch( )를 사용하며, 데이터 전달 방법은 GET과 POST가 있다.

웹에서 '?key=value'와 같은 문자가 포함된 URL을 본 적이 있다면 이것이 URL에 인수를 전달하는 GET 방식이다. GET 방식은 URL로 페이지의 결과가 결정되는 방식에 적합하며, SEO Search Engine Optimization(검색 엔진 최적화)와 궁합이 좋다.

하지만 GET 방식은 URL에 전달 데이터가 노출되므로 보안 문제가 생길 수 있다. URL은 액세스 분석 등 다양한 용도를 위해 로그에 기록으로 남을 가능성이 있으며, 이는 개인 보안의 취약점으로 인식된다. 그러므로 개인 정보 등에 관한 데이터는 일반적으로 GET 방식을 사용하지 않는다. 폼의 내용과 개인 정보 관련 데이터는 POST 방식을 사용한다. POST 방식은 URL에 인수 데이터 정보를 표시하지 않으며, HTTPS 프로토콜을 사용하면 다른 사람이 데이터를 확인하는 것이 불가능하므로 데이터를 안전하게 전송할 수 있다.

여기서는 POST 방식을 사용한 샘플을 확인해 보자. POST로 데이터를 전달하는 경우 메소드, 헤더, 바디의 정보를 지정하며, 서버에 전달하는 데이터에 따라 코드가 변한다. 다양한 방법이 있으나 자주 사용되는 방식을 먼저 알아보자.

JSON 포맷으로 전달하는 방법(application/json 방식)

데이터를 JSON 포맷으로 서버에 전달하는 방법이다. fetch( )의 두 번째 인수에 옵션을 지정한다. 데이터를 전달하고 통신 성공 여부를 확인하기 위해 서버의 응답을 확인한다.

■ JavaScript

```
const obj = {hello: 'world'};

const data = {
  method: 'POST',
  headers: {
    'Content-Type': 'application/json'
  },
  body: JSON.stringify(obj)
};

fetch('./new', data)
  .then((res) => res.text())
  .then(console.log);
});
```

PHP는 file_get_contents('php://input')을 사용해 입력값을 가져온다. 문자열 타입을 가져오므로 PHP를 사용해 JSON 데이터 형식으로 변환해야 한다. 변환은 json_decode( )를 사용한다.

■ PHP

```
<?php
$json_string = file_get_contents('php://input'); ##데이터 가져오기

// PHP로 문자열을 JSON 데이터로 변환
$obj = json_decode($json_string);

echo $obj->{"hello"};
```

폼 방식으로 전달하는 방법(multipart/form-data 방식)

폼의 형식으로 전달하면 PHP가 값을 전달받기 쉽다. 자바스크립트로 FormData 객체를 사용하면 키와 값을 조합하여 전송 데이터를 정의할 수 있다. 서버는 multipart/form-data 포맷으로 전달받으며, 주로 이미지와 첨부 파일 등을 서버에 보관할 때 사용하는 포맷이다. Content-Type 값은 자동으로 설정되므로 코드에서 지정할 필요가 없다. 다음 샘플 코드를 확인해 보자.

■ **JavaScript**

```
const body = new FormData();
body.set('hello', 'world');

const data = {
  method: 'POST',
  body: body
};

fetch('./new', data)
  .then((res) => res.text())
  .then(console.log);
```

PHP는 $_POST 연관 배열에 값이 자동으로 보관된다. 키를 지정하여 값을 출력해 보자.

■ **PHP**

```
<?php
echo $_POST["hello"];
```

폼 방식으로 전달하는 방법(application/x-www-form-urlencoded 방식)

이 포맷은 '키1=값1&키2=값2&...'의 형태와 같이 키와 값을 하나로 묶어 서버에 전송한다. 한글 등 멀티 바이트 문자는 사용할 수 없으므로 URL 인코딩을 통해 전송된다. URLSearchParams의 인스턴스를 생성하고 set()로 키와 값을 설정한다. 명시적으로 headers의 Content-Type 값을 'application/x-www-form-urlencoded; charset=utf-8'로 지정한다.

■ **JavaScript**

```
const params = new URLSearchParams();
params.set('hello', 'world');

const data = {
  method: 'POST',
  headers: {
    'Content-Type': 'application/x-www-form-urlencoded; charset=utf-8'
  },
  body: params
};

fetch('./form_xform.php', data)
  .then((res) => res.text())
  .then(console.log);
```

PHP는 $_POST 연관 배열에 값이 자동으로 보관된다. 키를 지정하여 값을 출력해 보자.

■ **PHP**

```
<?php
echo $_POST["hello"];
```

XMLHttpRequest로 데이터 읽어 오기

- 구 버전의 브라우저에서 데이터를 전송하고 싶을 때

Syntax

메소드	의미	반환
new XMLHttpRequest( )	인스턴스 생성	XMLHttpRequest
open(메소드, url)	리퀘스트 초기화	없음
send( )	리퀘스트 전송	없음

자바스크립트에서 fetch( )보다 오래된 기능인 XMLHttpRequest( )를 사용하면 처리가 복잡하지만 저레벨 방식의 제어가 가능하고 구 버전의 브라우저에서도 사용할 수 있다.

XMLHttpRequest 객체의 불러오기 완료 확인은 load 이벤트를 사용하며, 이벤트 핸들러에서 responseText 속성을 사용해 불러온 문자열 데이터를 참조할 수 있다.

JavaScript (부분)

238/main.js

```
// XHR 생성
const req = new XMLHttpRequest();
// 불러오기 완료 후 이벤트
req.addEventListener('load', (event) => {
  // response 가져오기
  const text = event.target.responseText;

  // 텍스트 출력
  document.querySelector('#log').innerHTML = text;
});
// 파일 지정
req.open('GET', './sample.txt');
// 가져오기 시작
req.send();
```

▼ 실행 결과

▼

XMLHttpRequest로 작업 상황 확인하기

- 외부 파일의 불러오기 진행 상황을 확인하고 싶을 때
- 진행 상태 바를 표시하고 싶을 때

■ Syntax

속성	의미	타입
event.loaded	현재 로딩 진행 상태	숫자
event.total	전체 데이터 크기	숫자

XMLHttpRequest 객체 인스턴스의 불러오기 진행 상황은 progress 이벤트로 감시하고, 이벤트 핸들러에서 total 속성(전체 데이터 크기)과 loaded 속성(현재 불러오기 진행 상황)을 사용해 확인할 수 있다. loaded와 total을 조합하면 진행 상황을 % 단위로 계산할 수도 있다.

■ HTML(부분) 239/index.html

```
<div class="progress">
  <div class="progress-bar"></div>
</div>
```

■ CSS 239/style.css

```
.progress {
  position: relative;
  width: 600px;
  height: 20px;
  border-radius: 10px;
  background: gray;
  overflow: hidden;
  display: block;
  margin: 20px auto;
}

.progress-bar {
  position: absolute;
```

```
  background: orangered;
  content: '';
  height: 20px;
  display: block;
}
```

■ **JavaScript (부분)** 239/main.js

```
// XHR 생성
const req = new XMLHttpRequest();
// 데이터 종류 설정
req.responseType = 'blob';

req.addEventListener('progress', (event) => {
  // 진행 상황 계산(0~1)
  const rate = event.loaded / event.total;

  // 진행 바 폭 변경
  const element = document.querySelector('.progress-bar');
  element.style.width = `${rate * 100}%`;
});

// 불러오기 완료 후 이벤트
req.addEventListener('load', (event) => {
  // response 가져오기
  const data = event.target.response;
  // 이미지 데이터 변환
  const source = URL.createObjectURL(data);

  // 이미지 생성
  const image = new Image();
  image.src = source;
  // 텍스트 출력
  document.querySelector('#log').appendChild(image);
});
// 파일 지정
req.open('GET', './sample.jpg');
// 가져오기 시작
req.send();
```

▼ 실행 결과

▼

▼

구글 크롬 개발자 도구의 [네트워크] 탭에서 Throttling을 'Fast 3G'로 바꾸면 확인이 용이하다

XMLHttpRequest로 작업 취소하기

• 네트워크 통신 중인 작업을 취소하고 싶을 때

■ Syntax

메소드	의미	반환
abort()	데이터 전송 작업 취소	없음

abort()를 사용하면 XMLHttpRequest 객체 인스턴스가 진행 중인 데이터 송수신 작업을 중단할 수 있으며, 이때 발생하는 이벤트는 load가 아닌 abort 이벤트다. 다음 샘플은 50%의 확률로 작업이 실패하도록 의도한 코드다. 몇 번의 작업 후 실패가 발생하면 화면에 '불러오기를 실패하였습니다.'라는 메시지를 표시한다.

■ JavaScript(부분) 240/main.js

```
// XHR 생성
const req = new XMLHttpRequest();
// 데이터 종류 설정
req.responseType = 'blob';

// 불러오기 실패 시 이벤트
req.addEventListener('abort', (event) => {
  // 화면에 표시
  document.querySelector('#log').textContent = '불러오기 작업을 실패하였습니다.';
});

// 불러오기 완료 시 이벤트
req.addEventListener('load', (event) => {
  생략
});
// 파일 지정
req.open('GET', './sample.jpg');
// 불러오기 시작
req.send();
```

```
// 50% 확률
if (Math.random() > 0.5) {
  // 불러오기 작업 중단 설정
  req.abort();
}
```

▼ **실행 결과**

데이터 작업 성공

데이터 작업 실패

백그라운드에서 스크립트 작업하기

- 부하가 큰 처리를 실행하고 싶을 때

■ Syntax

메소드	의미	반환
new Worker(파일주소)	웹 워커 인스턴스 생성	인스턴스

자바스크립트는 메인 스레드로 동작하며, 부하가 큰 작업을 실행하면 처리 작업 중에는 조작이 불가능하다. 자바스크립트 처리가 UI를 담당하는 메인 스레드를 멈추게 하기 때문이다. 웹 워커Web Worker를 사용하면 이 문제를 해결할 수 있다. 웹 워커는 메인 스레드의 자바스크립트와 분리되어 실행되며, 부하가 큰 계산 작업 등을 처리할 때 유용하다. 웹 워커는 메인 스크립트와 스레드가 다르므로 DOM 조작이 불가능하며, 페이지가 열려 있을 때만 실행된다는 점에 주의하자.

웹 워커와 메인 스레드는 postMessage( )를 사용해 메시지를 전송하고, onmessage 이벤트 핸들러로 데이터를 반환하며, 해당 데이터는 onmessage 이벤트 data 속성에 보관된다.

■ **HTML** 241/index.html

```
<div class="wrap">
  <input type="number" value="1" id="numA" /> +
  <input type="number" value="2" id="numB" /> =
  <span class="result"></span>
</div>
<button>계산하기</button>
```

■ **JavaScript** 241/main.js

```
// 참조 가져오기
const numA = document.querySelector('#numA');
const numB = document.querySelector('#numB');
const result = document.querySelector('.result');
const btn = document.querySelector('button');

// worker 생성
const worker = new Worker('worker.js');

// 버튼 클릭 시
btn.addEventListener('click', () => {
  worker.postMessage([Number(numA.value), Number(numB.value)]);
  console.log('[메인스크립트] worker로 데이터 전송');
});

// worker 데이터를 가져올 때
worker.onmessage = function(e) {
  // 결과를 화면에 표시
  result.textContent = e.data;
  console.log('[메인스크립트] worker에서 메시지 가져오기');
};
```

■ **JavaScript** 241/worker.js

```
onmessage = (e) => {
  console.log('[worker]메인스크립트의 데이터 가져오기');

  // 덧셈 계산
  const result = e.data[0] + e.data[1];

  console.log('[worker]메인스크립트로 데이터 전송');
  postMessage(result);
};
```

▼ 실행 결과

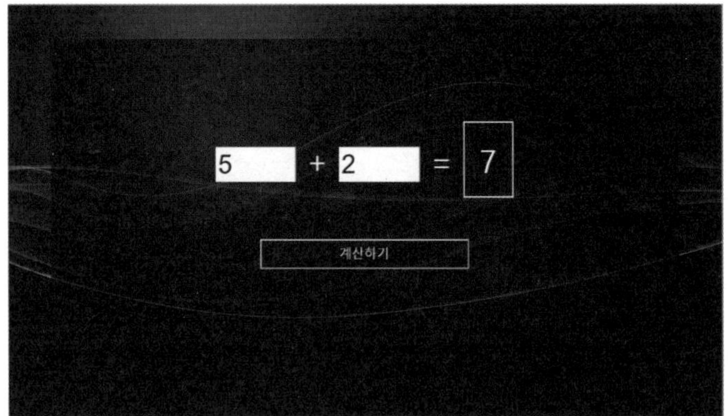

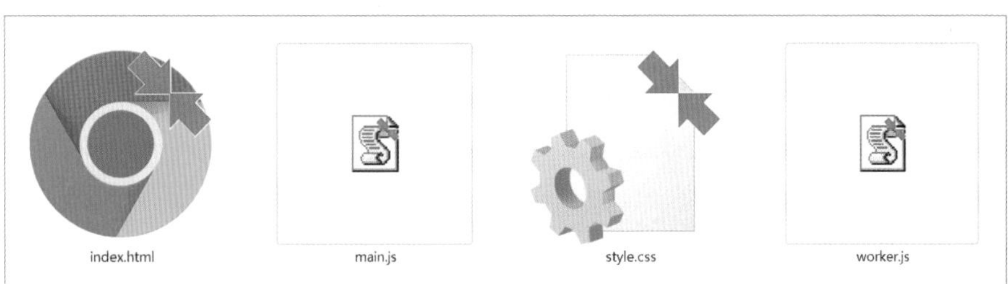

main.js와 worker.js는 별도의 파일로 생성해야 한다

CHAPTER 14
242

백그라운드에서 작업 실행하기

- 브라우저의 백그라운드에서 네트워크를 감시하고 싶을 때

Syntax

메소드	의미	반환
navigator.serviceWorker.register( )	serviceWorker 등록	Promise

서비스 워커Service Worker는 열려 있는 웹 페이지의 백그라운드에서 항상 작동하는 스크립트다. 웹 워커는 페이지가 열려 있을 때만 실행되나, 서비스 워커는 브라우저를 닫아도 실행할 수 있는 것이 특징이다. 푸시 알림과 캐시 기능 사용에 유용하다.

JavaScript

242/main.js

```
if ('serviceWorker' in navigator) {
  navigator.serviceWorker
    .register('serviceworker.js')
    .then((registration) => {
      // 등록 성공
      console.log('ServiceWorker 등록 성공');
    })
    .catch((error) => {
      // 등록 실패
      console.log('ServiceWorker 등록 실패: ', error);
    });
}
```

JavaScript

242/serviceworker.js

```
self.addEventListener('fetch', (event) => {
  console.log('데이터 통신 발생', event.request);
});
```

▼ 실행 결과

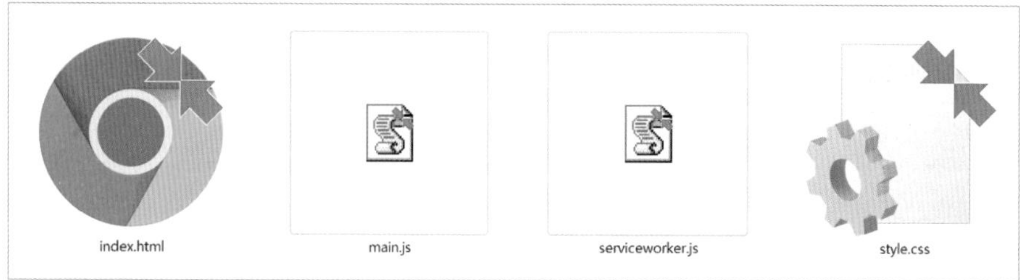

main.js와 serviceworker.js는 별도의 파일로 생성해야 한다

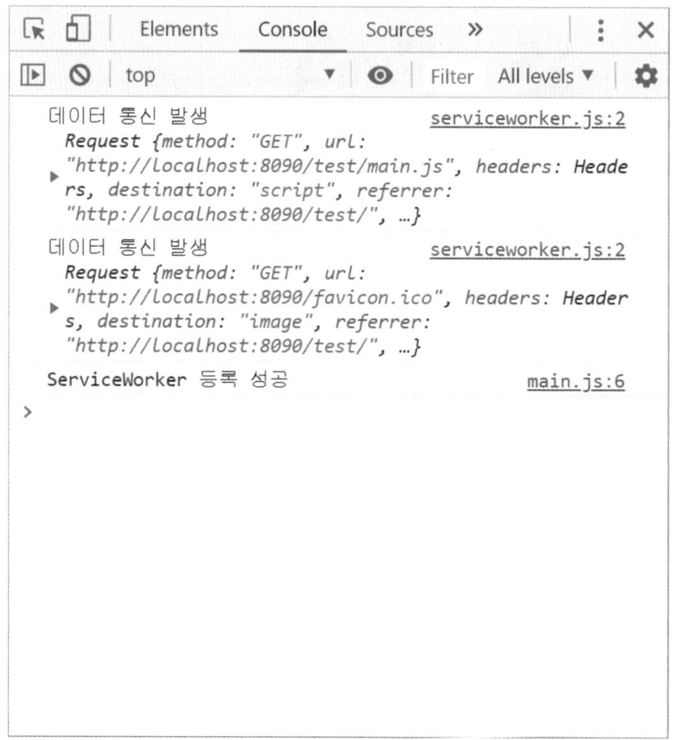

서비스 워커로 통신 정보를 감시할 수 있다

COLUMN 서비스 워커로 캐시 기능 사용하기

캐시 기능을 이용하기 위해서는 구글이 제공하는 라이브러리인 워크박스Workbox가 유용하며, 서비스 워커에 URL 등을 설정하면 이용할 수 있다. 오프라인에서 웹 페이지를 표시하거나 HTTP 캐시보다 강력한 기능을 구축할 수 있으므로 웹 사이트의 고속 정보 전송에 유리하다.

▼ 실행 결과

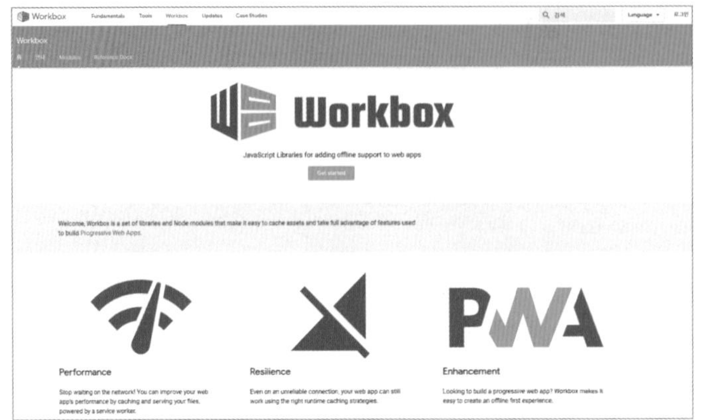

워크박스(Workbox) | Google Developers
https://developers.google.com/web/tools/workbox/

■ **JavaScript** 서비스 워커의 자바스크립트 코드 예

```
// JS 라이브러리 가져오기
importScripts(
  'https://storage.googleapis.com/workbox-cdn/
releases/3.4.1/workbox-sw.js'
);

// 구글 폰트 캐시 다루기
workbox.routing.registerRoute(
  new RegExp('https://fonts.(?:googleapis|gstatic).com/(.*)'),
  workbox.strategies.cacheFirst({
    cacheName: 'google-fonts',
    plugins: [
      new workbox.cacheableResponse.Plugin({
        statuses: [0, 200]
      })
    ]
  })
);
```

243 푸시 알림

- 브라우저에서 OS 고유의 알림창을 사용해 알림을 표시하고 싶을 때

■ Syntax

속성	의미	반환
Notification.permission	브라우저의 알림 허가 여부	문자열

■ Syntax

메소드	의미	반환
Notification.requestPermission( )	알림 허가 요청하기	없음
new Notification(알림타이틀)	알림 표시	Notification

웹 사이트에서 자바스크립트의 Notification API를 사용해 유저에게 푸시 알림을 표시할 수 있으며, OS 고유의 알림창을 사용한다. 브라우저 활성화 상태가 아니어도 푸시 알림이 도착하면 유저에게 알림을 띄우고 선택을 요구하는 기능으로 사용할 수 있다.

■ JavaScript　　243/main.js

```
const btn = document.querySelector('button');
btn.addEventListener('click', notify);

// 알림 기능 확인
function notify() {
  switch (Notification.permission) {
    case 'default': // 기본 상태
      // 알림 허가 요청
      Notification.requestPermission();
      break;
    case 'granted': // 알림 허가
      // 알림 허가 후 Notification으로 알림
      new Notification('안녕하세요.');
      break;
```

```
    case 'denied': // 알림 거부
      alert('알림이 거부되었습니다.');
      break;
  }
}
```

알림은 브라우저의 허가를 받아야 한다. Notification.permission 속성으로 브라우저의 허가 여부를 확인하며, 값이 default인 경우 Notification.requestPermission( )을 실행해 허가를 요청한다.

▼ 실행 결과

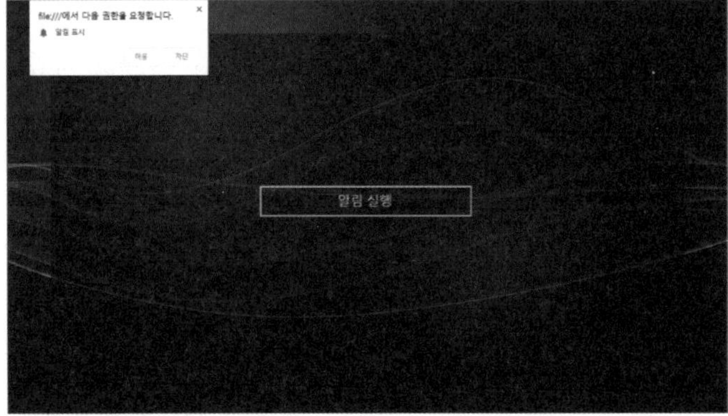

알림 허가를 요청하는 창이 표시된다

값이 granted인 경우 'new Notification("내용")'으로 알림을 표시하며, OS 고유의 창을 사용한다.

맥OS의 경우 알림 센터(오른쪽 상단)에 표시된다

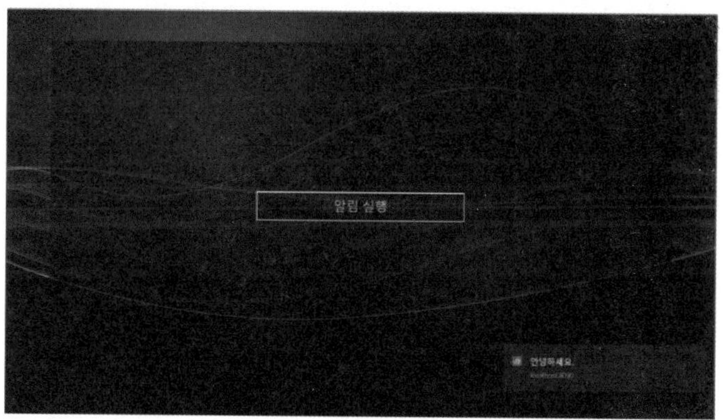

윈도우즈 10의 경우 오른쪽 하단에 표시된다

COLUMN

브라우저의 비활성화 상태에서도 푸시 알림을 사용하고 싶을 때

해당 기능은 브라우저에서 페이지를 열고 있을 때만 작동한다. 브라우저의 페이지를 열고 있지 않을 때도 푸시 알림 기능을 사용하고 싶다면 서비스 워커를 사용한다.

로컬 데이터

CHAPTER

15

244 localStorage 사용하기

- 데이터를 브라우저에 영구 보존하고 싶을 때

■ Syntax

메소드	의미	반환
localStorage.setItem('myParam', data)	localStorage에 저장	없음
localStorage.getItem('myParam')	localStorage에서 불러오기	문자열

localStorage는 브라우저에 데이터를 간단하게 저장할 수 있다. window 객체에 localStorage 객체가 있으므로 위치에 상관없이 사용할 수 있으며, localStorage에 저장된 데이터는 기간 제한이 없다.

setItem( )을 사용해 데이터를 저장하며, 첫 번째 인수는 키, 두 번째 인수는 데이터를 전달한다. 문자열, 숫자, 진릿값, 객체, 배열 등 다양한 데이터 타입을 사용할 수 있다. getItem( )을 사용해 저장된 데이터를 불러오며, 저장 시 사용한 키와 동일한 값을 인수로 전달한다.

■ HTML 244/index.html

```
<section class="localStorage">
  <h2>localStorage</h2>
  <input type="text"/>
  <button class="btnSave">저장하기</button>
  <button class="btnRead">불러오기</button>
</section>
```

■ JavaScript 244/main.js

```
const section = document.querySelector('.localStorage'); // 부모 요소 가져오기
const btnRead = section.querySelector('.btnRead'); // 버튼 요소 가져오기
const btnSave = section.querySelector('.btnSave'); // 버튼 요소 가져오기
const input = section.querySelector('input'); // 텍스트 입력 박스 요소

// 저장하기 버튼 클릭 시
btnSave.addEventListener('click', () => {
```

```
  // 텍스트 입력 박스의 문자열 가져오기
  const data = input.value;

  // localStorage에 저장
  localStorage.setItem('myKey', data);
});

// 불러오기 버튼 클릭 시
btnRead.addEventListener('click', () => {
  // localStorage에서 불러오기
  const data = localStorage.getItem('myKey');

  // 텍스트 입력 박스에 문자열 대입
  input.value = data;
});
```

▼ **실행 결과**

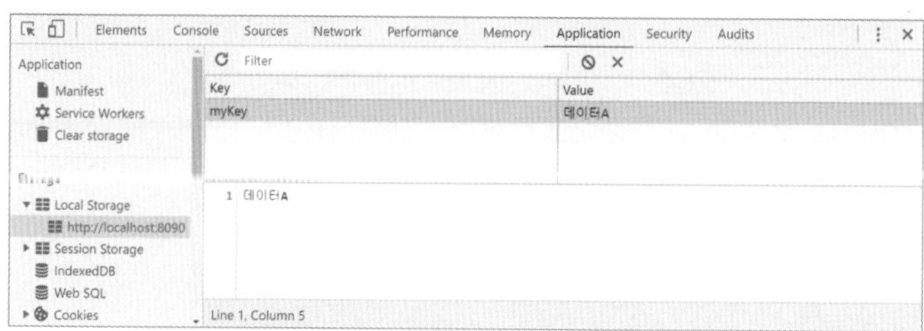

COLUMN

프라이빗 브라우징, 시크릿 모드

브라우저에 이력을 남기지 않는 프라이빗 브라우징 기능이 있다. 프라이빗 브라우징 모드에서는 브라우저에 따라 localStorage의 작동 방식이 다르므로 주의하자. 창을 닫기 전까지 localStorage가 유지되는 브라우저도 있지만, 사파리처럼 localStorage에 데이터가 저장되지 않는 브라우저도 있다.

구글 크롬 시크릿 모드의 경우 localStorage에 데이터가 저장되지만, 브라우저를 다시 열면 데이터가 삭제되고 없다

COLUMN

sessionStorage

localStorage와 비슷한 기능으로 sessionStorage가 있으며, 사용법은 같다. localStorage는 저장 기간의 제한이 없지만, sessionStorage는 세션이 종료(브라우저 닫기)되면 데이터도 함께 삭제된다.

245 Storage API 데이터 삭제하기

- Storage 데이터를 삭제하고 싶을 때

■ **Syntax**

메소드	의미	반환
localStorage.removeItem(키)	localStorage 해당 키 삭제	없음
localStorage.clear( )	localStorage 데이터 삭제	없음

localStorage와 sessionStorage에서 일부 데이터를 지정해서 삭제하는 경우 removeItem( )을 사용하며, 인수는 데이터의 키다. 해당 도메인의 Storage 객체 전체를 삭제하는 경우에는 clear( )를 사용한다.

■ **HTML** 245/index.html

```
<h2>localStorage</h2>
<input type="text"/>
<p>
  <button class="btnSave">저장하기</button>
  <button class="btnRemove">삭제하기</button>
  <button class="btnClear">전체 삭제하기</button>
</p>
```

■ **JavaScript (부분)** 245/main.js

```
// 저장하기 버튼 클릭 시
btnSave.addEventListener('click', () => {
  // 텍스트 입력 박스의 문자열 가져오기
  const data = input.value;

  // localStorage에 저장
  localStorage.setItem('myKey1', data);
  localStorage.setItem('myKey2', data);
});

// 삭제하기 버튼 클릭 시
btnRemove.addEventListener('click', () => {
```

```
  // localStorage에서 삭제
  localStorage.removeItem('myKey1');
});

// 전체 삭제 버튼 클릭 시
btnClear.addEventListener('click', () => {
  // 전체 삭제하기
  localStorage.clear();
});
```

▼ **실행 결과**

브라우저 표시

Key	Value
myKey1	치즈
myKey2	치즈

저장하기 버튼으로 키를 두 개 저장

Key	Value
myKey2	치즈

removeItem( )으로 키를 하나 삭제

Key	Value

clear( )로 localStorage 전체 삭제

246 쿠키로 로컬 데이터 사용하기

- 쿠키에 데이터를 저장하고 싶을 때

■ Syntax

속성	의미	타입
document.cookie	쿠키 참조	문자열

쿠키Cookie는 예전부터 웹 데이터를 저장하거나 세션 관리에 사용되어 왔다. localStorage는 다양한 데이터 저장이 가능한 것이 특징이지만, 쿠키는 1차원의 문자열만 저장할 수 있다. 쿠키의 값은 클라이언트 쪽에서도 사용하지만, 서버도 불러오기와 값 변경 등 데이터를 공유할 수 있다. 속성은 1차원 데이터만 저장이 가능하므로 복잡한 데이터의 저장은 주의해야 한다. 쿠키의 값은 '='나 ';' 등 특수 기호를 사용하며, 한글은 '%82%A0'와 같은 형식으로 인코딩되므로 쿠키 값을 불러오기 위해서는 디코딩이 필요하다.

■ HTML 246/index.html

```
<section class="cookie">
  <h2>쿠키</h2>
  <button class="btnSave">저장하기</button>
  <button class="btnRead">불러오기</button>
</section>
```

■ JavaScript 246/main.js

```
const btnRead = document.querySelector('.btnRead'); // 버튼 요소 가져오기
const btnSave = document.querySelector('.btnSave'); // 버튼 요소 가져오기

// 저장하기 버튼 클릭 시
btnSave.addEventListener('click', () => {
  // 쿠키 저장(대입은 개별로 저장됨)
  document.cookie = 'id=1';
  document.cookie = 'age=30';
  document.cookie = `name=${encodeURIComponent('사자')}`;
});
```

```
// 불러오기 버튼 클릭 시
btnRead.addEventListener('click', () => {
  // 쿠키 불러오기
  alert(document.cookie);
});
```

▼ **실행 결과**

버튼 클릭 시 쿠키에 데이터를 저장하거나 불러올 수 있다

불러온 쿠키 데이터를 alert()으로 표시한다. 문자열이 인코딩되어 저장된다

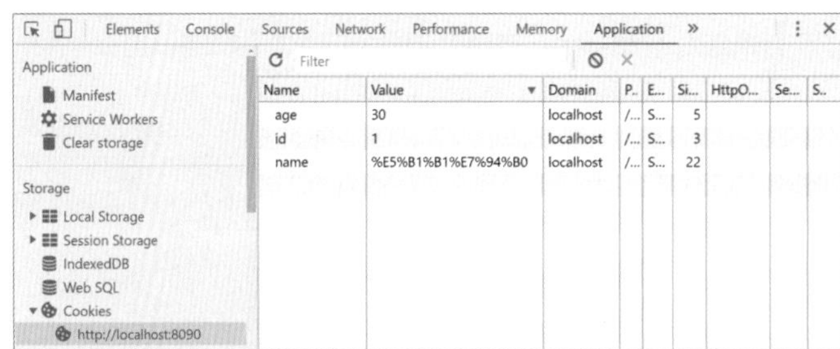

쿠키 값은 구글 크롬 개발자 도구의 Application 태그에서 확인 가능하다

COLUMN **쿠키의 특징**

쿠키의 특징은 다음과 같다.

- 브라우저가 자동으로 웹 서버에 전송
- 유효 기간 설정 가능
- 미삭제 시 지속 보관
- 도메인 단위로 존재. 같은 도메인이라도 http, https는 다른 영역

247 쿠키 데이터 읽어 오기

- 쿠키 값을 참조하고 싶을 때

document.cookie 값을 불러와도 키와 값이 각각 문자열로 결합되어 있어 자바스크립트에서의 사용이 어렵다. 이럴 때는 문자열을 연관 배열로 분해하면 편리하게 사용할 수 있다. document.cookie 문자열의 ;과 =을 분리하여 연관 배열의 객체로 변환하는 코드를 확인해 보자. 쿠키의 값은 모두 문자열이므로 주의하자.

JavaScript(부분) 247/main.js

```
// 불러오기 버튼 클릭 시
btnRead.addEventListener('click', () => {
  // 쿠키 불러오기
  const obj = convertCookieToObject(document.cookie);
  console.log(obj); // 콘솔 출력

  document.querySelector('#log').innerHTML =
    JSON.stringify(obj, null, '  ');
});

/**
 * 쿠키를 객체로 변환
 * @param cookies 쿠키 문자열
 * @return 연관 배열
 */
function convertCookieToObject(cookies) {
  const cookieItems = cookies.split(';');

  const obj = {};
  cookieItems.forEach((item) => {
    //'='으로 분리
    const elem = item.split('=');
    // 키 가져오기
    const key = elem[0].trim();
    // 값 가져오기
    const val = decodeURIComponent(elem[1]);
```

```
    // 저장
    obj[key] = val;
  });
  return obj;
}
```

▼ **실행 결과**

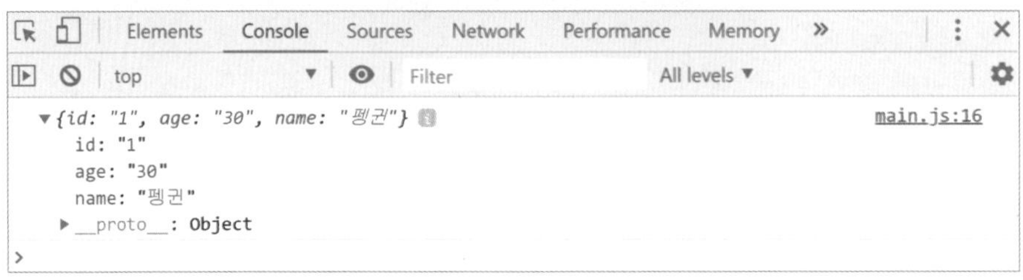

쿠키의 키와 값 방식으로 데이터를 저장한다.
불러오기 버튼을 클릭하면 쿠키에 저장된 값을 객체 타입으로 불러올 수 있다

스마트폰 센서

CHAPTER

16

CHAPTER 16

248

위치 정보 읽어 오기

- 지도에 현재 위치를 표시하고 싶을 때

■ Syntax

메소드	의미	반환
navigator.geolocation.getCurrentPosition (성공시함수, 실패시함수)	위치 정보 가져오기	없음

■ Syntax

속성	의미	타입
position.coords.latitude	위도	숫자
position.coords.longitude	경도	숫자
position.coords.accuracy	위도, 경도의 오차	숫자

GPS는 지도 앱과 SNS 앱 등에서 위치 정보를 확인할 때 사용하는 센서다. Geolocation API로 액세스할 수 있으며, navigator.geolocation.getCurrentPosition( )을 사용해 위치 정보를 가져올 수 있다. position.coords.accuracy 속성은 위도와 경도의 오차를 나타내는 것으로 가져온 위도, 경도의 데이터와 실제 위치의 오차 범위를 m 단위로 나타낸다.

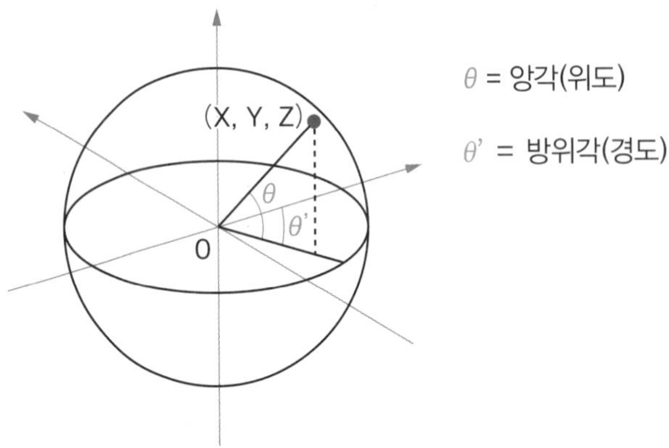

■ JavaScript

```
// 현재 위치 가져오기
navigator.geolocation.getCurrentPosition(geoSuccess, geoError);

// 가져오기 성공
function geoSuccess(position) {
  // 위도
  const lat = position.coords.latitude;
  // 경도
  const lng = position.coords.longitude;
  // 위도 경도 오차(m)
  const accuracy = Math.floor(position.coords.accuracy);
}

// 가져오기 실패(거부)
function geoError() {
  alert('Geolocation Error');
}
```

▼ 실행 결과

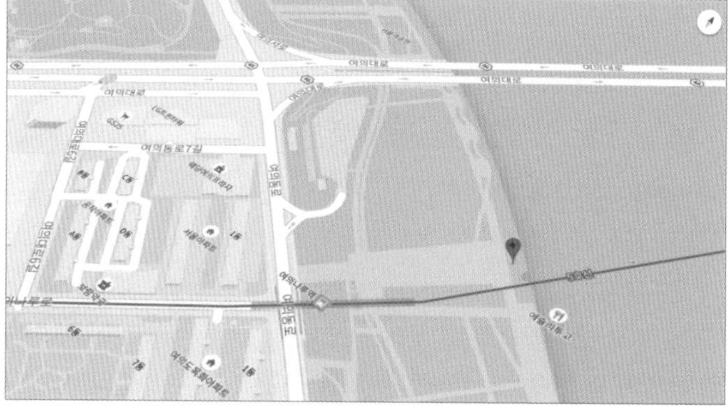

현재 위치를 나타내는 샘플을 확인해 보자. 브라우저로 액세스하여 위치 정보 제공을 허락하면 현재의 위도, 경도를 가져와 구글 지도에 위치를 표시한다. 지도는 구글 지도 API를 사용한다.

■ **HTML**

```
<script src="https://maps.googleapis.com/maps/api/js?v=3.exp">
</script>
```

■ **JavaScript**

```
// 현재 위치 가져오기
navigator.geolocation.getCurrentPosition(geoSuccess, geoError);

function geoSuccess(position) {
  // 위도
  const lat = position.coords.latitude;
  // 경도
  const lng = position.coords.longitude;

  setMap(lat, lng);
}

function setMap(lat, lng) {
  // 위도, 경도 설정
  const latlng = new google.maps.LatLng(lat, lng);

  // 표시 추가
  const marker = new google.maps.Marker({
    map: map,
    draggable: true,
    animation: google.maps.Animation.DROP,
    position: latlng
  });
}
```

GPS는 외부 환경에 영향을 많이 받기 때문에 완벽한 위치를 검출해내기는 어렵다. 실내와 지하에서는 GPS 신호를 받기가 어려우므로 유선으로 위치 정보를 가져온다(스마트폰 설정이 필요).

CHAPTER 16
249

자이로Gyro 센서와 가속도 센서 사용하기

- 기울기를 확인하고 싶을 때
- 방향을 확인하고 싶을 때
- 가속도를 확인하고 싶을 때

■ Syntax

속성	의미	타입
event.beta	X 축 기울기	숫자
event.gamma	Y 축 기울기	숫자
event.alpha	Z 축 기울기	숫자

■ Syntax

속성	의미	타입
event.acceleration.x	X 축 가속도	숫자
event.acceleration.y	Y 축 가속도	숫자
event.acceleration.z	Z 축 가속도	숫자

자이로 센서(기울기)

자이로 센서는 기울기(회전)를 검출하는 센서다. 스마트폰을 가로 혹은 세로로 움직이면 센서가 인지하여 디스플레이를 가로 화면 혹은 세로 화면으로 전환하는 작업 등에 사용한다. 액세스는 DeviceOrientation 이벤트로 가능하며, X, Y, Z 축의 값을 가져오기 위해서는 다음과 같이 window 객체의 deviceorientation 이벤트를 감시한다.

■ JavaScript

```
// DeviceOrientation 이벤트
window.addEventListener('deviceorientation',
deviceorientationHandler);

// 자이로 센서 값 변화
function deviceorientationHandler(event) {
  // X 축
  const beta = event.beta;
```

```
  // Y 축
  const gamma = event.gamma;
  // Z 축
  const alpha = event.alpha;
}
```

▼ **실행 결과**

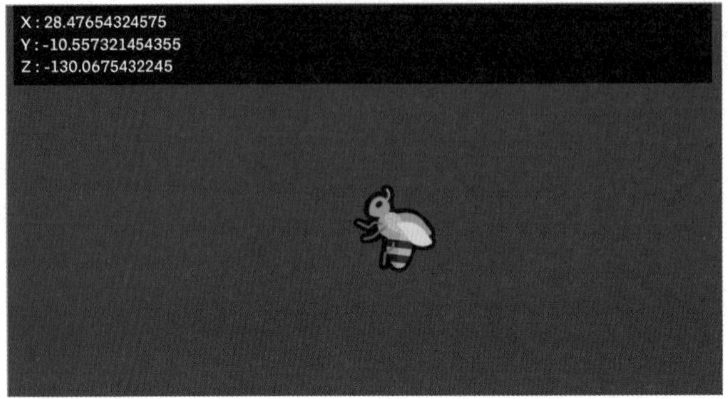

자이로 센서(방향)

자이로 센서로 방향의 확인도 가능하다. 나침반 샘플을 확인해 보자.

사파리Safari에서는 event.WebkitCompassHeading을 사용해 방향을 확인할 수 있지만, 다른 스마트폰에서는 해당 기능을 사용할 수 없다. 다른 스마트폰 환경에서 방향을 확인하려면 자이로 센서의 기울기 값을 이용해 방향을 산출하는 방식을 사용한다. 해당 로직은 W3C의 'DeviceOrientation Event Specification(https://w3c.github.io/deviceorientation/)'에 공개되어 있다.

다음 소스 코드에서는 0~360까지의 각도를 숫자 값으로 가져오며, 0도는 북, 90도는 동, 180도는 남, 270도는 서쪽을 의미한다.

■ JavaScript

```
function getCompassHeading(alpha, beta, gamma) {
  const degtorad = Math.PI / 180;

  const _x = beta ? beta * degtorad : 0;
  const _y = gamma ? gamma * degtorad : 0;
  const _z = alpha ? alpha * degtorad : 0;

  const cY = Math.cos(_y);
  const cZ = Math.cos(_z);
  const sX = Math.sin(_x);
  const sY = Math.sin(_y);
  const sZ = Math.sin(_z);

  const Vx = -cZ * sY - sZ * sX * cY;
  const Vy = -sZ * sY + cZ * sX * cY;

  let compassHeading = Math.atan(Vx / Vy);

  if (Vy < 0) {
    compassHeading += Math.PI;
  } else if (Vx < 0) {
    compassHeading += 2 * Math.PI;
  }

  return compassHeading * (180 / Math.PI);
}
```

▼ 실행 결과

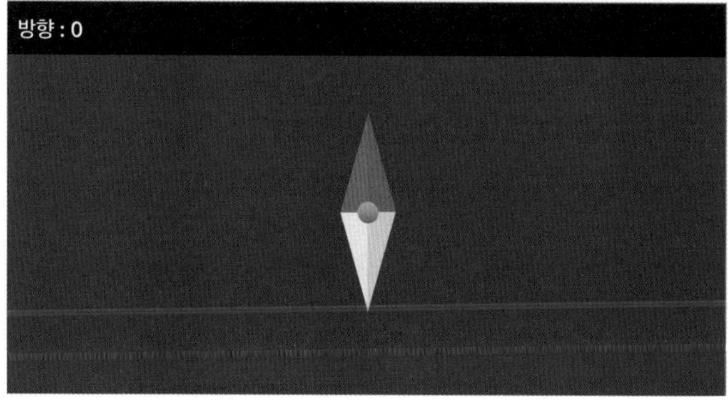

가속도 센서(관성)

가속도 센서는 일정 시간 내 속도의 방향과 변화를 검출하는 센서로 스마트폰은 XYZ의 세 방향을 검출할 수 있는 3축 가속도 센서를 주로 사용한다. 스마트폰이 떨어져서 물체에 부딪히는 것 등을 인식하는 데 사용하며, 액세스는 DeviceMotion 이벤트를 사용한다.

다음은 스마트폰을 위, 아래, 좌, 우로 흔드는 방향에 따라 화살표가 해당 방향을 가리키는 샘플이다. X, Y, Z 축의 값을 가져오기 위해서는 window 객체의 devicemotion 이벤트를 감시한다.

■ **JavaScript**

```
// DeviceMotion 이벤트
window.addEventListener('devicemotion', devicemotionHandler);

// 가속도 변화
function devicemotionHandler(event) {
  // 가속도
  // X 축
  const x = event.acceleration.x;
  // Y 축
  const y = event.acceleration.y;
  // Z 축
  const z = event.acceleration.z;
}
```

▼ **실행 결과**

250 진동 모터 사용하기

- 진동 피드백 기능을 설정하고 싶을 때

■ Syntax

속성	의미	타입
navigator.vibrate(진동시간(밀리초))	디바이스 진동 처리	진릿값

진동은 주로 매너 모드의 알림 기능으로 사용되며, 기계 내부 모터의 회전으로 작동한다. Vibration API로 액세스가 가능하며, 자바스크립트는 'navigator.vibrate(진동시간(밀리초))'를 사용해 실행할 수 있다. 또한, 배열을 지정하면 진동 패턴을 설정할 수 있다.

■ JavaScript

```
// 진동(1000밀리초)
navigator.vibrate(1000);

// 500밀리초 진동 후 100밀리초 정지, 다시 500밀리초 진동
navigator.vibrate([500, 100, 500]);
```

▼ 실행 결과

iOS의 브라우저는 지원되지 않으며, 안드로이드는 구글 크롬과 모질라의 파이어폭스에서 지원된다.

CHAPTER 17

251 정보/에러/경고 출력하기

- 자바스크립트의 실행 결과를 확인하고 싶을 때
- 상태에 따라 콘솔 사용을 분류하고 싶을 때

■ **Syntax**

메소드	의미	반환
console.log(값1, 값2, ...)	로그 표시	없음
console.info(값1, 값2, ...)	정보 표시	없음
console.warn(값1, 값2, ...)	경고 표시	없음
console.error(값1, 값2, ...)	에러 표시	없음

콘솔은 동작 확인을 위한 로그와 경고, 에러를 표시하는 로그 등 상태에 따라 네 종류의 명령이 있다. 사용 분류를 통해 로그 종류를 콘솔 패널에서 쉽게 확인할 수 있으며, 종류에 따라 문자색으로 구분이 가능하다.

■ **JavaScript** 251/main.js

```
console.log('로그 표시입니다.');
console.info('정보 표시입니다.');
console.warn('경고 표시입니다.');
console.error('에러 표시입니다.');
```

예를 들어 구글 크롬 개발자 도구에서는 log와 info를 검은색, warn을 노란색, error를 빨간색 문자로 표시한다.

권하지 않는 조작은 console.warn()으로 표시하고, 프로그램이 의도하지 않은 동작 등은 console.error()로 나타내도록 분류하여 사용하면 좋다.

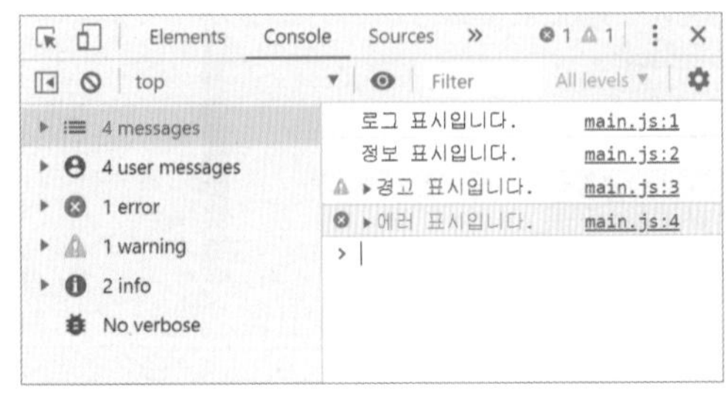

콘솔 출력 결과.
메소드에 따라 출력 문자의 색상을 변경할 수 있으므로 중요도에 따라 분류할 수 있다

객체 구조 출력하기

- 깊은 계층의 데이터 요소를 확인하고 싶을 때

■ Syntax

메소드	의미	반환
console.dir(객체)	객체 구조 출력	없음
console.table(객체)	객체 구조	없음

객체와 배열을 사용하여 깊은 계층의 데이터를 다룰 때, 데이터를 효과적으로 출력하여 확인하기 위해서 console.dir( )과 console.table( )을 사용할 수 있다. console.dir( )은 객체의 구조를 출력한다.

■ JavaScript 252/dir/main.js

```
const myObject = {
  id: 2,
  name: '사자'
};
console.dir(myObject);

// body 요소의 구조 출력
console.dir(document.body);
```

구글 크롬 개발자 도구에서 다음과 같이 표시된다.

▼ 실행 결과

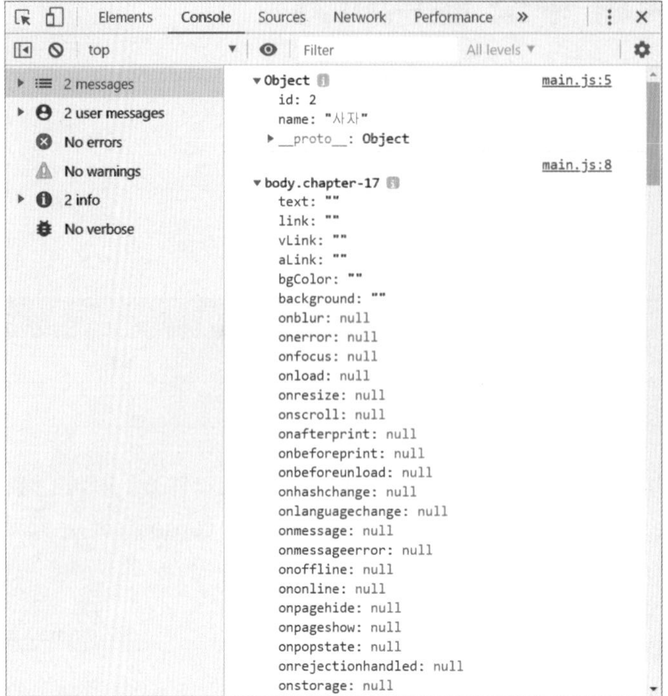

console.dir( ) 출력 결과. 객체의 요소를 트리 형식으로 확인할 수 있다

console.table( )은 데이터가 표로 출력된다.

■ **JavaScript** 252/table/main.js

```
const myArray = [
  { id: 100, name: '사자', age: 25 },
  { id: 200, name: '여우', age: 30 },
  { id: 300, name: '사슴', age: 35 }
];
console.table(myArray);
```

▼ 실행 결과

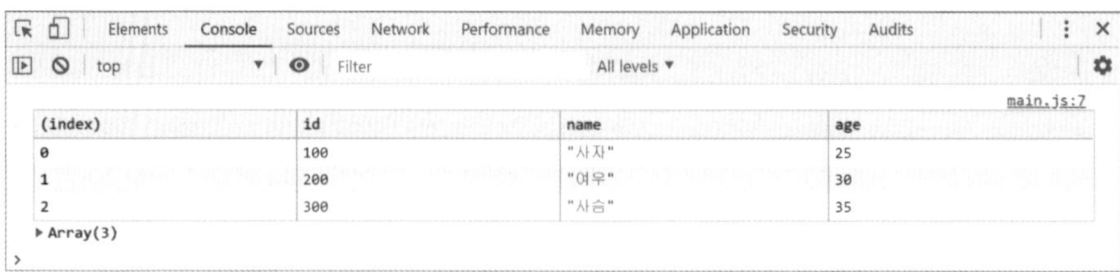

(index)	id	name	age
0	100	"사자"	25
1	200	"여우"	30
2	300	"사슴"	35

▶Array(3)

에러 파악하기

- 프로그램 실행 중 발생한 에러를 파악하고 싶을 때

상수에 값을 재대입하거나 undefined.myValue와 같이 존재하지 않는 값에 액세스를 시도하면 에러(예외)가 발생한다. 에러가 발생하면 해당 시점에서 프로그램은 중단되며, 이후의 처리는 실행되지 않는다. 다음 코드에서는 에러를 의도적으로 발생시키고, 브라우저 콘솔에서 에러 발생을 확인한다.

■ **JavaScript** 253/main.js

```
const a = 10;
console.log(`상수 a의 값은 ${a}입니다.`); // '상수 a의 값은 10입니다.' 출력
a = 20; // a에 값을 다시 대입하면 에러 발생
console.log(`다음 작업을 실행합니다.`); // 에러가 발생하였으므로 실행되지 않음
```

▼ 실행 결과

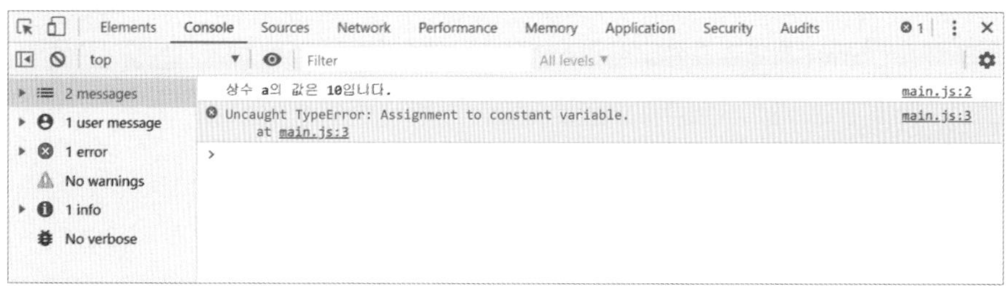

구글 크롬 개발자 도구

CHAPTER 17
254

에러 객체 생성하기

- 에러의 내용을 설정하고 싶을 때

■ Syntax

메소드	의미	반환
new Error(에러내용)	Error 인스턴스 생성	Error 객체

■ Syntax

속성	의미	타입
Error인스턴스.message	에러 내용	문자열

에러는 프로그램 실행 중 자동으로 발생하는 것 외에도 개발자가 의도적으로 발생시킬 수 있다. 이를 에러 던지기Throw Error라고 표현하며, 함수에 부정확한 값이 전달되거나 API에서 의도치 않은 값이 반환되는 경우에 사용할 수 있다.

에러 내용은 Error 객체로 표현하며, 인스턴스화 시 전달하는 인수에 에러 내용을 설정한다.

■ JavaScript

```
// Error 객체 인스턴스화
const error = new Error('에러가 발생하였습니다.');
```

Error 객체는 에러에 관한 정보를 포함하며, Error 인스턴스의 message 속성으로 에러의 내용을 가져온다.

■ JavaScript

```
// Error 객체 인스턴스화
const error = new Error('에러가 발생하였습니다.');
console.log(error.message); // '에러가 발생하였습니다.' 로그 출력
```

255 에러 발생시키기

- API 통신 중 부정확한 값 발견 시 에러 처리를 하고 싶을 때

■ Syntax

구문	의미
throw Error인스턴스	에러 던지기

생성한 에러는 throw를 사용해 던질 수 있다. 파라미터가 숫자 타입이 아닌 경우 에러를 던지고 alert( )으로 내용을 표시하는 샘플을 확인해 보자.

■ JavaScript

255/main.js

```
/** 파라미터 value가 숫자 타입이 아닌 경우 에러를 발생시키는 함수 */
function myFunction(value) {
  if (typeof value !== 'number') {
    // 에러 생성
    const error = new Error(`'${value}'Number 타입이 아닙니다.`);
    // 에러 내용을 alert()으로 표시
    alert(error.message);
    // 에러 던지기
    throw error;
  }

  console.log(`'${value}'는 숫자 타입입니다.`);
}

// 함수에 숫자 전달(에러 없음)
myFunction(5);
// 함수에 문자열 전달(에러 발생)
myFunction(「사자」);
```

▼ 실행 결과

콘솔에 에러 내용이 표시된다(구글 크롬 개발자 도구)

CHAPTER 17

256

에러 발생 확인하기

- 에러 종류를 확인하고 싶을 때
- 에러가 발생해도 작업을 계속 진행하고 싶을 때
- 에러 발생 시 특정 처리를 실행하고 싶을 때

Syntax

구문	의미
try { } catch (error) { }	에러 처리

에러가 발생하면 이후의 작업은 중단되지만 작업 내용에 따라 에러가 발생해도 처리를 지속해야 할 경우 try와 catch를 사용한다. try { }에서 에러가 발생하면 catch (error) { } 부분이 실행되며, Error 객체를 가져와 에러 내용의 표시 등이 가능하다. try, catch에서 에러가 처리되므로 이후의 작업이 계속 진행된다.

JavaScript

256/main.js

```
const a = 10;

try {
  a = 20; // a에 값을 다시 대입하면 에러 발생
} catch (error) {
  console.log(`에러가 발생했습니다: ${error.message}`);
}

// 중단 없이 실행
console.log(`상수 a의 값은 ${a}입니다.`);
```

▼ 실행 결과

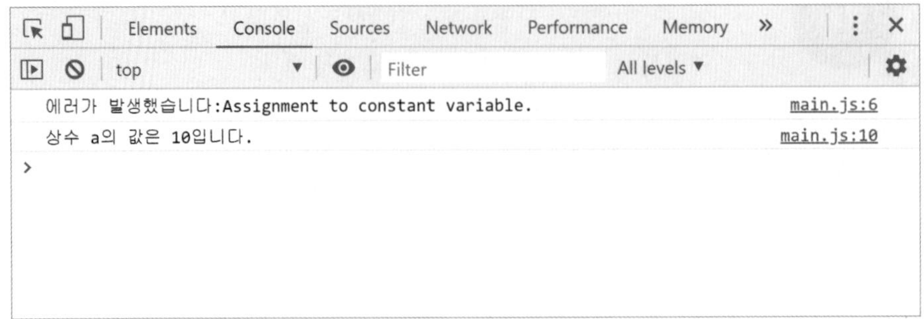

'상수 a의 값은 10입니다.'의 출력 처리가 중단되지 않고 실행된다
(구글 크롬 개발자 도구)

에러 발생 시 실행 코드 설정하기

- 에러가 발생해도 실행을 중단하고 싶지 않을 때
- 에러 발생 시 특정 처리를 실행하고 싶을 때

■ **Syntax**

종류	의미
try { } catch (error) { } finally { }	에러 처리

finally { }는 try { }의 에러 발생 여부와 상관없이 실행된다. 그러므로 에러 여부에 상관없이 실행하고 싶은 코드가 있다면 finally { }에 배치한다. 다음은 50% 확률로 에러가 발생하지만, 에러에 상관없이 finally { }가 실행되는 것을 확인할 수 있는 코드 샘플이다.

■ **JavaScript** 257/main.js

```
/** 50% 확률로 에러를 발생시켜 try와 catch 처리 */
function generateError() {
  try {
    // 50% 확률로 에러 발생
    if (Math.random() > 0.5) {
      throw new Error();
    } else {
      console.log('에러 없음');
    }
  } catch (error) {
    // 에러 발생 시 처리
    console.log(`에러 발생`);
  } finally {
    // 에러 발생 여부 상관없이 실행
    console.log('에러 처리가 완료되었습니다.');
    console.log('----------');
  }
}

// 3초마다 generateError() 실행
setInterval(generateError, 3000);
```

▼ 실행 결과

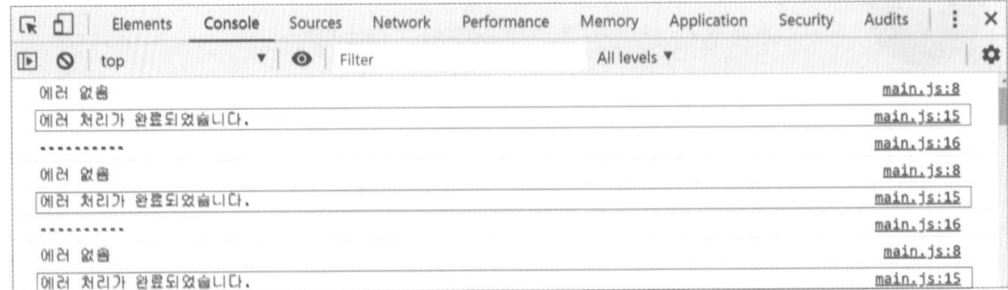

에러 발생 여부에 상관없이 finally{} 부분의 처리가 실행된다
(구글 크롬 개발자 도구)

에러 종류 파악하기

- 에러 발생 시 에러의 종류를 확인하고 싶을 때

■ **Syntax**

종류	의미
RangeError	값이 허용 범위 내에 없음
ReferenceError	선언되지 않은 변수를 호출
SyntaxError	언어 구문 부정확
TypeError	데이터 타입 부정확
URIError	URI 부정확

Error 객체는 몇 가지 종류가 있다. 자바스크립트에서 이러한 에러의 파악이 가능하면 그 종류에 따른 수정 작업이 용이하다. 예를 들어 SyntaxError는 구문 에러이므로 코드 기술 방식의 문제를 확인하여 해결하며, TypeError는 null 객체 액세스 등의 문제이므로 데이터 타입의 문제를 찾아 해결한다.

■ **JavaScript**

SyntaxError 예

```
try {
  let obj  null; // 의도적으로 에러가 생기는 코드를 생성
} catch (error) {
  console.error(error); // SyntaxError: Unexpected token null
}
```

▼ **실행 결과**

```
⊗ Uncaught SyntaxError: Unexpected token 'null'
```

■ JavaScript

TypeError 예

```
try {
  const obj = { a: null };
  obj.a.myMethod();
} catch (error) {
  console.error(error); // TypeError: Cannot read property 'myMethod' of null
}
```

▼ 실행 결과

```
▶TypeError: Cannot read property 'myMethod' of null
    at main.js:1
```

함수와 클래스

CHAPTER

18

함수 내부 변수와 상수의 범위 알기

- 처리를 단위로 분할하고 싶을 때
- 변수, 상수의 유효 범위를 좁히고 싶을 때

■ **Syntax**

구문	의미
{}	블록 스코프

let과 const로 선언된 변수와 상수는 { }로 감싸진 범위의 블록 내에서만 사용할 수 있다. 변수와 상수가 유효한 범위를 스코프Scope라고 하며, { }로 감싸진 유효 범위를 블록 스코프Block Scope라고 한다.

다음의 상수 a는 블록 스코프 내에서 사용되고 있으므로 모든 console.log( )에 20이라는 결과가 출력된다. 블록 외부에서 선언한 변수와 상수도 내부에서 사용할 수 있다.

■ **JavaScript**

```
{
  const a = 20;
  // 20 출력
  console.log(a);

  {
    // 20 출력
    console.log(a);
  }
}
```

▼ **실행 결과**

```
20
20
```

블록의 외부에서 상수 a를 사용하면 에러가 발생한다. 이유는 블록 내부에서 선언된 상수는 외부에서 액세스가 불가능하기 때문이다.

■ JavaScript

```
{
  {
    const a = 20;
  }

  // 스코프를 벗어나므로 에러가 발생
  console.log(a);
}
```

▼ 실행 결과

```
▶Uncaught ReferenceError: a is not defined
    at main.js:3
```

모든 스코프의 가장 상위는 전역 스코프가 된다. 전역 스코프에서 선언한 상수와 변수는 모든 블록에서 사용할 수 있다.

■ JavaScript

```
const a = 20;

{
  console.log(a); // 결과: 20
}
```

블록은 함수, if문, for문 등 여러 곳에서 사용된다. 다음 샘플을 통해 함수의 경우를 확인해 보자. 상수 myValue는 myFunction 함수 내에서만 유효하다.

■ JavaScript

```
function myFunction() {
  const myValue = '사자';
  console.log(myValue);

  function myChildFunction() {
    console.log(myValue); // 결과: '사자'
  }
  myChildFunction(); // 결과: '사자'
}

myFunction(); // 결과: '사자'

// 스코프를 벗어나므로 에러가 발생
console.log(myValue);
```

if문의 경우도 확인해 보자. if문의 외부에서는 상수 myValue2의 참조가 불가능하므로 에러가 발생한다.

■ JavaScript

```
if (true) {
  // myValue2 정의
  const myValue2 = '사자';
}

// myValue2는 스코프를 벗어나므로 에러
console.log(myValue2);
```

COLUMN **블록 스코프 범위를 벗어나는 var 선언**

변수는 let이 아닌 var를 사용해서도 선언할 수 있다. var는 예전부터 사용된 변수 선언 방법이지만, 블록 스코프를 사용한 범위의 한정은 불가하다. 다음의 코드를 통해 블록 스코프를 벗어난 변수 접근을 확인해 보자.

■ JavaScript

```
{
  var myValue = 20;
}

console.log(myValue); // 결과: 20(에러가 발생하지 않음)

if (true) {
  if (true) {
    var myValue2 = '사자';
  }
}

console.log(myValue2); // 결과: '사자'(에러가 발생하지 않음)
```

이와 같은 코드는 상수와 변수의 스코프 범위 파악이 어렵고 버그의 원인이 되기도 한다. 그러므로 기본적으로 블록 스코프 범위가 한정되는 const와 let을 사용하는 것이 안전하다. 이 책에서도 이러한 이유로 모든 변수와 상수의 선언은 var가 아닌 let과 const를 사용한다.

260 클래스 정의하기

- 특정 기능을 클래스로 만들고 싶을 때
- 자바스크립트에서 객체지향 프로그래밍을 구현하고 싶을 때

■ **Syntax**

구문	의미
class 클래스명 { }	클래스를 선언

키워드 class를 사용해 클래스를 선언하며, 클래스명은 카멜 케이스CamelCase(첫 글자를 대문자로 하여 단어를 연결하는 방법)를 이용하는 것이 일반적이다.

■ **JavaScript**

```
class MyClass {}
```

클래스에 constructor( )를 삽입하면 초기화 시 해당 메소드가 실행되며, constructor( )문의 삽입은 한 번만 가능하다.

■ **JavaScript**

```
class MyClass {
  constructor() {
    console.log('클래스가 초기화되었습니다.');
  }
}
```

클래스 초기화 시 초깃값을 constructor( )의 인수로 전달하여 외부 값을 사용할 수 있다.

■ JavaScript

```
class MyClass {
  constructor(value1, value2) {
    console.log(`${value1}`);
    console.log(`${value2}`);
  }
}

// 초깃값 '여우'와 '24'가 콘솔 로그에 출력됨
new MyClass('여우', 24);
```

▼ 실행 결과

```
여우
24
```

클래스는 고유의 변수와 함수를 가질 수 있으며, 이 요소를 멤버라고 한다. 멤버에 관해서는 다음을 참고하자. ▸▸262 ▸▸263

■ JavaScript

```
class MyClass {
  constructor() {
    // 멤버 변수
    this.myField = '사자';
  }

  // 멤버 함수
  myMethod() {
    console.log(this.myField);
  }
}
```

CHAPTER 18

261

클래스 사용하기(인스턴스화)

- 클래스를 인스턴스화하고 싶을 때
- 생성한 클래스를 사용하고 싶을 때

■ **Syntax**

구문	의미
new 클래스명()	클래스 인스턴스화

class 선언으로 정의한 클래스를 실제 데이터로 사용하기 위해서는 new 연산자를 사용하며, 인스턴스화가 필요하다. 인스턴스화한 데이터는 클래스 내 각 요소와 메소드에 접근 가능하다.

■ **JavaScript**

```
class MyClass {
  constructor() {
    this.classField = 12;
  }

  classMethod() {
    console.log('메소드가 실행되었습니다.');
  }
}

const myInstance = new MyClass();

console.log(myInstance.classField); // 결과: 12
myInstance.classMethod(); // 결과: '메소드가 실행되었습니다.'
```

▼ **실행 결과**

```
12
메소드가 실행되었습니다.
```

CHAPTER 18
262

클래스에서 변수 사용하기

적용

- 클래스에 변수를 사용하고 싶을 때
- API 통신 결과 클래스를 생성하고 싶을 때

■ **Syntax**

구문	의미
this.변수명 = 값	멤버 변수 정의

클래스에 속하는 변수를 클래스 필드, 클래스 변수, 멤버 변수라고 한다. 클래스에 멤버 변수를 정의하기 위해서는 다음과 같이 constructor( ) 내부에 'this.변수명'을 사용한다. 여기서 this는 클래스 자신을 가리킨다. 클래스 멤버 변수에 let과 const를 사용하지 않도록 주의하자.

■ **JavaScript**

```
class MyClass {
  constructor() {
    this.myField1 = 100;
    this.myField2 = '사자';
  }
}
```

멤버 변수는 초깃값 대입이 가능하며, 대입하지 않으면 undefined로 정의된다.

■ **JavaScript**

```
class MyClass {
  constructor() {
    // myField에 초깃값 '사자'를 대입
    this.myField = '사자';
  }
}
```

인스턴스(new 클래스명( ))의 멤버 변수 접근은 '인스턴스.멤버변수명'을 사용하며, 객체의 속성 접근 방법과 같다.

■ **JavaScript**

```
class MyClass {
  constructor() {
    this.myField1 = 100;
    this.myField2 = '사자';
  }
}

// 인스턴스화
const myInstance = new MyClass();

console.log(myInstance.myField1); // 결과: 100
console.log(myInstance.myField2); // 결과: '사자'
```

멤버 변수의 초깃값으로 사용하기 위해 constructor( )에 인수를 전달한다.

■ **JavaScript**

```
// 두 개의 파라미터를 가지는 클래스
class MyClass {
  constructor(myField1, myField2) {
    this.myField1 = myField1;
    this.myField2 = myField2;
  }
}

const myInstance = new MyClass('사자', '여우');
console.log(myInstance.myField1); // 결과: '사자'
console.log(myInstance.myField2); // 결과: '여우'
```

constructor( )도 함수이므로 파라미터의 초깃값을 지정할 수 있다.

■ **JavaScript**

```
// myField2에 초깃값 지정하기
class MyClass1 {
  constructor(myField1, myField2 = '사과') {
    this.myField1 = myField1;
    this.myField2 = myField2;
  }
}

const myInstance = new MyClass('사자');
console.log(myInstance.myField2); // 결과: '사과'
```

API 통신 결과의 JSON 데이터를 보관하는 클래스의 생성을 확인해 보자.

■ **JavaScript**

```
/** API 통신 결과를 보관하는 클래스 */
class ApiResultData {
  constructor() {
    this.result;
    this.errorMessage;
    this.userName;
    this.age;
  }
}

/** response 데이터 변환(API ResultData로 변환)을 위한 함수 */
function parseData(response) {
  const apiResultData = new ApiResultData();

  apiResultData.result = response.result;
  apiResultData.errorMessage = response.error_message;
  apiResultData.userName = response.user_name;
  apiResultData.age = response.age;

  console.log(`${apiResultData.userName} / ${apiResultData.age}세`);
}
```

```
// API response 데이터
const apiResponse = {
  result: true, // API 통신 결과
  user_name: '사자',
  age: 24
};

// 데이터 변환
parseData(apiResponse); // '사자 / 24세'가 출력됨
```

▼ **실행 결과**

```
사자 / 24세
```

CHAPTER 18

263

클래스에서 메소드Method 사용하기

- 클래스에 메소드를 정의하고 싶을 때

■ Syntax

구문	의미
메소드명( ) { 처리내용 }	멤버 함수 정의

클래스 내부의 함수를 클래스 메소드 멤버 함수라고 한다. 클래스에 멤버 함수를 정의하기 위해서는 다음과 같이 기술한다. 클래스 멤버 함수에 function은 사용하지 않도록 주의하자. 정의할 수 있는 멤버 함수의 수는 제한이 없다.

■ JavaScript

```
class MyClass {
  constructor() {}

  myMethod() {
    return 'HelloWorld';
  }
}
```

인스턴스(new 클래스명( ))의 멤버 함수 접근은 '인스턴스.멤버함수명'을 사용한다.

■ JavaScript

```
class MyClass {
  myMethod1() {
    return 'HelloWorld';
  }

  myMethod2() {
    return 100;
  }
}
```

```
// 인스턴스화
const myInstance = new MyClass();

console.log(myInstance.myMethod1()); // 결과: 'HelloWorld'
console.log(myInstance.myMethod2()); // 결과: 100
```

멤버 함수 내부의 this는 클래스 자신을 가리키며, 멤버 변수에 접근하고 싶은 경우 'this.필드명'을 사용한다.

■ **JavaScript**

```
class MyClass {
  constructor() {
    this.myField = '사자';
  }

  myMethod() {
    console.log(this.myField);
  }
}

const myInstance = new MyClass();

myInstance.myMethod();
```

▼ **실행 결과**

```
사자
```

CHAPTER 18

264

인스턴스 생성없이 정적 메소드 사용하기

- 클래스 인스턴스화 없이 메소드를 호출하고 싶을 때

Syntax

구문	의미
static 메소드명( ) { 처리내용 }	정적 메소드 정의

클래스의 인스턴스화 없이 호출하는 메소드를 정적 메소드Static Method라고 한다. static 선언으로 정의하며, 호출은 '클래스명.메소드명'을 사용한다.

JavaScript

```
class MyClass {
  static method() {
    console.log('정적 메소드입니다.');
  }
}

// 정적 메소드 호출
MyClass.method(); // '정적 메소드입니다.'
```

다양한 용도로 사용할 수 있는 범용 메소드를 정의하거나 클래스 속성에 의존하지 않는 함수를 정의할 때도 사용된다.

전달받은 두 개의 파라미터를 하나의 문자열로 만들어 반환하는 범용 정적 메소드의 샘플을 확인해 보자.

JavaScript

```
class StringUtil {
  static createFullName(firstName, familyName) {
    return `${familyName} ${firstName}`;
  }
}

const myFullName = StringUtil.createFullName('그레고리', '포터');
console.log(myFullName); // 결과: '그레고리 포터'
```

265 클래스 계승하기

- 다른 클래스의 기능을 확장한 클래스를 생성하고 싶을 때
- 빌트인 객체Built-in Object를 계승하고 싶을 때

Syntax

구문	의미
class 클래스명 extends 생성클래스명 { }	부모 요소를 계승하는 새로운 클래스 선언

클래스에는 다른 클래스의 속성과 메소드를 그대로 이어받는 계승의 기능이 있다. MyParent 클래스를 계승하는 MyChild 클래스의 샘플을 확인해 보자.

JavaScript

```
// 계승 대상 클래스(부모 클래스)
class MyParent {
  parentMethod() {
    console.log('MyParent 클래스의 메소드입니다.');
  }
}

// MyParent를 계승하는 클래스(자식 클래스)
class MyChild extends MyParent {
  constructor() {
    super();
  }

  childMethod() {
    console.log('MyChild 클래스의 메소드입니다.');
  }
}

const myChild = new MyChild();
myChild.parentMethod(); // 결과: 'MyParent 클래스의 메소드입니다.'
myChild.childMethod(); // 결과: 'MyClass 클래스의 메소드입니다.'
```

CHAPTER 18

266

클래스 데이터의 setter/getter 사용하기

적용

- 클래스의 필드처럼 동작하는 함수를 사용하고 싶을 때

■ Syntax

구문	의미
set 속성명(값) { }	setter 정의
get 속성명	getter 정의

setter/getter는 클래스의 필드와 같은 방식으로 작동하며, set은 값을 설정하고 get은 값을 가져온다.

MyClass 클래스에 customField 이름의 setter/getter를 정의하는 샘플을 확인해 보자.

■ JavaScript

```
class MyClass {
  // 'customField'의 setter
  set customField(value) {
    this._customField = value;
  }

  // 'customField'의 getter
  get customField() {
    return this._customField;
  }

  constructor(value) {
    this._customField = value;
  }
}
```

클래스 내부 customField에 값을 설정하거나 가져오는 것이 가능하다. customField는 MyClass의 필드와 같은 방식으로 작동하지만, 실제로 실행되는 것은 set과 get으로 정의한 메소드다.

■ JavaScript

```
const myInstance = new MyClass();

// 값 설정(set customField(값){}) 부분이 실행됨
myInstance.customField = 20;

// 값 가져오기(get customField(값){}) 부분이 실행됨
console.log(myInstance.customField); // 결과: 20
```

▼ 실행 결과

```
20
```

set을 메소드처럼 정의하고 있지만 myInstance.customField(20)과 같은 방식으로는 사용이 불가능하며, 속성의 방식과 같이 'myInstance.customField=20'의 대입 방식을 사용한다.

CHAPTER 18
267

this 기능 사용하기 (화살표 함수)

- 클래스의 멤버 변수를 메소드 내부와 이벤트 리스너에서 참조하고 싶을 때

■ Syntax

구문	의미
() => {}	화살표 함수 정의

자바스크립트에서 this는 실행하는 영역에 따라 참조하는 곳이 변한다. 화살표 함수를 사용하면 실행 영역에 상관없이 this의 참조가 변하지 않으므로 코드의 가독성이 좋아진다.

클릭 횟수를 계산하는 프로그램을 통해 조금 더 자세히 알아보자. 다음은 LikeCounter 클래스의 멤버 변수 clickedCount를 사용해 클릭 횟수를 카운트하는 목적의 프로그램이다. 우선 정상 동작하지 않는 코드를 먼저 확인해 보자.

■ JavaScript

ERROR

```
class LikeCounter {
  constructor() {
    // 버튼 클릭 횟수
    this.clickedCount = 0;

    const button = document.querySelector('.button');
    const clickedCountText = document.querySelector(
'.clickedCountText');

    button.addEventListener('click', function() {
      this.clickedCount += 1;
      clickedCountText.textContent = this.clickedCount;
    });
  }
}

new LikeCounter();
```

여기서 문제는 이벤트 리스너 내부의 this가 이벤트 타깃을 참조하므로 this.clickedCount는 LikeCounter의 멤버 변수를 참조하지 않는다는 점이다.

■ JavaScript

```
button.addEventListener('click', function() {});
```

▼ 실행 결과

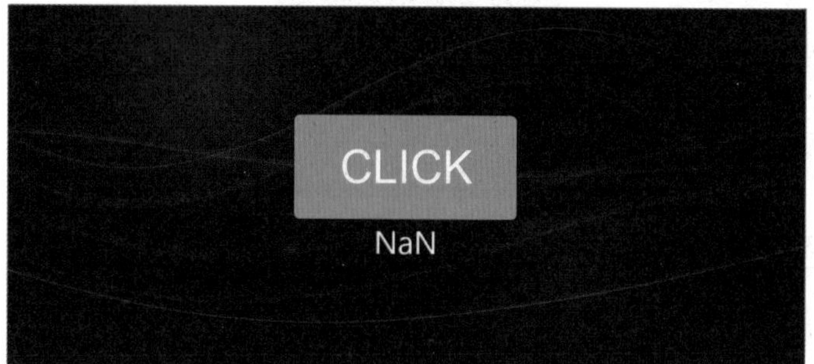

버튼 클릭 시에도 횟수가 정확하게 카운트되지 않는다

다음과 같이 이벤트 리스너 부분을 화살표 함수로 변경하면 기능이 의도한 대로 동작한다. 이벤트 리스너 내부의 this가 LikeCounter 클래스를 참조하기 때문이다.

■ JavaScript 267/main.js

```
class LikeCounter {
  constructor() {
    // 버튼 클릭 횟수
    this.clickedCount = 0;

    const button = document.querySelector('.button');
    const clickedCountText = document.querySelector(
'.clickedCountText');

    // 화살표 함수로 이벤트 리스너 정의
    button.addEventListener('click', () => {
      this.clickedCount += 1;
      clickedCountText.textContent = this.clickedCount;
    });
  }
}

new LikeCounter();
```

▼ **실행 결과**

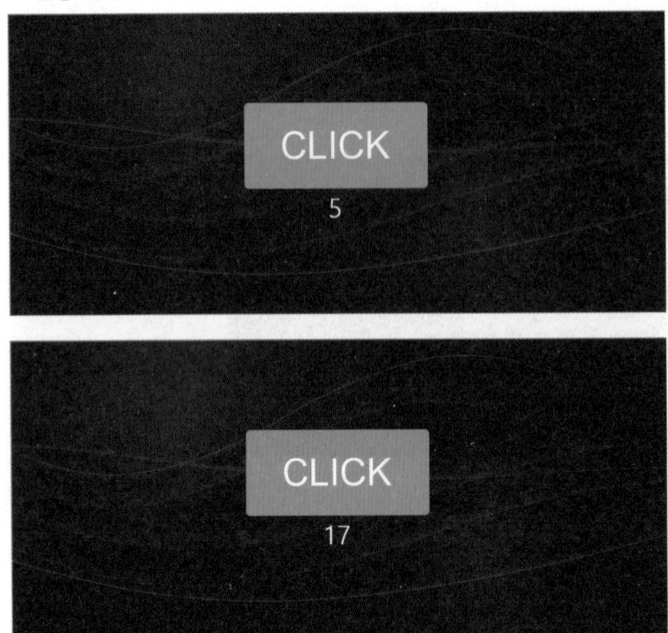

버튼 클릭 시 횟수가 정확하게 카운트된다

코드의 문맥과 상관없이 this의 참조를 파악할 수 있으므로 화살표 함수를 사용하면 가독성이 좋아진다.

자바스크립트 심화

CHAPTER

19

CHAPTER 19

268

자바스크립트 읽기 타이밍 최적화하기

- 자바스크립트 로딩 대기로 페이지의 표시를 방해하고 싶지 않을 때
- 페이지의 표시 속도를 높이고 싶을 때

Syntax

구문	의미
<script src="주소" async></script>	JS 파일을 비동기로 읽어 와 즉시 실행
<script src="주소" defer></script>	JS 파일을 비동기로 읽어 와 HTML 실행 완료 후 실행

브라우저는 웹 페이지를 표시할 때 HTML 코드를 위에서부터 순서대로 실행한다. head 태그 내 script 태그를 삽입하면 head 태그 실행 중 해당 script 태그에서 HTML 코드의 실행이 정지되고 동기 처리를 이용해 자바스크립트 파일의 다운로드를 시작한다. 하지만 script 태그에 defer 속성과 async 속성을 설정하면, 자바스크립트의 다운로드는 비동기로 실행되고 HTML 실행은 정지되지 않는다.

async와 defer의 차이는 자바스크립트의 실행 타이밍이다. async는 자바스크립트의 다운로드 완료 시점에서 바로 실행되고, defer는 HTML의 실행 완료 후 자바스크립트가 실행된다. defer의 속성을 가지는 script 태그가 여러 개일 때는 위에서부터 순서대로 실행된다. async의 속성을 가지는 script 태그가 여러 개일 때는 순서에 따른 실행 순서를 보장할 수 없으므로 독립적으로 동작하는 처리를 사용하는 것이 좋다. async는 접속 기록 분석과 SNS 페이지 플러그인 등에 사용하면 효율적이다.

HTML

index.html

```
<head>
  <!--
   각 스크립트는 비동기로 처리된다.
   HTML 실행 완료 후 위에서부터 순서대로 실행된다.
   -->
  <script src="script1.js" defer></script>
  <script src="script2.js" defer></script>
  <script src="script3.js" defer></script>
</head>
```

COLUMN

defer 속성은 HTML DOM 사용에 좋다

defer 속성은 HTML 실행 완료 후 자바스크립트를 실행하므로 document.querySelector( ) 등 DOM의 각 요소 조작을 가능케 한다. 그러므로 이 책 대부분의 샘플은 <script src="주소" defer></script>를 사용한다.

처리 파일 분할하기(ES 모듈)

- 처리에 따라 파일을 분할하고 싶을 때

ES 모듈은 여러 자바스크립트의 파일을 의존 관계에 따라 불러오는 작업을 한다. 규모가 큰 프로그램이 하나의 자바스크립트 파일만을 사용하게 되면 기능별 구조의 파악과 분류가 복잡하고 어려워 버그의 원인이 되기도 한다.

■ **JavaScript**

```
class MyClass1 {
  // 10줄의 코드
}

class MyClass2 {
  // 10줄의 코드
}

new MyClass1();
new MyClass2();
```

ES 모듈을 사용하면 처리에 따라 자바스크립트 파일의 분할이 가능하다. 내보내는 모듈은 export를, 가져오는 모듈은 import를 사용한다. ▸▸271 ▸▸272

MyClass1과 MyClass2로 문자열을 가져와 #log 요소 내부에 출력하는 샘플을 확인해 보자.

■ **JavaScript** 269/MyClass1.js

```
export class MyClass1 {
  myMethod1() {
    return 'MyClass1 메소드가 실행되었습니다.';
  }
}
```

■ **JavaScript**　269/MyClass2.js

```
export class MyClass2 {
  myMethod2() {
    return 'MyClass2 메소드가 실행되었습니다.';
  }
}
```

■ **JavaScript**　269/main.js

```
// MyClass1.js 가져오기
import { MyClass1 } from './MyClass1.js';
// MyClass2.js 가져오기
import { MyClass2 } from './MyClass2.js';

// MyClass1 메소드로 문자열 가져오기
const message1 = new MyClass1().myMethod1();
// MyClass2 메소드로 문자열 가져오기
const message2 = new MyClass2().myMethod2();

// #log 요소에 출력
const log = document.querySelector('#log');
log.innerHTML += `<p>${message1}</p>`;
log.innerHTML += `<p>${message2}</p>`;
```

ES 모듈의 사용은 HTML script 태그에 type="module" 속성을 사용한다.

■ **HTML**　269/index.html

```
<script type="module" src="main.js" defer></script>
생략
<div id="log"></div>
```

▼ **실행 결과**

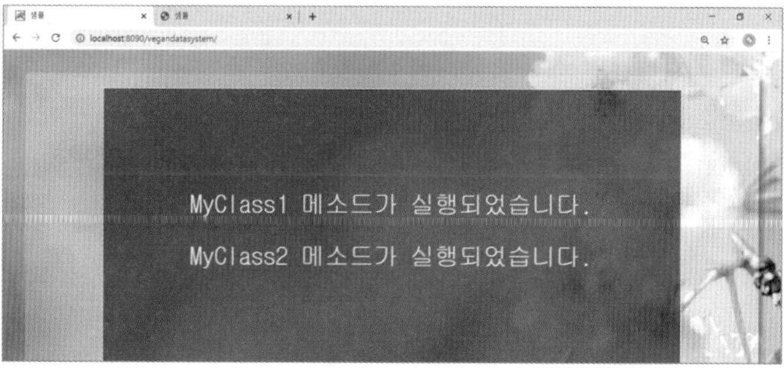

CHAPTER 19 자바스크립트 심화

CHAPTER 19

270

모듈 내보내기 export

적용

- 상수, 함수 등을 모듈로 내보내고 싶을 때

■ Syntax

구문	의미
export 모듈	모듈 내보내기

export는 모듈을 내보내기(외부에 공개) 위한 선언으로 export 선언한 데이터를 모듈로 공개한다. 클래스, 객체, 변수, 상수, 함수 등 여러 데이터 타입을 모듈로 사용할 수 있다.

■ JavaScript

```
// 상수 myConstant 내보내기
export const myConstant = 2;

// 객체 myObject 내보내기
export const myObject = { name: '사자', age: 18 };

// 함수 myFunction 내보내기
export function myFunction() {
  console.log('my task');
}

// 클래스 myFunction 내보내기
export class MyClass {
  constructor() {}
}
```

export를 여러 개 선언하면 하나의 자바스크립트를 사용해 여러 개의 모듈을 한꺼번에 내보낼 수 있다. export default를 사용하면 하나의 자바스크립트 파일에서 하나의 모듈만 내보내기가 가능하다.

■ JavaScript

```
export class MyModule1 {}
export const MyModule2 = 200;
```

```
export default 모듈명;
```

CHAPTER 19
271

모듈 가져오기 import

- 모듈을 가져오고 싶을 때
- 서버의 모듈을 URL 지정하여 가져오고 싶을 때

■ **Syntax**

구문	의미
import { 모듈명 } from './파일명.js'	모듈 가져오기

import는 모듈을 가져오는 선언으로 다음과 같은 형식을 사용한다.

■ **JavaScript**

```
import { 모듈명 } from '자바스크립트파일명.js';
```

import문의 from 내부에는 '.js' 확장자가 필수다. 앞의 예시는 '자바스크립트파일명.js'로 표시하고 있지만, 실제 코드는 ./, /, ../ 등 주소 경로를 함께 표시해야 한다.

■ **JavaScript**

```
// 자바스크립트 파일에서 모듈 불러오기
import { 모듈명 } from '자바스크립트파일.js';

// 자바스크립트 파일에서 모듈 여러 개 불러오기
import { 모듈명1, 모듈명2 } from '자바스크립트파일.js';

// 모듈명1을 모듈명2의 이름으로 불러오기
import { 모듈명1 as 모듈명2 } from '자바스크립트파일.js';

// 자바스크립트 파일에서
// export default로 정의한 모듈을 불러오기
import 모듈명 from '자바스크립트파일.js';

// 자바스크립트 파일에서 모든 모듈을 불러와 모듈명 지정
import * as 모듈명 from '자바스크립트파일.js';

// 모듈 불러오기만 실행
import '자바스크립트파일.js';
```

서버에 업로드된 자바스크립트 파일이 ES 모듈에 대응하면, URL을 지정해 불러오기를 할 수 있다.

■ **JavaScript**

```
import * as RemoteModule from 'https://example.com/module.js';
```

모듈형 자바스크립트 HTML에서 읽어 오기

- 모듈형 자바스크립트를 사용하고 싶을 때

■ **Syntax**

구문(HTML)	의미
<script type="module" src="파일명"></script>	ES 모듈을 사용하는 자바스크립트 불러오기

모듈형 자바스크립트는 script 태그 type 속성에 module을 지정하여 불러올 수 있다. 지정하지 않으면 import와 export 등의 자바스크립트 코드 내부에 에러가 발생한다.

■ **HTML**

```
<script type="module" src="index.js"></script>
```

인라인 코드에서도 모듈을 사용할 수 있다.

■ **HTML**

```
<script type="module">
  import { MyClass } from './MyClass.js';
  new MyClass();
</script>
```

Name	Status	Type	Initiator	Size	Time
index.js	304	script	(index)	131 B	18 ms
MyClass.js	200	script	(index):9	(disk cache)	9 ms
base_photo.css	200	stylesheet	(index)	(memory cache)	0 ms
bg_nature.jpg	304	jpeg	(index)	(memory cache)	0 ms

구글 크롬 개발자 도구를 사용하면 MyClass.js 모듈을 확인할 수 있다

CHAPTER 19

273

반복 처리를 위한 반복자 사용하기

- 반복 작업이 가능한 객체를 사용하고 싶을 때

■ **Syntax**

메소드	의미	반환
객체[Symbol.iterator]( )	반복자 가져오기	반복자
반복자.next( )	다음 반복자 가져오기	반복자

■ **Syntax**

속성	의미	타입
반복자.value	현재값	임의
반복자.done	종료 여부 확인	진릿값

반복자Iterator는 여러 값에 순서대로 접근이 가능한 구조를 가진 객체로, 단어의 원형인 iterate는 반복한다는 의미를 가졌다. 반복자를 가지는 객체를 반복 가능한 객체Iterable Object라고 하며, 대표적으로 배열이 있다. 배열은 for...of를 사용해 순서대로 처리할 수 있으며, 반복 가능한 객체라면 같은 방식으로 for...of를 사용할 수 있다.

■ **JavaScript**

```
const array = [1, 2, 3];

for (let value of array) {
  console.log(value);
}
```

배열의 개별 반복자에 접근하는 데는 '배열[Symbol.iterator]( )'를 사용하며, next( )를 사용해 다음 반복자로 이동할 수 있다. 각 객체는 value와 done 속성을 가진다.

JavaScript 273/main.js

```
const array = ['사자', '호랑이', '곰'];

const iterator = array[Symbol.iterator]();

const next1 = iterator.next();
console.log(next1.value); // 결과: '사자'
console.log(next1.done); // 결과: false

const next2 = iterator.next();
console.log(next2.value); // 결과: '호랑이'
console.log(next2.done); // 결과: false

const next3 = iterator.next();
console.log(next3.value); // 결과: '곰'
console.log(next3.done); // 결과: false

const next4 = iterator.next();
console.log(next4.value); // 결과: undefined
console.log(next4.done); // 결과: true
```

▼ 실행 결과

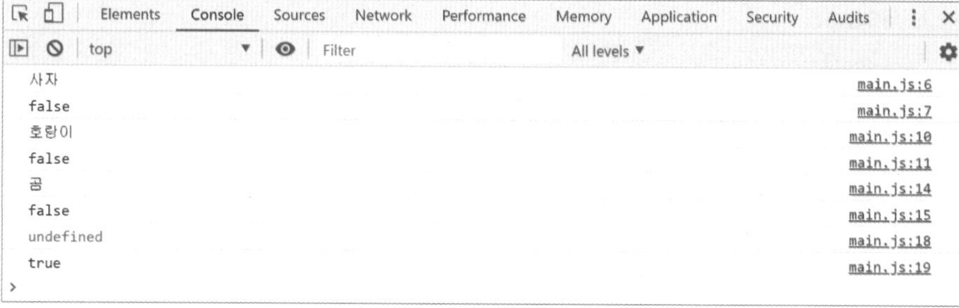

CHAPTER 19 자바스크립트 심화

iterator 정의하여 사용하기

- 반복자를 정의하고 싶을 때

■ **Syntax**

구문	의미
function* 함수명( ) { }	제너레이터 정의
yield 값	값을 반환

제너레이터를 사용해 반복자를 간단히 사용하는 방법이 있으며, 반복자를 정의할 수도 있다.

정의는 다음과 같이 function 선언에 *(애스터리스크, asterisk)를 추가한다.

■ **JavaScript**

```
// 제너레이터 정의
function* myGenerator() {}
```

반복자는 '반복자.next( )'를 사용해 값에 차례대로 접근할 수 있다. 제너레이터는 yield를 사용해 다음 가져올 값을 지정한다.

■ **JavaScript**

```
// 제너레이터 정의
function* myGenerator() {
  yield '사자';
  yield '호랑이';
  yield '여우';
}
```

반복 가능한 객체로 생성되므로 next( )나 done을 사용할 수 있다.

■ **JavaScript**

```
function* myGenerator() {
  yield '사자';
  yield '호랑이';
  yield '여우';
}

const myIterable = myGenerator();

// next()로 값을 하나씩 가져옴
console.log(myIterable.next().value); // 결과: '사자'
console.log(myIterable.next().value); // 결과: '호랑이'
console.log(myIterable.next().value); // 결과: '여우'
console.log(myIterable.next().done); // 결과: true
```

for...of를 사용해서 각 값에 접근할 수 있다.

■ **JavaScript**

```
function* myGenerator() {
  yield '사자';
  yield '호랑이';
  yield '여우';
}

const myIterable = myGenerator();

// for...of를 사용해 값에 접근
for (let value of myIterable) {
  console.log(value); // 결과: '사자', '호랑이', '여우'가 순서대로 출력됨
}
```

yield는 해당 시점에서 함수의 실행을 멈추고 next( )가 호출되면 다시 실행되는 특성이 있다. 다음의 제너레이터에서 생성된 반복자는 1초마다 next( )를 실행하여 각각의 문자를 출력한다.

■ JavaScript 274/sample1/main.js

```
function* myGenerator() {
  console.log('안녕하세요.');
  yield 1000;
  console.log('오늘은 날씨가 좋아요.');
  yield 2000;
  console.log('내일은 비가 올 것 같아요.');
  yield 3000;
}

const myIterable = myGenerator();

// 결과
// 1초 후, '안녕하세요' 출력 후 1000 출력
// 2초 후, '오늘은 날씨가 좋아요.' 출력 후 2000을 출력
// 3초 후, '내일은 비가 올 것 같아요.' 출력 후 3000을 출력
// 이후에는 undefined 출력
setInterval(() => {
  console.log(myIterable.next().value);
}, 1000);
```

▼ 실행 결과

```
안녕하세요.
1000
```

1초 후 실행 결과

```
안녕하세요.
1000
오늘은 날씨가 좋아요.
2000
```

2초 후 실행 결과

```
안녕하세요.
1000
오늘은 날씨가 좋아요.
2000
내일은 비가 올 것 같아요.
3000
```

3초 후 실행 결과

제너레이터의 사용 예로 지정 범위의 정수를 하나씩 반환하는 샘플을 확인해 보자. while() 내부의 yield가 실행될 때마다 함수가 정지되고 next()가 호출되면 재실행된다.

■ **JavaScript** 274/sample2/main.js

```
// 제너레이터 정의
function* range(start, end) {
  let result = start;
  while (result <= end) {
    yield result;
    result++;
  }
}

// 사용 예
for (let value of range(2, 6)) {
  console.log(value); // 결과: 2, 3, 4, 5, 6의 순서로 출력
}
```

CHAPTER 19

275 유일한 데이터 사용하기(심볼)

적용

- 중복되지 않는 데이터를 사용하고 싶을 때
- 빌트인 객체Built-in Object에 독자적인 이름을 사용한 메소드를 생성하고 싶을 때

■ Syntax

메소드	의미	반환
Symbol(문자열혹은숫자※)	심볼 생성	심볼

※ 생략 가능

심볼Symbol은 다른 데이터와 중복되지 않는 유일한 값을 사용한다. 이 특성을 이용해 ID를 관리하거나 빌트인 객체에 추가하는 독자적인 메소드 생성이 가능하다. 심볼의 생성은 new가 아닌 Symbol( )을 사용한다.

■ JavaScript

```
const symbol1 = Symbol();
const symbol2 = Symbol();
console.log(symbol1 == symbol2); // 결과: false
console.log(symbol1 === symbol2); // 결과: false
```

심볼의 타입은 symbol이다.

■ JavaScript

```
const symbol = Symbol();
console.log(typeof symbol); // 결과: 'symbol'
```

디버깅에 사용하기 위해 심볼 생성 시 값을 전달할 수 있으며, 값을 전달하면 console.log( ) 등을 통해 심볼을 식별할 수 있다.

■ JavaScript

```
const symbol1 = Symbol();
const symbol2 = Symbol();
const symbol3 = Symbol('기린');
const symbol4 = Symbol(41);

console.log(symbol1);
console.log(symbol2);
console.log(symbol3);
console.log(symbol4);
```

▼ 실행 결과

```
Symbol()
Symbol()
Symbol(기린)
Symbol(41)
```

symbol3와 symbol4만 식별이 가능하다

심볼은 하나 하나가 유일한 값을 사용하므로 같은 값을 전달해도 두 값의 비교 결과는 다르다.

■ JavaScript

```
const symbol1 = Symbol('foo');
const symbol2 = Symbol('foo');
console.log(symbol1 == symbol2); // 결과: false
```

CHAPTER 19
276

배열과 객체에 독자적인 메소드 추가하기

- 배열에 셔플 함수를 추가하고 싶을 때
- 객체에 JSON 변환 메소드를 추가하고 싶을 때

■ Syntax

구문	의미
객체.prototype[심볼] = function() {}	객체에 독자적인 메소드 추가
객체[심볼]()	독자적인 메소드 실행

Array, Date, Object 등 기존의 객체(빌트인 객체)에 독자적인 메소드를 추가하고 싶을 때는 다음과 같이 프로토타입Prototype과 심볼Symbol을 사용한다.

■ JavaScript

```
// 'myMethod' 이름의 심볼 생성
const myMethod = Symbol();

// 독자적인 메소드 추가
Array.prototype[myMethod] = function() {
  console.log('독자적인 메소드입니다.');
};

// 독자적으로 추가한 메소드 실행
const array = [1, 2, 3];
array[myMethod](); // 결과: "독자적인 메소드입니다."
```

배열에 셔플용 메소드를 추가하는 샘플을 확인해 보자.

■ JavaScript

```
// 'shuffle'이라는 이름의 심볼
const shuffle = Symbol();

// 배열의 셔플 함수 추가
Array.prototype[shuffle] = function() {
  // 셔플 처리
  const arrayLength = this.length;
  for (let i = arrayLength - 1; i >= 0; i--) {
    const randomIndex = Math.floor(Math.random() * (i + 1));
    [this[i], this[randomIndex]] = [this[randomIndex], this[i]];
  }

  // 자기 자신 반환
  return this;
};

// 셔플 함수 테스트
// 배열의 짝수 값을 뽑아 셔플 작업 후 곱하기 100
const array = [1, 2, 3, 4, 5, 6, 7, 8, 9, 10];

array
  .filter((value) => value % 2 === 0)
  [shuffle]()
  .map((value) => value * 100);
```

프로토타입은 객체Object에 멤버(멤버 변수, 멤버 함수)를 추가하는 속성이다. Array, Date, Function은 모두 Object를 계승하는 객체(빌트인 객체)이므로 모든 객체에 프로토타입이 존재한다.

console.dir( )을 사용해 프로토타입의 내부를 확인하면 다음과 같은 멤버의 확인이 가능하다.

- 문자열(String 객체)의 length나 indexOf( ) 등 모든 멤버
- 배열(Array 객체)의 map( )이나 filter( ) 등 모든 멤버
- Date 객체의 getDate( )나 getFullYear( ) 등 모든 멤버

■ JavaScript

```
console.dir(String.prototype);
console.dir(Array.prototype);
console.dir(Date.prototype);
```

▼ 실행 결과

```
String ⓘ
  length: 0
▶ constructor: ƒ String()
▶ anchor: ƒ anchor()
▶ big: ƒ big()
▶ blink: ƒ blink()
▶ bold: ƒ bold()
▶ charAt: ƒ charAt()
▶ charCodeAt: ƒ charCodeAt()
▶ codePointAt: ƒ codePointAt()
▶ concat: ƒ concat()
▶ endsWith: ƒ endsWith()
▶ fontcolor: ƒ fontcolor()
▶ fontsize: ƒ fontsize()
▶ fixed: ƒ fixed()
▶ includes: ƒ includes()
▶ indexOf: ƒ indexOf()
▶ italics: ƒ italics()
▶ lastIndexOf: ƒ lastIndexOf()
▶ link: ƒ link()
▶ localeCompare: ƒ localeCompare()
```

구글 크롬 개발자 도구로 console.dir(String.prototype)을 실행한 결과

프로토타입에 멤버를 추가하면 '객체.멤버명' 접근으로 사용할 수 있다.

■ JavaScript

```
Array.prototype.myMethod = function() {
  console.log('안녕하세요.');
};

const array = [1, 2, 3];
array.myMethod(); // 결과: "안녕하세요."
```

사용된 멤버명을 재사용해 정의하면 덮어쓰기 작업이 이루어진다.

■ **JavaScript**

```
Array.prototype.filter = function() {
  console.log('기존의 filter 멤버를 덮어쓰는 메소드');
};

const array = [1, 2, 3];
// "기존의 filter 멤버를 덮어쓰는 메소드" 출력
// 새로운 filter()가 기존의 filter()를 대체하여 정의됨
array.filter();
```

Array.prototype.shuffle( )의 shuffle( )을 재정의한 상황을 가정해 보자. 지금의 자바스크립트에는 배열의 멤버 shuffle( )이 존재하지 않지만, 이후 업데이트 버전에서는 추가될 가능성도 배제할 수 없다. 그렇게 되면 기존의 정의를 덮어쓰게 되어 의도하지 않은 결과로 이어질 수 있다(프로토타입 오염).

이 문제를 방지하기 위해 유일한 값의 보장이 가능한 심볼을 사용할 수 있다. 다음과 같이 심볼을 생성해 확장 메소드의 이름으로 사용하면 중복되는 일 없이 안전하게 사용할 수 있다.

■ **JavaScript**

```
const shuffle = Symbol();

// Array.prototype의 'shuffle' 멤버에 함수 추가
Array.prototype[shuffle] = function() {};
```

이와 같이 심볼을 사용하면 배열에 shuffle( )이 추가되어도 중복되는 일이 없다.

```
const shuffle = Symbol();

Array.prototype[shuffle] = function() {};

const array = [1, 2, 3];

// 정의한 shuffle() 메소드
array[shuffle]();
// 공식적으로 추가되었을 경우의 shuffle() 메소드
array.shuffle();
```

맵Map과 키Key 사용하기

- 키와 값을 세트로 사용하고 싶을 때
- 연관 배열을 사용하고 싶을 때

■ **Syntax**

메소드	의미	반환
new Map(반복가능한객체※)	맵 객체 초기화	객체(Map)
맵.set(키, 값)	맵에 키와 값의 세트를 등록	객체(Map)
맵.get(키)	키를 지정해 값을 가져오기	값
맵.has(키)	키의 값 존재 여부 확인	진릿값
맵.delete(키)	키의 값 삭제	진릿값(삭제 여부)
맵.clear( )	키와 값 모두 삭제	없음
맵.keys( )	키의 반복자 객체	객체(Iterator)
맵.values( )	값의 반복자 객체	객체(Iterator)
맵.entries( )	키와 값 배열의 반복자 객체 반환	객체(Iterator)
맵.forEach(콜백)	각 세트에 대한 처리 실행	없음

※ 생략 가능

■ **Syntax**

속성	의미	타입
맵.size	키와 값 세트의 수	숫자

■ **Syntax**

forEach( ) 콜백 구문	의미
(키, 값) => { }	키와 값을 가져와 처리

Map 객체는 키와 값을 세트로 사용하여 다양한 데이터를 다룬다. Object도 키를 사용해 데이터를 다루지만, Map은 키와 값을 세트로 다루는 기능에 조금 더 특화되어 있다. 다른 프로그래밍 언어의 연관 배열Associative Array이나 딕셔너리Dictionary와 같은 기능이다.

Map은 set()과 get()을 사용해 값을 지정하거나 불러올 수 있으며, has()를 사용해 값의 존재 여부를 확인할 수 있다.

■ **JavaScript**

```
// 맵 초기화
const memberList = new Map();

// 맵에 값 설정
memberList.set(20, '사자');
memberList.set(50, '호랑이');
memberList.set(120, '사슴');

// 다음과 같이 기술 가능
// memberList.set(20, '사자')
//            .set(50, '호랑이')
//            .set(120, '사슴');

// 맵에서 값 가져오기
console.log(memberList.get(20)); // 결과: "사자"

// 맵 존재 여부 확인
console.log(memberList.has(50)); // 결과: true
```

같은 키를 사용하면 덮어쓰기가 가능하다.

■ **JavaScript**

```
const memberList = new Map();

memberList.set(20, '사자');
memberList.set(20, '호랑이');

console.log(memberList.get(20)); // 결과: '호랑이'
```

[[키1, 값1], [키2, 값2]]의 형태로 초기화를 지정할 수 있다.

■ JavaScript

```
// 맵 초기화
const memberList = new Map([[20, '사자'], [50, '호랑이'], [120, '사슴']]);

console.log(memberList.get(50)); // '호랑이' 출력
```

키는 문자열, 숫자, 심볼 등의 타입을 사용할 수 있다. 심볼을 키로 지정하면 유일한 키 값을 가지는 세트의 생성이 가능하다.

■ JavaScript

```
const myMap1 = new Map();
myMap1.set(10, '사자');
console.log(myMap1.get(10)); // 결과: '사자'

const myMap2 = new Map();
myMap2.set('f1234_56', '호랑이');
console.log(myMap2.get('f1234_56')); // 결과: '호랑이'

const myMap3 = new Map();
const keySymbol = Symbol();
myMap3.set(keySymbol, '사슴');
console.log(myMap3.get(keySymbol)); // 결과: '사슴'
```

size 속성으로 세트의 수를 확인할 수 있다.

■ JavaScript

```
// 맵 초기화
const memberList2 = new Map();

// 맵에 값 설정
memberList2.set('123_456', '사자');
memberList2.set('789', '호랑이');
memberList2.set('222_222', '사슴');

console.log(memberList2.size); // 결과: 3
```

keys( ), values( ), entries( )를 사용해 각각 키, 값, 키와 값의 세트를 가져올 수 있으며, 반환값은 모두 반복자 객체이므로 for...of 등을 사용해 처리할 수 있다.

```
// 맵 초기화
const memberList = new Map([[20, '사자'], [50, '호랑이'], [120, '사슴']]);

const keyList = memberList.keys();

// 20, 50, 120 순서대로 출력
for (let key of keyList) {
  console.log(key);
}

const valueList = memberList.values();

// '사자', '호랑이', '사슴' 순서대로 출력
for (let value of valueList) {
  console.log(value);
}

const entryList = memberList.entries();

// [20, '사자'], [50, '호랑이'], [120, '사슴'] 순서대로 출력
for (let entry of entryList) {
  console.log(entry);
}
```

forEach( )를 사용해도 각 세트를 작업할 수 있다.

```
// 맵 초기화
const memberList = new Map([[20, '사자'], [50, '호랑이'], [120, '사슴']]);

// '20 : 사자', '50 : 호랑이', ... 출력
memberList.forEach((value, key) => {
  console.log(`${key} : ${value}`);
});
```

278 데이터 중복 없는 Set 사용하기

- 중복 없는 유저 ID 배열을 사용하고 싶을 때
- 여러 데이터에서 중복되는 값을 제외하고 싶을 때

■ **Syntax**

메소드	의미	반환
new Set(반복가능한객체※)	Set 객체 초기화	객체(Set)
세트.add(값)	값 등록	객체(Set)
세트.has(값)	값 존재 여부 확인	진릿값
세트.delete(값)	값 삭제	진릿값(삭제 여부)
세트.clear( )	값 전체 삭제	없음
세트.values( )	각 값을 반환	객체(Iterator)
세트.forEach(콜백)	각 값에 대한 처리 실행	없음

※ 생략 가능

■ **Syntax**

속성	의미	타입
세트.size	요소의 수	숫자

Set 객체는 여러 값을 다룬다. 하지만 배열이나 Object와는 달리 인덱스Index와 키를 사용해 값에 접근할 수 없고 중복되는 값의 설정도 불가능한 것이 특징이다. 세트는 add( )나 has( )를 사용해 값을 추가하거나 존재 여부를 확인하며, 임의의 값 설정이 가능하다.

■ **JavaScript**

```
// 세트 초기화
const userIdList = new Set();

// 세트 값 설정
userIdList.add(20);
userIdList.add(50);
userIdList.add(120);
```

```
// 다음과 같이 기술 가능
// userIdList.add(20)
//            .add(50)
//            .add(120);

// 해당 값 존재 여부 확인
console.log(userIdList.has(50)); // true
```

[값1, 값2]의 형태로 초기화 지정이 가능하다.

■ **JavaScript**

```
const userIdList = new Set([20, 50, 120]);
```

values( )를 사용해 각 값을 가져오며, 반복자 객체가 반환되므로 for...of 등을 사용해 처리할 수 있다.

■ **JavaScript**

```
const memberSet = new Set(['사자', '호랑이', '사슴']);

const valueList = memberSet.values();

// '사자', '호랑이', '사슴' 순서로 출력
for (let value of valueList) {
  console.log(value);
}
```

forEach( )도 사용할 수 있다.

■ **JavaScript**

```
const userIdList = new Set([20, 50, 120]);

// 'ID는 20입니다', 'ID는 50입니다', ...출력
userIdList.forEach((value) => {
  console.log(`ID는 ${value}입니다.`);
});
```

중복되는 동일한 값을 설정하면 해당 값은 무시된다.

■ JavaScript

```
const userIdList = new Set([20, 50, 120]);

// 120 설정
userIdList.add(120);

// 스프레드(...) 연산자로 배열 변환
const userIdArray = [...userIdList];

// [20, 50, 120]
// '120'은 하나만 존재
console.log(userIdArray);
```

size 속성으로 세트 내부 요소의 수를 확인할 수 있다.

■ JavaScript

```
const userIdList = new Set([20, 50, 120]);

// 사이즈 가져오기
console.log(userIdList.size); // 결과: 3
```

기호

D

E

N

O

P

R

S

T

U

V

W

X